KB135304

생활 속의 풍수지리

생활 ^속^의 풍수지리

손용택, 신관철, 레티튀반, 구보미, 남상준, 도안 티 투이
이철영, 관봉매, 최경현 지음

● 제2장   천·지·인 관점과 풍수 본질

• 제3장 풍수의 터고르기와 어촌풍수

● 제4장 사찰의 비보풍수와 풍수설화 다문화교육

프롤로그

일반인들은 '풍수' 또는 '풍수지리' 하면 대체로 '매우 심오한 것이지.' 또는 '그것은 미신이야.'와 같은 반응을 보인다. 그만큼 우리에게 친숙한 것도 같고 부정적인 것도 같은, 생활 속에 스며들어 있는 것이 풍수지리이다. 미신적이고 주술적이며 도참적인 이미지와 요소마저 가지고 있는 듯하며, 신앙적이고 사상적이며, 철학적 무게마저 지닌 듯하다.

동양에서는 만물의 변화와 생성을 기(氣)의 변화과정을 통해 이해했다. 인간뿐만 아니라 자연 역시 기를 지닌 존재로 생각했으므로 인간과 자연을 엄격히 구분하지 않고, 자연을 의인화하여 이해했다. 이러한 관점에서 의인화된 자연을 인간처럼 대우했는데, 바로 예라는 개념을 적용했다. 이러한 견해는 음양오행설과 결합해 풍수 사상으로 발전했다. 적어도 우리나라에서 1500년 이상 세월을 민중 속에 파고든 풍수지리이다.

정년을 맞이하게 된 (대표) 저자는 지리학자로서 60세 넘어서 풍수 강의를 시작했다. 그후 최근까지 강의를 수강한 대학원생들과 더불어 글을 남길 마음을 먹었다. 예순 살 이전에는 초연한 듯 풍수지리와 거리를 두었던 것은 혹 '지관'이나 '풍수' 또는 '감여가'로 여겨지기 싫어서였다. 지리학을 연구하고 가르친다는 것만으로도 심심찮게 집터나 묘지 터를 골라달라는 부탁을 받을 때가 있고, 지리학 교수라는 명함에 괜스레 환영을 받기도 했다. 나이든 후 한국학대학원 교수로서, 인문지리학과의 커리큘럼 속에 넣어두었던 풍수지리에, 태도를 바꿔 도전해 보기로 했다. 오랜 세월 민중 속에 둥지를 틀어 서민들의 애환과 염원을 담아내고 있는 동양의 뚜렷한 문화요소 가운데 하나인 '풍수'를 더 이상 외면하거나 푸대접해 멀리해서는 안 되겠다는 생각에서였다. 도전적 자세로 파고든 지 수년 만에 조금씩 글이 나올 수 있게 되었다. '풍수'를 대상으로 학문적 접근의 가능성을 노크해 보고자 시도한 것이다.

풍수지리는 크게 음택과 양택(양기)풍수로 분류된다. 기원 측면에서 어떤 것이 먼저인지 학자들 간 의견이 분분하다. 전자로 인해 미신적이고 주술적인 성격으로 비추어지고 후자에서는 나름 합리성과 과학적 설명을 시도할 수 있을 것처럼 보여, 우선 후자 쪽에 관심을 쏟아 연구하고 강의에 주력했다.

본서에 실린 대부분의 글은 후자 쪽에 무게를 두고 청강을 하거나 수강한 제자들과 머리를 맞댄 글들이다. 석, 박사과정의 대학원생들을 상대로 강의하며 기말보고서('기말 에세이'라 칭함을 선호함)를 선별해 방학 동안 연결지도를 통해 합리적 추론을 시도하도록 끊임없이 주문했다. 몇 편의 될성부른 글을 조언하며 함께 고민했다. 여덟 편의 많지 않은 글들은 각자에게 주제를 주어 풍수의 이모저모를 터치해 보도록 시도한 결과물들이다. 이미 학위를 취득했거나 원생들인 공동 저자들은 본서의 출간을 통해 동학의 유대감을 다지고 향후 연구방법과 글쓰기에 자신감을 얻기를 고대하는 마음이다. 공저자 중에 베트남 학생과 중국 학생도 함께했다. 20대 중반을 갓 넘어선 원생부터 70세 만학도까지 다양하다. 한국학과 한국문화에 대한 신선하고 색다른 시각으로 접근하고 질문하는 그들로부터 풍수의 껍질이 벗겨지는 것 같았고, 학문적 체계가 잡히는 것도 같았다.

풍수지리가 무엇인가를 궁금해 하는 모든 이들에게, 특히 좀 더 합리적으로 알고 싶어 하고 공부해 보려는 대학생, 대학원생, 일반인들에게 작으나마 길잡이 역할을 기대하고, 지적인 호기심을 충족시켜 주었으면 하는 바람이다.

풍수란 자연을 살아있는 생명체로 보면서 자연과 대등한 관계 속에 대화하듯 조심스럽게 접근해야 함을 느낀다. 존중하는 태도를 잃어버리는 순간 자연은 상처받고 깨져버린다는 메시지가 흐른다. 성장의 한계를 인정하고 자연과 더불어 서로 보듬고 절제와 예의를 다해 지켜나가야 한다는 가치관이 들어있다. 산과 물과 바람을 놓고 음양과 오행을 얘기하며 산맥을 용으로 보고 땅속에 '생기'가 흐른다고 보는 관점의 전제에서, 자연을 함부로 대할 수는 없는 것이다. 자연의 지표 공간을 순환하고 땅속을 흐른다는 '생기'는 풍수의 본질로서 만물을 성장시키는 에너지의 원천으로 설명한다. 하지만 이는 눈으로 볼 수 없고 만질 수 없으며 발복의 에너지로 작용한다 하니 신비감과 주술성을 추가한다. 과연 그러한가?

자연을 대함에 있어서 살아있는 하나의 연결된 생명체로 보아야 한다는 전제 속에는 천지인(天地人) 합일의 정신이 들어있다. 하늘과 땅과 인간이 함께 가야 하는 천인동구(天人同構)의 동양철학이 들어있다.

오늘날 우리는 급속도로 진행된 산업화와 도시화를 통해 혹독한 환경파괴를 겪었고, 그로 인한 기후변화로 시련을 겪고 있다. 점점 독해지는 바이러스는 어지러운 인간 삶의 후유증이며 결과물인지 모른다. 뒤늦게 인류는 '지속 가능한 개발', '자연과 더불어 사는 친환경적인 삶'을 깨닫고 너나 없이 지구라는 별의 위기를 직감한 지 오래다. 알고 보면 이러한 모든 우려와 걱정은 이미 '풍수'에서 예고하고 있었던 매우 중요한 알맹이 메시지이다. 공부할수록 새록새록 깨닫게 된다. 우리 동양 선조들의 지혜가 깃들어 있는, 땅에 대한 고유한 사상이며 철학적 사유이다.

늦깎이로 연구를 시작하고 가르치는 풍수지리 강의에, 진지한 태도로 함께하며 어려운 내용을 소화하고 글을 만들어 낸 원생들에게 감사한다. 이들과 함께한 시간은 사제동행의 행복한 시간이었다. 풍수지리, 특히 살아있는 우리들의 '택지술'인 양택풍수에 대해 과학적 추론과 합리적인 해석을 추구하며 만들어낸 글들의 순서는 다음과 같이 크게 네 개의 장으로 나누어 전개했다.

첫 번째 장에서는 출발점으로서 동아시아의 풍수사와 풍수관 비교 및 맥락을 살폈다. 한 · 중 · 일 풍수 관점과 성격 규명을 시도했다. 두 번째 장의 첫글에서는 풍수의 천지인 합일 동행의 관점을 본 것인데, 풍수의 사상 철학적 측면으로, 풍수와 천문관, 농업의 관계를 추론했다. 그리고 두 번째 글에서는 풍수의 본질인 '생기'가 무엇인지 궁구하는 노력을 기울인 내용이다. 세 번째 장의 첫 번째 글은 풍수의 택지술을 터 고르기(입지론) 시각으로 동서양의 관점을 비교 조명했다. 두 번째 글은 생활 속의 풍수 이야기로서, 풍수의 여러 이론을 소개하고 전남 남해안 보성의 득량면 어촌마을 강골을 사례로 하여 전통어촌의 마을 풍수를 들여다보고 해석을 시도했다.

끝으로 네 번째 장에서는 사찰의 비보풍수 내용과 풍수 설화를 활용한 다문화 교육을 연결한 내용이다. 첫 번째 글은 한국 사찰의 화기제압을 위한 '비보' 방책의 풍수 비보 내용들을 살폈다. 화기제압을 위한 불교와 풍수의 접합 관계를 살핀 것이다. 두 번째 글에서는 풍수 설화에 담긴 동양적 문화를 외국 학생들에게 다문화의 한 이해 측면에서 어떻게 구성해 가르칠 것인가를 구안한 글이다.

요컨대, 본서는 전체적 관점에서, 동양의 풍수사와 한ㆍ중ㆍ일 3국의 풍수 관점 및 그 맥락, 다양한 풍수이론 소개, 풍수의 현실 적용과 그 해석 및 활용측면을 다룬 것이라 하겠다.

　　대학원생 제자들과 졸업생이 (대표)저자와 함께 빚은 글들에 대해 독자 제현의 질정을 겸허히 받아들이고 싶다. 여력을 모아 할 수 있다면, 추후의 과제는 음택풍수의 신비와 주술적인 요소를 과학의 이름으로 어떻게 설명해 낼 수 있을까를 두고 고민해 볼 것이다.

　　끝으로 본서 출간을 허락해 주신 ㈜한국학술정보의 채종준 사장님께 감사드린다. 저자를 처음 발굴해 오늘의 책이 출간될 때까지 매번 연결하여 저서들이 빛을 보게 해주신 양동훈 대리님과 편집작업에 늘 최선의 노력을 기울여 주신 김채은, 이혜송 님에게도 이 자리를 빌어 감사의 인사를 드린다. 늘 옆에서 교정 작업을 도와준 김소령 님과 복잡한 컴퓨터 작업의 해법을 제시하며 아낌없이 도와준 강 부장님께 감사한 마음을 전한다.

2023년 1월 5일
공동 저자들을 대표하여
손용택

1 동아시아의 풍수관, 그 맥락

01

한국과 중국의 풍수관 차이; 형세론과 이기론을 중심으로

관봉매 · 손용택

본 연구는 한국과 중국의 풍수 사상 기원과 방법론 및 현실적용을 비교하여 그 특징과 차이점을 규명하는 데 목적을 둔다. 기원과 관련하여 동양 철학적인 음양오행설과 생기론 등은 중국에서 기원하여 한국에 전해진 것으로 볼 수 있다. 주역의 영향을 받은 중국 풍수와 이에 영향을 받은 한국의 풍수 간 차이를 설명할 수 있다. 그것은 곧 방법론의 차이로서, 형세론과 이기론 적용이다. 한국은 형세론 위주에 이기론을 보완하지만, 중국은 남쪽에서 이기론을, 북쪽에서 형세론을 중시했었으나 어느 때부터, 상류층에서 형세론을, 일반인들은 이기론을 대중화하는 풍조가 생겼다. 근래 두 파벌은 융화 발전하고 있다. 풍수지리의 수용 측면에서, 양택과 음택의 장소를 고르는 택지술(입지 선택)과 인간과 자연의 관계의 조화를 중시한 환경론적 관점에 양국 모두 중점을 두고 있다. 요컨대 방법론적 대세는, 한국은 형세론을 강조하지만 점차 두 가지를 혼용하고 중국은 형세론과 이기론을 모두 사용하고 있다.

단지, 지역에 따라 적용할 때 중점을 달리한다. 두 가지를 혼용해 효과를 높이는 동시에 거시적 내재 성격은 양국이 일맥상통하는 바 있다. 양국은 풍수의 현실 수용에 긍정적이고, 현실적 실효성을 발굴하려 노력하고 있다.

1. 서론

풍수지리설이 한국 문화 전반에 미친 영향은 매우 크다. 한국에서 풍수에 대한 안목이 없으면 도시와 마을의 위치 및 구조를 이해하지 못할 정도이다.[1] 또한 중국에서도 고대부터 풍수 고전을 수집하고 정리해 왔다. 예컨대 명나라와 청나라에는 영락대전(永樂大典)과 사고전서(四庫全書)를 편찬하면서, 풍수 전적을 따로 구분했다. 오늘날 중국에서는 풍수지리를 정부 주도하에 중요한 문화유산으로 간주하고 있다. 한국과 중국에서 풍수는 한중 양국의 문화에 지대한 영향을 끼쳤고 지금도 사회 일각에서는 풍수신앙이 성행하고 있다. 동부 아시아에 있는 한·중·일 삼국은 국가 경제력이 향상되면서 문화적인 영향력도 함께 커지고 있다. 풍수는 동부 아시아 문화에 뿌리를 깊게 내렸기 때문에 동부 아시아의 문화를 제대로 이해하기 위한 전제라고 해도 과언이 아니다.

한국과 중국의 풍수 사상은 모두 중국에서 비롯되어 주역(周易)의 영향을 많이 받았으나, 시간이 지나면서 양국은 서로 다른 특색의 풍수 문화를 발전시켰다. 한국은 일찍이 지리신법, 동림조담(洞林照膽), 88향법 같은 이기론이 등장하기도 하지만, 풍수 고시과목의 서적을 분석해 보면 형세론을 중시하고 부분적으로 이기론을 수용하였음을 알 수 있다.[2] 한중 양국의 풍수를 함께 탐구하는 것은 동부 아시아의 문화 전통에 대한 이해를 높이는 데 도움이 될 것이다.

1978년 한국에서 풍수를 주제로 최초로 발표한 최창조·박영한의 '풍수에 대한 지리학적 해석-양기풍수를 중심으로'라는 논문이 발표되는 것을 기점으로 21세기에 들어 풍수를 주제로 연구한 논문이 활발하게 생산되기 시작하였

---

1   윤홍기, 「땅의 마음」, 『서울:사이언스북스』, 2011, 제2장, 41쪽.

2   지종학, 「풍수지리 이론의 유형별 비교 분석」, 『한국사진지리학회지』, 제29권, 제1호, 2019, 13~21쪽.

다. 최원석(2016)에 의하면 2015년까지 학술 앱 사이트를 기준으로 한 통계조사 결과, 연구 논문이 100편 정도에 이른다.[3] 연구 주제는 크게 풍수 일반, 문헌 및 지도, 역사문화, 입지론, 환경론, 경관론, 지역, 지명, 응용 등으로 분류할 수 있다. 중국의 풍수 연구와 그 경향의 경우에도 1980년 이후부터 풍수 연구의 열풍이 다시 일어나기 시작하면서 21세기에 들어 활발하게 진행되고 있다. 2021년까지 중국 최대의 학술 웹 사이트인 지망[4]의 통계 결과를 보면 "전통적 풍수이론"을 주제로 한 연구가 246편에 이르고 있다.[5] 중국에서의 연구 동향은 크게 5가지로 나뉜다. '전통 풍수이론'의 발전연구, '전통 풍수이론'이 건축 발전에 미치는 영향, '전통 풍수이론'과 도시계획과의 관계, '전통 풍수이론'과 생태환경과의 관계, '전통 풍수이론'이 한국과 일본 등 동부 아시아 문화권 국가에 미치는 영향 등이 그것이다.[6] 이러한 통계조사를 보면 한중 양국에서는 풍수 연구의 저변확대가 이루어지고 있는 것이고, 결과도 많이 산출되었음을 알 수 있다. 이러한 추세는 한국과 중국 양국의 여러 선행 연구의 검토에서 확연히 드러난다고 볼 수 있다.

   양국의 풍수 관점 차이와 특징을 규명하려는 연구목적을 달성하기 위해 첫째, 연구의 필요성 제기와 목적을 제시하고 둘째, 풍수의 본질과 기원을 고찰한다. 셋째, 양국 풍수의 방법론 특징을 분석한다. 넷째, 한국과 중국 양국 풍수이론의 실제 적용을 고찰하고 비교한다. 주로 촌락 입지론과 자연 환경관과 관련된 선행 연구를 정리하고 서술한다. 다섯째, 결론적으로 한중 양국의 풍수 사상의 차이점과 공통점을 들어 그 특징을 요약하고 풍수의 긍정적인 면을 서술한

---

3   최원석, 「한국 풍수지리 연구의 검토와 과제」, 『문화역사지리』, 제28권, 제3호, 2016, 19~35쪽.

4   https://chn.oversea.cnki.net/index/

5   刘羽天, 「国内 "传统风水理论" 研究述评」, 『湖北科技学院学报』, 제41권, 제5호, 2021, 61~67쪽.

6   刘羽天, 위의 논문(2021), 63~67쪽.

다. 풍수의 해석은 주관성을 배제할 수 없듯이 연구자의 해석과 설명 논점에서
도 혹여 주관이 개입될 수 있는 연구의 제한점을 미리 밝혀둔다.

2. 풍수의 본질과 기원

　동양 전통 풍수는 감여(堪輿)[7] · 음양(陰陽) · 지리(地理) · 상지(相地) · 형법
(形法) · 청낭(靑囊) · 청오(靑烏) 등으로도 불린다.[8] 풍수라는 용어는 전문적인
것으로서, 최초에 곽박(郭璞)의 [장서(葬書)]에서 나왔다. "氣誠風則散, 界水則
止, 古人聚之使其不散, 行之使有止, 故謂之風水"라 쓰여 있고, 또한 "风水之法,
得水为上, 藏风次之"라 기록되어 있다. 여기서 [장서]에 처음 명확하게 "장풍",
"득수"를 조건으로의 개념으로 진술하였는데 이것이 오늘날 풍수 내용의 뿌리
이며 기원이 된다.

　이신봉 · 유폐림(李新峰 · 刘沛林, 1993)은 풍수가 철학을 바탕으로 하여 환
경을 선택하는 학문이라고 주장했다.[9] 윤홍기(2011)는 풍수가 중국 문화 테두
리 안에서 생성되고 발전한 '택지술'이자 길지 발복의 신앙 체계이고 종교적 ·
합리적 · 미신적인 면이 모두 조금씩 녹아 있는 것이라고 말한 것도 같은 맥락
의 주장이다. 김성우(2014)[10]도 오랜 세월 인류의 경험과 직관에 의해서, 자연
은 일정한 법칙을 가지고 인간에게 영향을 끼쳐 온 것을 깨닫게 되었는데 이러

7　"堪, 天道也 ; 與, 地道也", "堪輿, 天地總名也". 하지만 최초에 풍수를 뜻하지 않고 감(堪)은 천(天)이고
　　여(輿)는 땅(地)이다. 처음에 〈史記 · 日者列傳〉에서 나온 감여(堪輿)는 점가(占家)를 뜻하고 여기의 점
　　가(점쟁이)는 천문과 지리를 관찰하고 평가하는 유능한 선생을 부른 것이다.

8　刘沛林, 「中国风水的起源与传播」, 『寻根』, 제4호, 1996, 32~35쪽.

9　李新峰 · 刘沛林, 「大地为母: 风水产生的哲学前提」, 『衡阳师专学报(社会科学)』, 제4권, 1993, 92~99쪽.

10　김성우, 「제5장 한국 풍수에 대한 인식의 변화」, 『민족사상』, 제8권, 제3호, 2014, 139~169쪽.

한 이치를 정리한 것이 풍수 사상이라고 주장했다.

사람들이 이상적인 생활환경을 선택하기 위해 시작된 것, 즉 택지술이라고 볼 수 있다. 사람들은 생산 활동과 생활의 실천에서 선택된 공간, 이용된 환경, 어떤 것들이 사람들에게 큰 행운을 가져다줄 수 있고, 때때로 잘못된 지리적 환경을 선택하게 할 수 있으며, 사람들에게 불편함을 가져다줄 뿐만 아니라 심지어 화를 가져오게 할 수도 있다는 것을 발견한다. 그래서 사람들은 그 이치와 내용을 정리하고 그때의 문화 관념으로 해석했다. 이렇게 해서 점차 중국 고대의 지리환경을 이용하기 위한 각종 규범과 원리를 총결산해 냈고, 풍수지리도 이에 따라 생겨났다.

풍수는, 사람의 거주지는 자연 산천 환경에 맞춰야 적합하다는 것을 강조하면서 사람과 자연의 조화를 중요시하여 동양 전통적인 "천인합일(天人合一)"의 철학사상과 일치한 문화사상이 되었다. 이렇게 해서 풍수는 동양에서 수천 년 이래 주택, 촌락, 도시 및 묘지를 선택하는 데에 지대한 영향을 끼쳐왔다.

[장서]에 따르면 전통 풍수를 이해하기 위해서는 한 걸음 더 나아가 전통 풍수학의 철학적인 기반 이론들을 함께 살펴야 한다고 생각하고, 풍수와 음양(陰陽) · 기론(氣論) · 대지유기론(大地有機論) 등의 관계를 고찰하여야 함을 논했다.

중국에서는 먼저, 이신봉 · 유페림(李新峰 · 刘沛林, 1993)은 음양 사상의 기원과 그것이 풍수이론에 미치는 영향을 서술하면서 음양 사상은 주역(周易)으로 거슬러 올라갈 수 있고, 음양 사상의 영향을 받지 않았다면 중국 고대 풍수 사상과 풍수 문화는 없었을 것이라고 주장한다. 경전을 인용함으로써 풍수학은 중국 고전 철학의 음양 사상을 근거로 하여 대지를 인식하고 지형을 선택한다는 설명이다.[11] 사람들의 천지만물(天地萬物)에 대한 인식은 처음에는 대립

---

11 李新峰 · 刘沛林, 앞의 논문(1993), 92쪽.

적인 "음"과 "양"으로 나뉘었는데, 객관적인 사물에 대한 인식이 점차 깊어짐에 따라 사람들은 "기(氣)"로 음양을 해석하기 시작했다. 예를 들어 서주(西周)의 음양이기설(陰陽二氣說)을 이용하여 지진을 해석했다.[12] 즉 지진은 음양의 이기(二氣)가 질서를 잃어버렸기 때문에 발생한 것이라고 주장한다. 이와 같은 "음양이기(陰陽二氣)"설은 철학적인 의미의 "기(氣)"가 형성된다는 것을 의미한다. 그것은 중국 고대 최초의 변증법의 기론 학설이다. 기론(氣論) 사상은 점차 풍수이론의 형성과 발전에 중요한 이론적 기반으로 발전해 왔다. 한마디로 말하면 풍수는 음양(陰陽) 사상을 전제로, 기(氣)를 중심사상으로 전개되어 온 것이다. 곽박(郭璞)의 [장서(葬書)]는 음양이기(陰陽二氣)의 결합을 보여주며 "음양의 기(氣)는 땅속에서 행하여 생기로 된다."라고 말한다. 생기론(生氣論)은 풍수학의 가장 보편적인 원리가 되었다.

또한 중국 고대 기론(氣論)은 하늘은 기(氣)에서 태어나고, 땅도 기(氣)에서 태어나며, 사람도 기(氣)에서 태어나 만물은 모두 기(氣)에서 태어났으며, 그들은 공통의 근원을 가지고 있다고 주장한다. 기론(氣論)은 하늘, 땅, 사람이 모두 기(氣)에 의해 만들어진다고 하여, 그에 대한 질문들의 답은 모두 어떤 공통성이 있고 서로 감응할 수 있다고 주장한다. 천지인자연감응관(天地人自然感應觀)이 생겨나면서 땅에 생명이 있다는 학설도 자연스럽게 생겨났다. 전체 풍수학은 기론(氣論)을 취지로 하여, "생기(生氣)"를 목표로 찾아 발전해 온 것이다. 땅의 생명유기체론(生命有機體論)[13]의 과학성이 오늘날 점점 더 힘을 얻고 있는 근거이다.

또한 오철우(伍铁牛, 2007)[14]는 풍수이론의 근원은 최초에 주로 주역(周易)

---

12 〈國語 · 周語上〉: "夫天地之气, 不失其序 ; 若过其序, 民乱之也。阳伏而不能出, 阴迫而不能烝, 于是有地震。今三川实震, 是阳失其所而镇阴也。阳失而在阴, 川源必塞 ; 源塞, 国必亡."

13 즉 지구 생명 유기체설이다.

14 伍铁牛, 「中国传统风水理论的分析与现代思考」, 华中师范大学 석사 논문, 2007.

에서 비롯되었고, 풍수에서 "길지(吉地)"를 선택할 때 나침반을 도구로 오행과 팔괘설을 이론으로 진행되니 오행과 팔괘는 바로 주역에서 비롯된 내용이고 풍수의 생기론도 주역의 음양관에 대한 계승이라고 주장한다.[15]

요약해서 말하자면, 풍수는 "음양 사상"을 전제로, "장풍득수"를 조건으로 "생기론"을 핵심 이론으로 환경을 선택하는 택지술이라고 볼 수 있다.[16]

3. 한국과 중국의 풍수 사상 특징

앞에서 풍수 기원을 고찰함으로써 풍수이론체계의 생산과 활용이 중국에서 시작한 것으로, 그리고 풍수 사상의 이론적 발전 역시 중국이 당연히 주도한 것으로 볼 수 있다. 한국 및 일본, 베트남 등 국가들은 중국이 만든 풍수이론체계를 지역적 환경과 역사적 · 문화적 특색에 맞추어 실천하고, 적용, 변용시켰다.[17] 제3장에서는 주로 풍수이론체계의 방법론을 통해 양국의 풍수 사상 특징을 밝혀보고자 한다.

풍수술이 방위를 위주로 하여 길지를 평가하는 종묘법(宗廟法)과 지형 즉 산의 모양과 물의 흐름을 위주로 하여 길지를 평가하는 강서법(江西法) 또는 형세법(形勢法)으로 나뉜다고 알려져 있다. 평야 지대에서는 방위법이 보다 중

15　〈周易 · 説卦〉: 雷以動之, 風以散之 ; 雨以潤之, 日以烜之 ; 艮以止之, 兌以説之 ; 乾以君之, 坤以藏之……巽為木, 為風, 為長女, 為繩直, 為工, 為白, 為長, 為高, 為進退, 為不果, 為臭……坎為水, 為溝瀆, 為隱伏, 為矯輮, 為弓輪, 其於人也, 為加憂, 為心病, 為耳痛, 為血卦, 為赤.

16　经本钊, 「中国传统风水学的哲学蕴涵及其现代价值」, 南昌大学 석사 논문, 2007.
　　侣铁牛, 위의 논문(2007).

17　최원석, 「한국 풍수론 전개의 양상과 특색」, 『대한지리학회지』, 제50권, 제6호, 2015, 695~715쪽.

요했고, 산악 지대에서는 형세법이 우세했다.[18]

중국에서 풍수의 활용은 상(商)나라와 주(周)나라 때 이미 존재하였고, 진 (秦)나라와 한(漢)나라 때 황실의 추앙으로 급속한 부상과 발전을 이루었으며, 당송(唐宋) 대에 민간에서 널리 전해져 사용되었고, 풍수 저작이 생산되어 여 러 이론이 전무후무하게 발달하였다. 이때까지 두 가지 주요 유파가 형성되었 다. 즉 "형세파(形勢派)"[19]와 "이기파(理氣派)"[20]이다. 원명(元明) 대 이전에는 산천의 형세 판단을 위주로 음양과 오행생극(伍行生克)의 이치를 종합하는 형 세파(形勢派)가 유행했지만, 원명(元明) 대 이후 하늘과 마음이 잘 맞는 것을 중요시하고, 천지를 본받는 이치를 중요시하는 이기파(理氣派)가 더 활발히 발 전하였다.[21]

형세파(形勢派)는 형세론 위주로 적용하는 부류를 일컬음이며 공간 이미지 에서 천·지·인(天地人) 삼자 일치를 이루는 데 중점을 두고 심용(尋龍, 산맥 을 살핌), 정혈(定穴, 혈과 명당을 살핌), 찰사(察砂, 사신사를 관찰함), 관수(觀 水, 물줄기를 관찰), 취향(取向, 좌향을 잡음)[22] 등을 중시하며, 형세파(形勢派) 의 발흥과 전파 범위가 주로 강서(江西)에 있으므로 '강서(江西)지법'이라고도 한다. 구체적으로 세분하면 연두파(巒头派), 형상파(形象派), 형법파(形法派) 로 나뉜다. 연두파는 산천의 형세에 따라 길흉을 판단하였고, 형상파는 산천의 형세를 어떤 물체로 보고, 그 물체에 따라 길흉을 판정한다. 형법파는 형상화에

---

18   윤홍기, 앞의 책(2011), 46쪽.

19   또는 形法派(형법파), 形派(형파), 形势宗(형세종), 巒头派(연두파)

20   또는 理派(이파), 理气宗(이기종)

21   盛超赞,「风水理论在中国传统园林中的运用」, 江南大学 석사 논문, 2010.

22   《陔余丛考》: "江西之法, 肇于赣州杨筠松……主于形势, 原其所起, 即其所止, 以定向位, 专指龙, 砂, 穴, 水之相配."

더해 연두파의 자연 산천의 미적 방법을 응용한 것이다. 실제로 사용하는 데 있어서는 특별히 구분되지 않고, 방법론에서 서로 융합하여 사용하였다.[23]

이기파(理氣派)는 방위론 위주로 적용하는 부류를 말하고 패철(나침반)에 의한 좌향론과 길흉화복론이 주류[24]를 이루고 있다. 고정된 방위에 글자와 숫자를 대입하여 길흉을 판단하며, 비록 부족한 땅일지라도 이법(理法)에 맞추면 긍정적으로 바뀔 수 있다는 능동적인 사고가 특징이다. 이기파(理氣派)는 민중(閩中) 지역에서 시작해 절강(浙江) 일대에 전해져 '푸젠파(福建派)'라고도 불린다. 사용 도구는 패철, 즉 나침반이다. 이기파(理氣派)는 형세파(形勢派)보다 더욱 복잡하며, 파벌이 매우 많다. 그 유형 분류에서 비교적 영향력을 발휘한 것은 팔택파(八宅派), 명리파(命理派), 팔괘파(八卦派), 오행파(伍行派), 삼합파(三合派), 현공파(玄空派), 비성파(飛星派), 자미파(紫微派), 기문파(奇門派) 등이 있다.[25] 쇼첸(2019)[26]에 따르면 그중에서 팔택법(八宅法)은 풍수지리의 기본 방법의 하나로 주택의 방위 배치를 논함에 많이 쓰인다. 팔택법(八宅法)은 택리(宅理)와 명리(命理)의 조화를 추구하며, 택명(宅命)이 어울리면 가운이 번창하는 것으로 보아 거주 장소와 인간 사이의 관계에 주목한다. 그중 감(坎)·이(离)·진(震)·손(巽)은 동사괘(東四掛), 건(乾)·태(兌)·간(艮)·곤(坤)은 서사괘(西四卦)로 나뉘고, 동사명(東四命)에 속한 사람은 동사택(東四宅)에, 서사명(西四命)에 속한 사람은 서사택(西四宅)에 사는 것이 좋다. 사택은, 저택의 명수가 서로 어울릴 때 길하다. 삼합법(三合法)은 널리 보급되어 많은 사람들이 채택한 방법이다. 천성풍수(天星風水)는 그 방법의 하나로, 주요

---

23   申起明, 「明代风水集成之作《地理人子须知》辩证解读」, 天津大学 석사 논문, 2018.

24   이기론의 기존 이론이 〈河圖洛書〉, 陰陽伍行學說, 太極, 八卦, 天干, 地支, 山向, 官星 등이 있다.

25   申起明, 위의 논문(2018), 32쪽.

26   肖倩, 「拙政园风水形势论与理气论合局研究」, 天津大学 석사 논문, 2019.

원리는 내룡의 방향과 음·양택의 방향, 향(向)의 방위와 거수(去水)와 내수(來水)의 방위 차이에 따라 구성(九星)의 위치를 정하고, 구성 길흉의 차이에 따라 음·양택 풍수의 길흉을 판단한다. 현공비성법(玄空飛星法)은 이기파(理氣派)에서 많이 활용되는 법으로 복잡하기는 하나, 감여 결과에 정확도가 높다고 알려져 있다.

형세파(形勢派)와 이기파(理氣派) 즉, 형리 2파는 서로 독립적인 시스템도 있고, 서로 상보하는 측면도 있어 실무에서는 자주 함께 사용되는 추세에 있다. 풍수학은 형리의 이치를 겸비해야 하며, 반드시 양자를 결합해 서로 촉진·보완해야 성공할 수 있다. 중국의 경우에 형세파(形勢派)는 주로 상류 귀족들에게 받아들여졌고, 특히 문인과 유학자들이 추앙했다. 이기파(理氣派)는 민간에 많이 퍼져 양택 이론이 크게 발전했다. 동시에 두 파벌은 다시 융화 발전하는 양상을 보인다.[27] 청나라 때 이미 형세(形勢)와 이기(理氣)가 "기론(氣論)"에는 전체의 양면이 있는 것을 인식했다. 이기(理氣)는 방위를 강조해야 하고, 동시에 형세를 따라야 하는 것을 강조한다. 한편, 명·청대에 풍수의 이론 저작이 많아지면서 점점 개방화·정규화되었다. 관찬 백과서인 [영락대전(永樂大典)], [사고전서(四庫全書)], [고금도서집성(古今圖書集成)]에서 전해 내려오는 모든 풍수 저작물들이 거의 모두 수록되었다. 동시에 민간에서도 풍수 저서들을 많이 수집·편찬하였고, '-전서(全書)', '-대전(大全)', '-대성(大成)'이라는 이름을 붙였다.

한국의 경우에 윤홍기(2011)는, 한국에서는 방위법과 형세법이 나뉘지 않았고, 지형을 위주로 하여 길지를 찾은 다음 방위를 고려했다고 주장했다. 한국

---

27   清代张心言在《地理辨正疏》中谈到这种融汇 : "不知峦头者, 不可与言理气 ; 不知理气者, 不可与言峦头。精于峦头者, 其尽头工夫理气自合 ; 精于理气者, 其尽头工夫峦头自见。盖峦头之外, 无理气 ; 理气之外, 无峦头也。"

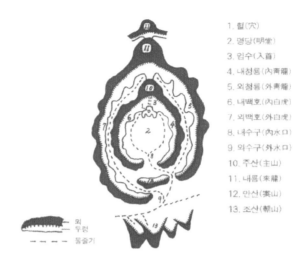

1. 혈(穴)
2. 명당(明堂)
3. 입수(入首)
4. 내청룡(內靑龍)
5. 외청룡(外靑龍)
6. 내백호(內白虎)
7. 외백호(外白虎)
8. 내수구(內水口)
9. 외수구(外水口)
10. 주산(主山)
11. 내룡(來龍)
12. 안산(案山)
13. 조산(朝山)

뫼
두렁
물줄기

〈그림 1〉 한국의 풍수 명당 형국[28]

의 풍수지리 터 잡기는 주로 배산임수의 지형적 조건을 찾는 것이다. 즉 "좋은 땅"(명당풍수)은 마른 땅이어야 하나 뒤로 산이 있어 찬 바람을 막아 주고, 앞으로는 물을 가까이 하는 곳이어야 한다. 이러한 땅은 안락의자에 앉은 것과 같이 전면이 남쪽으로 트이고 나머지 세 방향이 산이나 언덕으로 에워싸인 곳이다. 이는 앞에서 언급한 중국 형세론의 방법론과 대동소이하다.

하지만 지종학(2019)[29]은 현재 풍수계에 통용되는 풍수이론은 크게 물형론(物形論), 이기론, 형세론으로 구분된다고 주장했다. 그중에서 물형론은 산을 사람, 물체, 날짐승, 들짐승, 용, 뱀 등에 비유하여 산의 성격을 추리하고 혈처를 정하는 방법을 말한 것이다. 뿐만 아니라 한국에서 물형론 외에 풍수비보론(風水裨補論)이라는 풍수이론도 있다. 즉, 풍수 비보는 풍수적 환경에 부족함이

28   윤홍기, 앞의 책(2011), 47쪽.

29   지종학, 앞의 논문(2019), 13쪽.

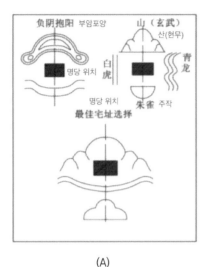
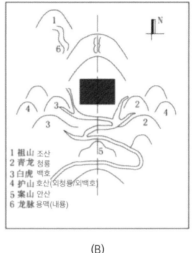

(A)   (B)

〈그림 2〉 중국의 풍수 명당 형국[30]

있을 때 인문(人文)의 환경을 상보(相補)함으로써 풍수의 조화를 이루고 개량
함을 목적으로 한다.[31] 최원석(2015)[32]은 형세론과 이기론으로 대표되는 동아시
아 및 중국 풍수론 일반에 비추어 풍수비보론은 한국 풍수론의 특징이 될 수 있
다고 주장했다. 한국은 중국의 풍수론을 도입하여 적극적으로 운용하고, 사회
적·공간적인 담론으로 활용하는 데에 치중하지만 시대별로 특색이 있는 모습
을 보인다. 그리고 한국 풍수론의 이론적 경향은, 중국의 형세론과 이기론 중에
형세론이 우세하게 운용되었음을 지적한다. 그런데도 한국에서도 주거 관련 풍
수 연구는 이기론과 관련된 건물배치, 동서사택, 방위, 본명궁, 양택삼요, 공간

30   〈基于风水理论的陕北窑洞村落选址与布局研究〉에 나온 "풍수 명당" 해석도. 李冰倩,「基于风水理论的
     陕北窑洞村落选址与布局研究」, 西安建筑科技大学 석사 논문, 2016.

31   최원석,「한국의 神補風水에 관한 始論」,『탐라 문화』, 2002, 211~244쪽.

32   최원석, 앞의 논문(2015), 712쪽.

개선 등을 키워드로 삼고 있음을 알 수 있다.[33] 송대선 · 안옥희 · 고봉선(2013)[34]은 이기론에 속한 동서사택론을 이용하여 수맥, 지자기장에 대해 고찰했다. 다양한 풍수이론을 적용하여 환경 분석을 해 본 결과, 풍수이론을 적용한 환경개선을 통해서 거주자의 건강이 회복되고, 가족 간의 관계가 개선되는 것을 밝혔다. 예컨대 정성태(2007)[35]는 이기론에 속한 88향법 풍수 논리에 입각하여 GIS 분석 툴을 원용하여 사례대상지의 적지 분석 결과와 88향법의 결과치를 비교 분석하여, 88향법의 적용으로 보다 융통성 있는 향의 선택이 가능하며 입지를 개선할 수 있음을 주장했다.

종합해 보면, 한국에서 형세론이 우세하지만 중국 경우처럼 이기론도 융합하여 연구에 적용하고 있으며 양택 이론이 크게 발전했음을 알 수 있다.

4. 양국의 풍수지리 적용

근대 이후 중국에서는 과학이 발달하고 민주화가 진행되면서 한때 풍수는 버려졌다. 풍수는 봉건 미신으로 여겨졌고, 유가 경전을 정통성의 고상한 문화로 삼았다. 그러나 민속으로서 풍수는 중국 민간에 뿌리내렸고, 봉건 미신에 대한 반대가 가장 성행했던 1950~60년대에도 전파를 멈추지 않았다. 한국의 경우에도 서양의 과학 사상이 도입되면서 풍수를 기피한 시기가 있었다. 하지만

---

33 송대선 · 안옥희 · 고봉선, 「국내 학위논문 분석을 통한 양택 풍수의 연구 경향」, 『한국주거학회 학술대회논문집』, 2012, 281~286쪽.

34 송대선 · 안옥희 · 고봉선, 「풍수이론 적용을 통한 현대주택의 환경개선에 관한 연구」, 『한국주거학회 학술대회논문집』, 2013, 385~390쪽.

35 정성태, 「풍수 88향법의 환경 분석적 연구 방향의 모색」, 『한국조경학회 학술발표논문집』, 2007, 31~35쪽.

1980년대 이후 양국은 모두 경제가 발달하는 과정에, 사람들의 사상 관념이 바뀌면서 일부 학자들은 풍수 문화에 인간과 자연의 조화를 추구하는 이념이 있음을 깨닫고 다시 풍수 연구를 시작했다. 건축, 주택, 마을입지, 도시계획 등에 풍수가 녹아 들어있음을 알 수 있다. 물론 풍수가 주창하는 '천인합일(天人合一)'과 '자연에의 순응' 등의 관념은 현실 사회에 모범이 되는 측면도 있지만, 그 자체가 가진 미신적 요소를 불식시키고 객관적으로 과학화해야 하며, 정수를 발굴해 내야 한다. 풍수설은 한중 양국의 고대 건축물 조성, 촌락 입지, 도시계획 등에 영향을 미쳤으며 주택, 궁궐, 사찰 등의 단독건축물부터 촌락, 도시 등의 취락에 이르기까지 풍수 요소의 취급과 선택이 끊임없이 입증되고 있다.

1) 촌락과 도시 및 궁궐 입지에 풍수이론 적용

한중 양국이 모두 농경 사회로 발전해 왔기 때문에 전통 촌락은 이러한 발전 과정에서 보전되었다. 시간이 지나면서 촌락은 변화 발전을 거듭하며 주변의 환경과 점점 어울려 적응하게 되었고 사람, 촌락 및 자연의 관계가 조화로워졌다. 마을의 입지를 선정하여 건설하는 과정에서, 전통 풍수지리는 중요한 영향을 미치게 되었다. 풍수는 택지술이라고 볼 수 있기 때문에 먼저 고대에 촌락입지를 정할 때 어떻게 적용되었는지를 살펴보고자 한다.

중국의 손리석(孙立硕, 2021)[36]은 형세파(形勢派)의 풍수이론을 통해서 전통 촌락의 입지를 선정하는 것에 가치가 있는 것을 검증했다. 하응촌(河应村)의 입지 환경을 형세법으로 분석하고 "배산임수(背山臨水)"의 명당 조건[37]에 맞춘

---

36 孙立硕, 「传统风水文化影响下的传统村落选址格局探析」, 『山西建筑』, 제47권, 제12호, 2021, 18~21쪽.

37 즉 "좋은 땅"은 마른 땅이어야 하나 뒤로 산이 있어 찬 바람을 막아 주고, 앞으로 물을 가까이 하는 곳이어야 한다. 이러한 땅은 안락의자에 앉는 것과 같이 전면이 남쪽으로 트이고 나머지 세 방향이 산이나 언덕으로 에워싸인 곳이다(윤홍기, 앞의 책, 46쪽).

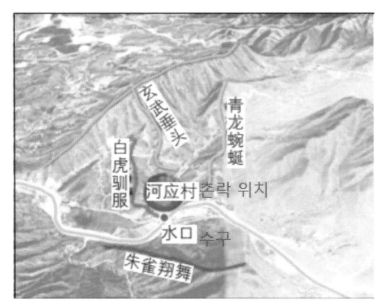

<그림 3> 전통 마을 하응촌의 배산임수 입지(손리석, 2021년)

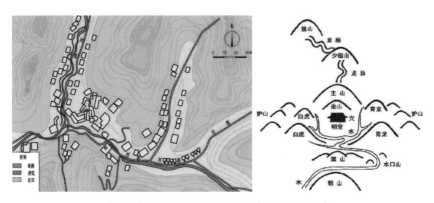

<그림 4> 전통 마을의 배산임수 입지(이빙천, 2016년)

것을 밝혔다. 그리고 이빙천(李冰倩, 2016)[38]도 배산임수의 입지 조건을 바탕으로 만들어진 촌락의 지도를 보여주었다. 이는 한국의 형세법 이론과 일치하는

---

38   李冰倩, 앞의 논문(2016), 84쪽.

〈그림 5〉 전통 도시(서안)의 배산임수 입지[39](주타오, 2020년)

것이다.

촌락뿐만 아니라 국가의 수도에도 풍수 입지론이 적용된다. 중국의 서안시는 1,100여 년의 역사를 자랑하며, 이 지역은 중화 문명과 중화민족의 중요한 번영지이고, 고대 실크로드의 시작점이라 할 수 있다. 서안의 풍수형국을 보면 배산임수의 풍수형국을 갖추었음을 알 수 있다.

한국의 경우, 촌락의 입지는 구성과 논리에서 중국의 그것과 같은 맥락의 입지론을 사용하고 있다. 조선 시대 풍수의 적용은 마을 풍수와 궁궐 풍수에서 확인할 수 있다. 조선 시대 읍치의 입지는 기본적으로 도시(읍)의 기본 축을 조산(祖山)-)주산(主山)의 선으로 잡고 좌청룡, 우백호, 안산의 네 줄기로 둘러싸인 수도 한양을 닮으려 노력하였다.

---

39   朱涛,「中国传统建筑营造中的风水学」,『广西城镇建设』, 제3권, 2020, 50~62쪽.

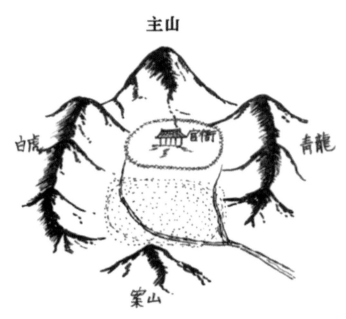

<그림 6> 전통 마을의 풍수 공간(김두규, 1999년)[40]

　궁궐에서도 같은 맥락의 풍수형국을 확인할 수 있다.[41] 박재희[42]는 경복궁 입지가 남향의 배산임수를 이루고 내사산(內四山)과 외사산(外四山)의 환포를 이루며 안산과 조산의 성립 등 장풍득수처에 해당하는 풍수적 입지에 적합한 곳임을 밝혔다.

40　김두규, 「공간이론의 산책 33: 전통 읍(邑)의 풍수적 공간구성」, 『국토』, 제217권, 1999, 56~60쪽.

41　손용택 · 남상준, 「입지론 시각의 풍수지리: 전통입지와 현대입지의 비교관점에서」, 『사회과교육』, 제61권, 제1호, 2022, 191~210쪽.

42　박재희, 「서울 궁궐의 풍수지리 분석과 문화콘텐츠 활용방안에 관한 연구」, 건국대학교 대학원 박사학위 논문, 2017.

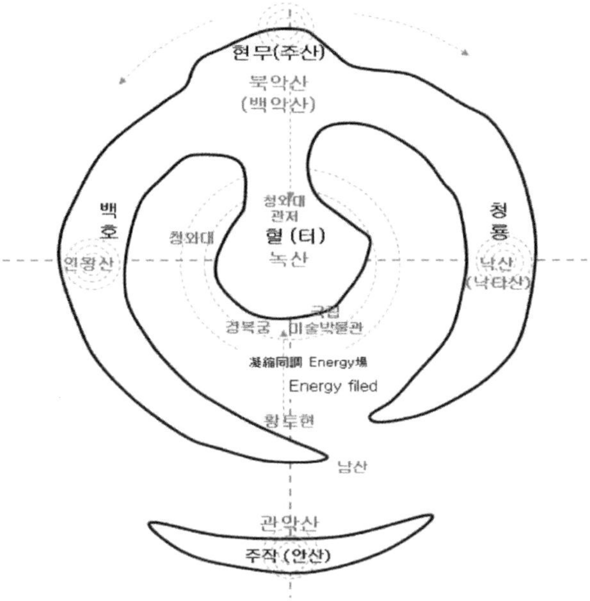
현무(주산)
북악산
(백악산)
백
호
인왕산
청와대
관저
청와대
혈(터)
녹산
청
룡
낙산
(낙타산)
국립
미술박물관
경복궁
凝縮同調 Energy場
Energy filed
황토현
남산
관악산
주작(안산)

〈그림 7〉 서울 경복궁의 외사산(外四山) 모형도(박재희, 2017년)

2) 생태 환경보호와 풍수

앞에서 풍수의 기원을 고찰하였듯이 풍수는 많은 철학적인 논리를 담고 있다. 천 · 지 · 인 감응을 바탕으로 자연스럽게 대지유기체론도 형성되었다. 대지유기체론은 바로 오늘날의 생태관을 담고 있다고 할 수 있다. 중국의 경우 강조파(江灶发)[43]는 강서(江西)의 우원촌(婺源古村) 사람들이 전통 풍수 사상의 원리를 믿고 지키기 위해서 자발적으로 촌락의 마을 숲을 보호하고, 주산에서의 남벌은 금했다. 이러한 믿음과 실천을 통해 자연 생태환경이 잘 보전되고 있다.

43 江灶发, 「论中国风水观念与生态环境保护——以婺源古村落后龙山, 水口林植被保护为例」, 『江西林业科技』, 제5호, 2008, 50~52쪽.

성동환(2005)은[44] 풍수 논리 속에 나타나는 생태개념과 생태기술을 추려내고 그 의미를 현대적으로 재해석하여 오늘날에 적용할 수 있는 긍정적인 측면을 밝혔다. 특히 풍수 금기와 마을 숲, 주택의 뒤안과 마당, 담장, 조선조의 제도 등에 환경론적인 관점에서 훌륭한 생태 지혜를 담고 있으며 현대에도 발전시켜 적용할 수 있는 생태기술을 포함하고 있음을 주장한다.

윤홍기는 한민족의 정신 구조, 즉 지오멘털리티는 풍수적인 차원을 통해야만 비로소 그 중요한 일면을 해석할 수 있다고 주장했다.[45] 지속 가능한 도시개발을 이루려면 도시의 역사와 배경, 사회적 관습과 전통, 도시의 문화와 생활방식, 도시의 기술과 자재 등을 도시개발과 계획의 주요 요소로 포함해야 한다는 것은 바로 지역적, 생태적 맥락이다. 그래서 김천권·정경연(2015)[46]은 한국의 지역적 맥락을 반영한 풍수이론을 도입해 결론적으로 환경적인 항목으로 용(龍)론·사(砂)론·수(水)론·비보(裨補)론을 통해 온실가스 배출을 저감하여 기후변화 요인을 보완하고, 용론·수론·사론·향(向)론을 통해 겨울철 찬바람을 막아내며 여름철 고온다습한 열기를 식히는 등 지역 기후를 조절하여 에너지 절감을 가져올 수 있다고 하였다.

이렇게 보면, 촌락 입지 선정이나 환경생태 유지 또는 보호 차원에서 한중 양국은 유사한 풍수 철학을 공유한다고 볼 수 있다. 장풍득수의 입지론과 대지유기체론(= 지구생명유기체설)이 제시되고 인간과 자연의 조화로운 삶의 중요성에 대해 풍수는 적극적이고 긍정적인 역할을 담당하고 있음을 알 수 있다.

---

44   성동환, 「풍수 논리 속의 생태개념과 생태기술」, 『대동문화연구』, 제50호, 2005, 503~534쪽.

45   윤홍기, 앞의 책(2011), 113쪽.

46   김천권·정경연, 「지속 가능한 도시개발을 위한 한국 풍수이론의 적용 가능성 연구」, 『도시행정학보』, 제28권, 제4호, 2015, 1~30쪽.

5. 결론

본 연구는 한국과 중국 양국의 풍수 문화를 비교하기 위해서 풍수의 본질과 기원부터 형세법과 이기법 등 풍수이론의 방법론까지 고찰한 다음에 양국 풍수 지리의 실제 적용 사례를 고찰하고 분석한 것이다. 기원을 고찰할 때 철학적인 이론들과 결합하여 보다 종합적인 기원 맥락을 정리해 보았다. 결론적으로 한 국은 중국과의 풍수이론체계와 방법론이 일맥상통하지만 한국은 실제로 운용 할 때 시대별로 차이가 나타나고 이론의 분류에도 차이가 있다는 것을 밝혔다. 그런데도 풍수 사상의 핵심내용은 같다. 중국의 풍수이론의 발전은 상(商)나라 와 주(周)나라 때 이미 존재하였고 당송(唐宋) 대에 민간에서 널리 전해져 사용 되었으며 두 가지 주요 유파 즉 형세파(形勢派)와 이기파(理氣派)가 형성되었 고 두 가지 유파는 대립과 동시에 융합하기도 한다. 명 · 청대에 이르러 풍수의 이론 저작이 많아지면서 점점 개방화 · 정규화되었다. 한국과 중국의 풍수 사상 특징은 모두 형세법과 이기법을 융합하여 사용하고 있는데 중국의 경우에, 북 부지방은 형세론이, 남부지방은 이기론이 발달했었다. 또한, 형세파(形勢派)는 주로 상류 귀족들에게 받아들여졌고, 특히 문인과 유학자들이 추앙하며 이기 파(理氣派)는 민간에 많이 퍼져 양택 이론이 크게 발전했다. 한국 풍수론의 이 론적 경향은, 중국의 형세론과 이기론 중에 형세론이 우세하게 운용되지만 이 기론도 중국처럼 양택 등 거주환경 입지 선택에 함께 적용하고 있다. 하지만 한 국은 중국과 달라 풍수이론을 형세론과 이기론 두 가지로 크게 구분할 뿐만 아 니라 물형론과 비보론 등 다른 이론을 발전시켰음을 알 수 있다. 이러한 점에서 양국의 풍수원리는 거시적으로는 일맥상통하는 바가 있으나 미시적으로는 차 이가 있음을 알게 되었다. 그리고 촌락과 도시 및 궁궐 입지 등 분야에 있어서 양국의 풍수지리 적용 사례들을 통해 볼 때, 풍수는 인간–자연의 관계에 대한 적극적인 역할과 과학적인 일면이 분명히 있음을 알 수 있다. 양국의 모든 연구 사례들은 입지 선정이나 환경생태 유지 또는 보호 차원에 있어서 유사한 풍수 철학을 공유한다는 것을 알 수 있다. 이는 풍수에 대한 신뢰도와 학술적 지위를 높이는 데에 도움이 될 것으로 믿는다. 물론 본 연구는 한계도 가지고 있다. 이 기론에 속한 동서사택(東西四宅) 등과 관련된 사례를 중국이나 한국에서 더 많이 찾아볼 수 있어야 했고, 이기론은 양택 배치에 적용되기 때문에 실제적인 효과를 검증하기 위한 과학적 접근의 연구사례를 분석해야 하는 한계점이 있었다. 가능하다면 풍수지리의 적용 사례를 풍부하게 수집 분석하고 비교할 수 있어야 한다. 주택, 궁궐 등 건축 분야, 도시계획 분야에 대해 고찰하여 풍수의 적용 가능성과 현실성을 폭넓게 입증할 수 있어야 한다.

형세론은 전통적 풍수이론의 물질적 조건이고 이기론은 과학적 부분의 물질 간 연결의 매개체다. 천문학, 천체물리학 등의 분야에서 '전통 풍수이론' 중 이기론 부분에 대한 것을 연구해 과학적 성격 부분을 객관적으로 탐구하고 밝혀 낼 수 있어야 한다고 생각한다.

참고문헌

○ 단행본

윤홍기, 「땅의 마음」, 『서울: 사이언스북스』, 2011.

○ 논문

김두규, 「공간이론의 산책 33: 전통 읍(邑)의 풍수적 공간구성」, 『국토』, 제217권, 1999, 56~60쪽.

김성우, 「제5장 한국 풍수에 대한 인식의 변화」, 『민족사상』, 제8권, 제3호, 2014, 139~169쪽.

김천권 · 정경연, 「지속 가능한 도시개발을 위한 한국 풍수이론의 적용 가능성 연구」, 『도시행정학보』, 제28권, 제4호, 2015, 1~30쪽.

박재희, 「서울 궁궐의 풍수지리 분석과 문화콘텐츠 활용방안에 관한 연구」, 건국대학교 대학원 박사학위 논문, 2017.

성동환, 「풍수 논리 속의 생태개념과 생태기술」, 『대동문화연구』, 제50호, 2005, 503~534쪽.

손용택 · 남상준, 「입지론 시각의 풍수지리: 전통입지와 현대입지의 비교관점에서」, 『사회과교육』, 제61권, 제1호, 2022, 191~210쪽.

송대선 · 안옥희 · 고봉선, 「국내 학위논문 분석을 통한 양택 풍수의 연구 경향」, 『한국주거학회 학술대회논문집』, 2012, 281~286쪽.

송대선 · 안옥희 · 고봉선, 「풍수이론 적용을 통한 현대주택의 환경개선에 관한 연구」, 『한국주거학회 학술대회논문집』, 2013, 385~390쪽.

정성태, 「풍수 88향법의 환경 분석적 연구 방향의 모색」, 『한국조경학회 학술발표논문집』, 2007, 31~35쪽.

지종하, 「풍수지리 이론의 유형별 비교 분석」, 『한국사진지리학회지』, 제29권, 제1호, 2019, 13~21쪽.

최원석, 「한국의 裨補風水에 관한 始論」, 『탐라 문화』, 2002, 211~244쪽.

_____, 「한국 풍수론 전개의 양상과 특색」, 『대한지리학회지』, 제50권, 제6호, 2015, 695~715쪽.

_____, 「한국 풍수지리 연구의 검토와 과제」, 『문화역사지리』, 제28권, 제3호, 2016, 19~35쪽.

陈吉, 「中国风水文化研究」, 『学理论』, 제2권, 2012, 97~101쪽.

江灶发,「论中国风水观念与生态环境保护——以婺源古村落后龙山, 水口林植被保护为例」,『江西林业科技』, 第5호, 2008, 50~52쪽.

刘羽天,「国内"传统风水理论"研究述评」,『湖北科技学院学报』, 第41권, 第5호, 2021, 61~67쪽.

刘沛林,「中国风水的起源与传播」,『寻根』, 第4권, 1996, 32~35쪽.

李新峰·刘沛林,「"大地为母":风水产生的哲学前提」,『衡阳师专学报(社会科学)』, 第4권, 1993, 92~99쪽.

李冰倩,「基于风水理论的陕北窑洞村落选址与布局研究」, 西安建筑科技大学 석사 논문, 2016.

伍铁牛,「中国传统风水理论的分析与现代思考」, 华中师范大学 석사 논문, 2007.

经本钊,「中国传统风水学的哲学蕴涵及其现代价值」, 南昌大学 석사 논문, 2007.

盛超赟, 风水理论在中国传统园林中的运用, 江南大学, 석사 논문, 2010.

孙立硕,「传统风水文化影响下的传统村落选址格局探析」,『山西建筑』, 2021, 第47권, 第12호, 18~21쪽.

申起明,「明代风水集成之作《地理人子须知》辩证解读」, 天津大学 석사 논문, 2018.

肖倩,「拙政园风水形势论与理气论合局研究」, 天津大学 석사 논문, 2019.

朱涛,「中国传统建筑营造中的风水学」,『广西城镇建设』, 第03권, 2020, 50~62쪽.

○ 인터넷 데이터베이스

CNKI: https://chn.oversea.cnki.net/index/

02

한국과 일본의 풍수관 비교

신관철

본 글은, 한국과 일본의 풍수 관점과 맥락을 살펴 유사성과 차이점이 있음을 밝히는 데 목적을 둔다. 사신사(四神砂) 마을입지에서, 한국은 높은 산에 의지하고 전방에 마을을 감싸는 물, 즉 '배산임수' 지형을 강조한다. 일본은 '강천도지'의 양기풍수에서 낮은 주산에 전방의 물을 잡아 머물도록 신경 쓰는 것이 특징이다. 주산은 주변의 산보다 오히려 낮고 유수를 끌어안은 분지 형국이다. 일본 '강천도지'는 조선 후기의 '산천도택' 사신사와 구성 원리상 통한다. 일본의 풍수원리를 구현한 경관은 역대 도읍 터와 정원문화이다. 매장문화가 금지되며 음택풍수는 민간에서 사라지고 역대 천황릉에만 수용된다. 정원문화 구성 3요소는 산(임금), 바위(신하)와 물(백성)이며 일본열도의 축소판을 상징한다. 도읍 터에 양기풍수를 일찍부터 도입해 물의 환류와 합류 지점을 중시한다. 양국의 풍수 입지 특성을 지형과 관련해 해석할 수 있는데, 한반도는 노년기 부드러운 산세를, 일본열도는 신기조산대의 가파른 산세를 나타낸다. 따라서 한반도 양기풍수는 상대적으로 우뚝한 주산에 의지해 마을이나 도읍이 만들어지며, 가파른 지세의 일본열도는 하천수가 쉽게 빠져버리는 형국이므로 낮은 주산에 물을 끌어안을 득수국을 선호한다. 허한(약한 또는 부족한) 요소에 대한 채움의 균형을 추구하는 구성원리이다. 이는 양국 모두 오랜 역사적 경험을 토대로, 각기 염원하는 풍수형국을 발달시킨 것이라 할 수 있다.

1. 서론

풍수 문화는 동아시아 지역에서 형성된 것으로 알려져 있다. 그 근거는 풍수의 이론적 토대인 오행 사상이 황색(黃色)을 최고의 중심 개념으로 삼는 사상인 점에서 화북지방의 평평한 황토 고원지대에서 만들어졌고, 동아시아의 지형과 기후를 근거로 해 형성된 것으로 추정한다. 그리고 도가사상 등 동아시아 사상의 대부분이 동이족이 거주하던 산동 지역과 동북지역 문화가 형세론(형기론) 풍수의 근간이 되었던 것으로 추정된다.[47]

그런데 풍수가 동아시아에서 형성됐으나 동아시아 국가 간에 그 환경의 영향에 따라 형성된 문화는 지역 차를 보인다. 문화는 인간을 둘러싸고 있는 자연환경의 산물로서 산과 물, 사막 등 자연환경으로부터 커다란 영향을 받을 수밖에 없기 때문이다. 더구나 지금과 같이 과학과 문명이 발달하지 못했던 고대에는 자연환경의 영향이 절대적이었다. 풍수이론은 산과 물과 바람의 상호작용 관계를 연구하는 사상으로 당연히 지형과 지세, 방향, 기후 등에 의해 인간의 길흉화복을 판단하는 이론으로 발달한 것이며, 풍수이론은 인간의 의·식·주 등 생활문화와 사상 등에 자연환경의 영향이 필연적이라 할 수 있다.

풍수 이론은 크게 형기(형세)론과 이기론으로 구별할 수 있다. 그중에서도

47　풍수에서 목·화·토·금·수 오행을 채용하며, 이중에 토행인 황색은 중앙을 의미하고 황제를 상징한다. 이것은 중국 동북지방의 황토고원을 배경으로 풍수의 기원을 추정할 수 있는 근거이기도 하다.

형기론(形氣論)을 원류로 볼 수 있는데, 인류는 천재지변에서 보다 안전하고, 야생동물이나 다른 종족들의 공격을 막을 수 있는 산세 지형에 의지해 생명을 보전하였던 점에서 근거를 찾을 수 있다. 이에 비해 이기론(理氣論)은 경험적인 지형 기후학을 바탕으로 나침반(패철)에 의한 방위론을 중심으로 발달하였다. 그러면 동아시아 한·중·일의 풍수는 기후와 지형 등 자연환경 차이에 따라 풍수 관점에 어떤 차이를 보일 것인가.

중국의 풍수는 넓은 평야 지대를 중심으로 발달하여 주로 이기론 중심 즉, 방위를 중심으로 무덤과 건물의 터를 잡는다.[48] 반면, 고기조산대의 노년기 산지가 많은 한국의 풍수는 산지 지형이 발달하였기 때문에 형기(형세)론 중심으로 형성되었다. 즉, 한국의 생활 풍수는 산과 물의 조화와 균형이 필수적이고 상호작용을 통해 땅의 기운을 추측하는 방법인 형기론 중심으로 발달하였다.[49] 그리고 일본의 풍수는 도서 국가인 동시에 환태평양조산대와 일치하는 신기조산대의 열도이므로 화산 지진대에 위치해 지각이 불안정하고 산세가 가파르다. 산세가 지나쳐 물을 갈무리하기 힘들고 의지처로서의 산지 지형이 아니다. 이웃 두 나라 한국과 일본의 지각환경이 다르고, 따라서 각기 발달한 풍수 관점의 성격이 작든 크든 차이를 보이게 되는 이유이다. 일본은 사방이 바다로 둘러싸인 도서국이다. 2~3천 미터의 고산들이 나타나며 계곡이 깊고 물흐름이 빠르다. 태풍이 지나는 길목이라 빈번한 피해를 본다. 화산폭발과 지진 활동 등 자연환경에 의해 영향을 크게 받는다. 대체로 높고 험한 산지 지형이 많고 빠른 속도로 물이 흘러 빠져나가는 경향이 있으므로 귀한 물을 갈무리하는 일에 늘 신경

---

48 지역을 세분하면, 중국의 남쪽 지방에서는 이기론이 더욱 뚜렷했고, 북부지방에서 형기(형세)론이 나타난 것으로 설명한다.

49 형기(形氣)는 용(龍), 혈(穴), 사(砂), 수(水) 등 풍수지리의 외적 변화 현상을 보고 판단하는 것이고, 이기(理氣)는 용, 혈, 사, 수의 방위를 종합적으로 분별하여, 눈에 보이지 않는 기(氣)의 흐름을 음양오행(陰陽伍行) 등에 대비하여 그 입지의 적정 여부를 판단한다.

을 써야 했고 생활용수와 관개용수 등 담수의 이용에 많은 관심을 기울였다. 따라서 풍수에서도 물을 얻는 일을 우선시하는 사고가 발달하였다. 산보다 물을 선호하는 일본, 방위와 좌향을 중시해야 하는 중국, 산과 물을 동시에 고려해 생활터전으로 삼는 한국은 동아시아 무대에서 조금씩 각기 다른 풍수 문화를 발달시키게 된다.

본 연구의 담론 전개상 초지일관 내재한 연구 내용의 축은 다음의 질문들에 대한 설명 또는 해석이라 할 수 있다. 첫째, 한국 풍수와 일본 풍수의 기원은 어디서 찾을 수 있을 것인가. 둘째, 양국의 풍수에서 유사한 점과 다른 점은 무엇인가. 셋째, 두 나라 각각 어떤 내용(부문)에서 풍수를 확인할 수 있는가. 넷째, 양국의 풍수가 다르다면 그 특징은 무엇이고 왜 그러한가. 다섯째, 이상의 관점을 유지하여 담론을 전개하고 요약 및 맺음말에서 내용을 수렴한다.

풍수 내용의 해석은 주관성을 배제하기 힘들다. 연구자의 해석 논리 역시 이러한 범주를 벗어나지 못할 수 있음을 연구의 제한점으로 밝혀두는 바이다.

2. 한국의 풍수

1) 자생풍수의 성격과 도선의 역할

한국에서 풍수가 언제부터 생겨났는지에 대해서 이를 정확히 알려주는 문헌 기록은 존재하지 않는다. 다만 한국에서 풍수에 관한 단초로 볼 수 있는 처음 기록은 『삼국유사』이다. 석탈해 왕의 사화에서 찾아볼 수 있다.

말을 마치자 그 사내아이(석탈해)는 지팡이를 끌면서 두 종을 데리고 토함산 위에 올라가 돌무덤을 만들고 이레 동안 머물렀다. 그가 성안의 살 만한 땅을 찾다가 초승달처럼 생긴 산봉우리가 있음을 바라보고 그 지세가 오래 살 만한 자리인지라 곧 내려가 알아보았더니 이는 호공(瓠公)의 댁이었다. 그는 곧 꾀를 써서 남몰래 그 집 옆에 숫돌과 숯을 묻고는 이튿날 아침에 그 집 문 앞에 와서 말하기를 "이 집은 우리 할아버지 때 집이다"라고 하니 호공은 그렇지 않다고 하여 서로 시비를 따지다가 결판을 못 내고 결국 관가에 고발하였다. 관리가 말하기를 "무슨 증거로 이것을 너희 집이라고 하느냐?" 하니 그 아이가 대답하기를 "우리 조상은 본래 대장장이였는데 잠시 이웃 지방으로 나간 동안에 다른 사람이 빼앗아 여기에 사는 것입니다. 땅을 파서 사실을 밝혀주소서." 하여 그 말대로 파보니 과연 숫돌과 숯이 나왔으므로 곧 빼앗아 살았다.[50]

석탈해가 호공의 집을 지혜로 빼앗아 살았다는 터가 초승달처럼 생긴 봉우리였다는데, 초승달 모양의 집터는 전형적 운세 상승의 명당으로 알려진 곳이다. 이와 함께 『삼국사기』에서 탈해왕은 자신의 뼈를 조심스럽게 다루라고 하였으며 동악에 묻어 달라고 하였고, 그 유골을 부수어 형상을 빚은 후 대궐 안에 모셨다는 기록에서 풍수 사상의 단초를 엿볼 수 있다.[51]

그리고 『삼국유사』 '선덕여왕조'에는 한겨울에 영묘사 옥문지에서 개구리들이 울어댄 것을 선덕여왕에게 아뢰자, 선덕여왕이 여근곡에 백제군사들이 숨은 것을 알고 매복된 백제의 군사를 섬멸했다는 고사가 전한다. 이 기록은 당시의 자연관이 사람의 인체 기능과 관련시켜 인식했다는 것을 보여준다. 그리고 고구려와 백제의 능묘에서 볼 수 있는 사신도의 벽화를 통해서 그 당시에 풍수가 도입됐을 가능성을 추정할 수 있다. 그리고 신라 경주의 도읍 터를 반월성의 지형에 세웠다는 점 등에서 신라 시대에 풍수가 존재했던 것으로 유추할수 있다.

---

50 『삼국유사』 기이편 탈해왕조(『삼국유사』, 을유문화사, 김원중 옮김, 2002.11), 초승달 모양의 집터에 대해서 상서롭게 보는 사상은 동서양을 막론하고 여러 지역의 문화에서 찾아볼 수 있다.

51 『삼국사기』 탈해왕조에는 탈해의 계시를 받은 문무왕이 탈해왕릉을 열어 뼈를 수습한 뒤 궁궐에 안치하였다가 다시 조상을 만들어 토함산 정상의 탈해사에 봉안하였다고 하였다.

〈그림 1〉 도선국사
전남 영암군 군서면 도갑사의 도선국사 진영(道岬寺道詵國師眞影)

　중국의 풍수가 한국에 본격적으로 도입되기 시작한 것은 조선 시대에 들어
서이며 그 이전엔 선가 계통을 통해 전해져 왔다는 한국 고유의 자생풍수가 확
인된다. 그리고 자생풍수의 유래가 신라의 도선이라는 것은 학계는 물론이고
풍수사들 사이에도 정설이다. 이것은 「도선국사비명(道詵國師碑銘)」에도 "후
세에 지리를 말하는 자들은 모두 그를 근본으로 삼는다(師所傳陰陽說數篇世多
有後之者地理宗焉)"라고 하였다. 도선국사는 신라 제42대 흥덕왕 때 출생해 제
52대 효공왕 연간을 살았던 인물로 그가 생존 시에 신라왕권이 쇠약해져 권위
는 떨어지고 암살과 무력의 왕권탈취로 인해 그의 생애 71년간 11대의 왕이 교

체되었다. 이처럼 신라왕권이 망조를 보이던 혼란의 시기였다. 도선의 풍수는 단군 등 우리 고대 신앙으로부터 불교와 도교, 그 외의 외래 종교 등 당시 모든 사상을 수습해 혼융무애(渾融無碍)해 만든 것이다. 이로 인해 그의 풍수는 현대에도 끊임없이 인구에 회자된다.[52] 도선은 우리나라의 자생풍수인 비보풍수의 비조로 평가된다.

한국의 유명한 사찰치고 원효와 의상 대사가 건설하지 않은 것이 없을 정도로 원효와 의상대사가 건립한 사찰은 많다. 그런데 도선 역시 한국의 유명한 사찰치고 도선과 관련이 없는 것은 매우 드물어 그의 기록도 상당수 부풀려져 있다. 더구나 도선(827~898)은 그의 어머니가 강 씨인지 최 씨인지 이견이 있고 도선의 어머니가 오이 또는 구슬을 삼키고 도선을 잉태했다고 하며, 아버지에 대해서는 언급조차 되지 않는다. 그는 '한국풍수지리의 시조'라는 평가가 상당히 부풀려진 것으로 알려지고 있지만, 그가 실재했던 인물인 것은 확실하다. 그러나『삼국사기』와『삼국유사』에 나오는 고승들과 관련한 기록에는 도선이 보이지 않는다. 다른 기록에는 옥룡사의 도승화상으로 기록되었다. 고려는 개국하며 정통성을 높이기 위해 도선을 이용하였다. 왕건은 궁예를 몰아냈기 때문에 궁예를 대신할 승려 출신의 인물이 필요하였고 그 적격자가 바로 도선이었다. 도선이 자신(왕건)의 왕업을 예언했고 그 방법까지 알려주었다고 전한다.

도선 기록은 모두 고려 때 나온 것으로, 풍수이론에는 반드시 나오는 장풍득수(藏風得水)와 청룡과 백호라는 기록조차 없으나 도선이 한국 풍수의 비조라는 데 대해서는 이견도 없다. 그런데 자생풍수의 특징은 중국의 풍수가 길흉화복의 길지 선택이라는 것과는 달리 대동 사상으로서, 병든 땅을 고쳐 사용한다는 자연 치유적 개념의 비보(裨補)풍수의 특성을 가졌다. 우리 고유의 풍수는

---

52 최창조,『한국 자생풍수의 기원, 도선』,「머리말」, 민음사, 2016, 7쪽.

신라말 도선 등의 선승들에 의해 크게 확대되었는데 음택을 보지 않고, 입지의 순역을 살펴 안 좋은 입지는 고치고 치유해, 더불어 같이 사는 상생을 추구했다. 도선 풍수의 가장 큰 특징은 비보와 압승이라고 할 수 있다.[53]

'비보'는 땅의 기가 허(虛)한 곳을 북돋우는 것이며, 압승은 땅의 기가 강한 것을 억눌러 주는 것이다. 비보, 압승의 개념은 풍수 고전『청오경(靑烏經)』에 "나무와 풀이 울창 무성하고 길한 기운이 서로 따르는데 이러한 내외의 표리는 자연적일 수도 있고 인위적일 수도 있다(「草木鬱茂 吉氣相隨 內外表裏 或然或爲」)"라는 구절이다.『금낭경(錦囊經)』에도 "눈으로 잘 살피고 인위적인 방법으로 터를 잘 구비해 완전함을 따르고 결함을 피하기 위함이니, 높은 곳은 부드럽게 하고, 낮은 곳은 돋워야 한다(「目力之巧 工力之具 趨全避闕 增高益下」)"라고 하였다. 이것은 땅의 부족함이 있으면 더해서 북돋우고(裨補), 땅에 과함이 있으면 부드럽게 눌러 주어야 한다(壓勝)는 것이다. 도선은 우리나라 지형을 행주형으로 보았다.[54] 나라의 기틀을 든든하게 하며 백성을 안전하도록 비보하였다. 금강산, 태백산을 배의 머리로 보고 월출산, 영주산을 배의 꼬리, 부안의 변산을 배의 키로 보고, 영남의 지리산이 노가 되고 능주의 운주산을 배(腹)로 보았다. 그런데 배를 물 위에 띄우기 위해서는 선체가 흔들리지 않도록 해야 하고 가라앉지 않도록 균형을 잡아야 하므로, 그러기 위해서는 사찰과 불탑과 불상을 세워서 위험한 곳을 진압하였다. 특히, 영구산 아래 전남 화순군 도암면 대초리 골짜기에 천불천탑을 세워 배의 등배를 실하게 하고 그 강산과 월출산에 탑을 건조해 정성을 기울여 이 두 산이 행주(行舟)의 수미로 가장 중요하다고 했다. 도선은 진압을 끝내고 전국을 돌며 절을 둘 만한 곳이 아니면 부도를

---

53   최창조, 앞의 책 참조.

54   우리나라에서 행주형의 도시로서는 평양, 청주, 무주, 공주 등을 들 수 있다.

세우고 결함이 있는 곳은 보충하며 비뚤어진 곳은 바로 세웠다.[55] 또한, 월출산 천왕봉 아래 보제단(普濟壇)을 설치해 매년 5월 5일 제사 지내 복을 기원하고 재앙을 물리쳤다. 운주사 인근에는 돛대봉도 있다. 근처에 불탑을 세워 묶어두어 넘어가지 않도록 했다는 일봉암(日封庵)도 세웠다. 이와 같은 유사한 예로서 안동의 탑, 충주의 중앙탑 등을 볼 수 있다. 우리나라 전국의 습지를 비보하기도 한다. 풍수에서 물이 빠져나가는 곳을 수구(水口)라 하며, 물이 너무 빨리 빠져나가지 않도록 숲을 조성하기도 했다. 풍수에서는 명당수가 굽이굽이 천천히 혈을 바라보고 아쉬운 듯 빠져나가는 상태를 양호한 득수국으로 본다. 확연히 드러나지 않고 천천히 빠져나가는 수구라야 좋은 것으로 간주한다.

바람이 강하게 부는 지세를 막아야 하므로 부처의 가호로 이를 보완코자 했다. 불탑을 세우고 인공으로 산을 만들어 보하기도 하고 큰 돌을 두거나 숲을 조성하는 것을 수구막이라 한다. 농어촌 마을 입구 동구에서 쉽게 찾아볼 수 있는 현상들이다. 이와 같은 비보와 압승은 우리나라뿐 아니라 중국에서도 이용되었다. 그렇지만 우리나라 경우, 거의 전 지역 마을에 적용됨으로써 우리 풍수의 고유한 특징으로 알려져 있다. 중국 남부는 산지가 없는 지형인 평야 지대여서 방향만 고려하면 되는 데 비해, 우리나라의 지형은 70%가 산지이므로 산과 강으로 이루어진 지형이 대부분이기 때문이다.

2) 고려 시대의 풍수

왕건은 고려를 창건하고 개국을 정당화하기 위한 정치적 의도에서 도선의 풍수를 많이 이용하였고, 풍수를 신봉하였다. 왕건은 풍수를 매우 신봉했는데

---

55 무라야마 지준, 『한국의 풍수』(명문당, 96.4) 풍수사 사이에 비장된 《도선을용경》에는 "東國山川峻急故爭變兵起掌習導矣 汝傳吳道歸東國先設字屠建寺建塔以境背去之補空缺之勢…"라고 하였다.

그의 인식은 그가 남긴 「훈요 10조」에서 찾아볼 수 있다. 왕건은 후계(손) 왕들을 위해서, 훈요 제2조에서 "모든 사원은 신라말의 명풍수 도선이 산수의 순역(順逆)을 헤아려 세운 것이므로 그가 정해놓은 땅(터) 이외에 함부로 절을 세우지 못하게 하라"라고 하였으며, 제5조에는 "서경은 우리나라 지맥의 근본을 이루고 있기에 이곳을 중시하라"라고 하였다. 제8조는 "금강 이남의 땅은 배역의 땅이므로 이곳 사람을 등용하지 말라"라고 한 것으로 보아 풍수지리를 깊게 신봉하고 중시하였음을 알 수 있다. 고려는 풍수를 이처럼 신뢰해 1198년 '산천비보도감(山川裨補都監)'을 설치해 산천의 길흉을 묻지 않고 사찰을 함부로 지어 지맥을 손상하지 않고 필요할 경우 비보풍수를 하도록 하였다. 이에 따라서 풍수를 관리하는 일관(日官)을 채용하였으며 이들이 필독해야 할 풍수 서적들을 지정하였다. 고려의 풍수는, 국가가 국역(國域) 풍수를 통해 국토관리를 하고, 국가의 권력과 부를 분배하기 위한 철학이자 사상으로 자리 잡았으며, 토목, 건축, 조경 등의 기술로도 이용하였다.

고려왕조는 초기부터 태조 왕건이 유훈으로 풍수를 잘 지키도록 지시하는 등 풍수에 적극적이었다. 묘청의 서경 천도 주장 등, 풍수 논쟁이 벌어지기도 하였다. 정종은 서경 세력 왕식렴(王式廉)의 도움으로 왕규(王規)를 진압하고 왕위에 오른 후 서경에 왕성을 쌓고 개경의 민호로 서경을 채우는 등 서경 천도를 시도했으나 얼마 안 돼 서거하자 서경 천도는 무산되었다. 그러나 인종 때 이자겸의 난으로 왕권이 실추돼 이를 회복하고자 요(遼)가 망하고 여진족 금(金)이 성장하는 것을 구실로, 서경 출신 묘청과 서경 분사(分司)에 있던 정지상(鄭知常), 일관(日官) 백수한(白壽翰) 등 서경 출신들을 중심으로 서경 천도를 주도하였다. 이들은 1128년 서경에 궁궐을 지어 천도할 것을 주장하였다. 이듬해 신궁이 완성되자 칭제건원론(稱帝建元論)과 대금(對金) 강경론을 제기했다. 그러나 조정이 받아들이지 않자, 1135년 묘청 등이 서경 반란을 일으켰다. 이들은 국호를 대위(大爲), 연호를 천개(天開)로 하고 인종의 서경 행차를 주장하였다. 그러나 김부식 등의 개경 진압군에 의해 진압되면서 서경 천도론은 막을 내렸다.

고려왕조는 국가 차원에서 흉지 또는 결함이 있어 보완이 필요한 곳은 불탑을 세우거나 다양한 비보를 통해 땅의 부족한 부분을 채우려 하였다. 불교를 국교로 숭상하였기 때문에 민간에서는 화장을 주로 하였다. 이에 따라 양택풍수(陽宅風水)가 널리 활용되는 가운데 음택풍수(陰宅風水)는 맥을 유지하는 정도였다.

고려왕조의 수도 개성은 장풍국의 분지 지형으로, 규모가 작고 물이 없다. 개성은 송악산을 뒤로하여 주산으로 삼고, 오른쪽에 오관산, 그 후방에 천마산이 늘어서 있다. 이를 남쪽 장단역이나 보성역에서 보면 연천봉 아래에 펼쳐진 형국이다. 송악은 화강암으로 되어 있고 동쪽으로 영남면의 경계를 이루며 북으로 꺾어 북소문 아래에 이르고, 서쪽은 중정면 끝에서 남하해 북성문을 지나고 도찰현을 경유해 눌리문에 이른다. 동서로 감싸 개성 시내를 이루고 있다. 산의 정상은 풍경이 뛰어나고 뒤로는 천마산의 험준함을 배경으로 해, 전방에 진봉산, 덕물산이 조공을 바치는 형상이다. 멀리 한강 서해의 푸른 파도가 보인다.[56] 그런데 개성의 지세에 대해서는 달아나는 형국으로 보아, 이에 대한 비보를 하였다. 오수부동격(伍獸不動格)으로 5마리의 짐승이 서로 견제해 개성을 떠나지 못하게 하는 방책이다. 즉 쥐는 고양이를, 고양이는 개를, 개는 호랑이를, 호랑이는 코끼리를, 코끼리는 쥐를 두려워한다고 해서 이 다섯 짐승의 석상을 세워 지세의 안정을 도모하는 방책이다.

개성의 만월대 지세는 노서하전형(老鼠下田形)으로 알려져 있다. 이것은 '늙

---

56   무라야마 지준/정현우 역,《한국의 풍수》, 명문당, 96.4, 602쪽.

은 쥐가 밭으로 내려가는 형상'으로 부귀안락하고 자손이 번성한다고 한다. 그러나 결점은 동남향에 있는 자남산(子南山)이 늙은 쥐의 새끼형상을 하였다는 것이다. 어미 쥐는 평안하려면 당연히 새끼 쥐를 주변에 두어야 안심할 수 있다. 따라서 자남산 새끼 쥐를 움직이지 못하게 해야 한다. 자남산을 중심으로 개성 시내에 묘정(貓井)과 호천(虎泉)을 파고, 자남산 좌우 봉우리를 구암(狗岩)과 상암(象岩)으로 명명하였다. 자남산을 중심으로 고양이와 개, 범과 코끼리의 4유형을 배치해 조화와 균형을 이루기 위함이다.

자남산의 쥐는 묘정의 고양이가 노리기 때문에 움직일 수 없다. 묘정의 고양이는 구암의 개가, 개는 호천의 호랑이가, 호천의 호랑이는 상암의 코끼리가, 상암의 코끼리는 자남산 쥐가 견제하도록 하였다. 어느 누구도 움직일 수 없게 만들어 세력과 균형을 유지하도록 하였다. 이름하여 '오수부동격'의 풍수 비보이다. 이러한 원리에 따라 자남산의 새끼 쥐는 움직일 수도 없어 항상 안전하게 늙은 어미 쥐 주변에 머무르게 된다. 고려왕조의 국운도 이와 함께 바로 설 수 있다고 믿었다. 그러나 후에 조선의 수도 한양의 북한산이 규봉(窺峯)의 역할을 함으로써 조선에 멸망하였다고 한다. 풍수에서 규봉은 도둑을 의미한다.

그러나 현재 고려왕조 때 비보한 풍수 흔적은 찾아볼 수 없다. 만월대는 추초로 변하였고, 자남산 주변의 네 짐승의 흔적도 사라졌다. 만월대 터의 건물 기단은 인위적으로 가공하였다기보다 자연에 가깝다.

3) 조선왕조의 한양 풍수

조선 시대에는 한양 천도를 결정하는 것부터 크고 작은 일에 풍수지리가 중요한 역할을 했다. 한양 도성의 축성과 중요 건축물의 배치뿐만 아니라 왕과 왕비 등의 왕실 무덤의 조성과 읍성 및 주요 건물의 배치 등에 이르기까지 국가의

〈그림 2〉 무학대사 영정
자료: 민족문화대백과

중대사는 물론이고 대소사에 풍수를 이용하였다. 제도적으로는 음양과를 설치하여 인력을 선발해 양성하였다. 풍수가인 이양달은 국가에 기여한 공로를 인정받아 세종 14년(1432년)에 서운관의 판사(判事)직을 제수받았는데 이것은 종1품 벼슬에 해당하는 것이었다. 장관격의 판사는 정2품의 판서보다도 높은 벼슬이었다.

태조 이성계(1392~1398)는 조선을 개국하고 민심을 수습하기 위해 개성에서 한양으로 천도하였다. 한양 풍수의 용·혈·사·수에 대해 당시 무학대사와 조선 개국의 이론적 논거를 제공하였던 정도전의 풍수 논쟁은 역사적으로 유명하다. 무학대사는 한양 도성의 경복궁을 건축하며 인왕산을 주산으로 건설할 것을 주장하였다. 반면 정도전은 '군자남면(君子南面)'을 이유로 북악산의 남향을 주장하였고 「신도팔경시(新都八景詩)」에서 "왕업은 천년을 누릴 것이다"라고 칭찬했다. 결국 정도전의 주장대로 한양의 도성은 북악산을 주산으로, 낙산(125m)을 좌청룡으로, 인왕산(338m)을 우백호로 삼아 도성을 건축하였다. '주례고공기(周禮考工記)'의 도성 배치, 즉 도성의 중심에 국가통치에 가장 중요한 왕궁을 배치하였고 좌묘우사(左廟右祀)에 따라 좌측에는 왕실의 사당인 종묘를 배치하고, 우측에는 사직단을 설치하였다.

200년 후에, 무학대사의 말대로 1592년 임진왜란이 일어나 선조는 밤을 이용해 한양을 버리고 명나라와의 국경이던 의주까지 피난하였다. 당시 조선왕조의 정궁인 경복궁도 전소되었다. 임진왜란이 끝나 한양으로 귀환 후, 광해군은 성종의 형인 월산대군의 옛 저택인 경운궁(현재의 덕수궁)을 개수하여 임시 거처로 삼고, 창덕궁, 창경궁을 재건하였지만, 경복궁은 200여 년 동안 방치하였다. 경복궁은 잡초에 뒤덮여 호랑이가 출입하였다는 기록이 있을 정도로 황폐된 상태가 지속되었다. 이후 경복궁은 역대 제왕은 물론 많은 사람에 의해 불길한 곳으로 인식되어 1863년 대원군에 의해 재건될 때까지 역대 국왕들로부터 철저히 외면당했다.

임진왜란이 끝난 뒤, 광해군은 이의신의 건의를 받아들여 한양을 파주의 교하로 천도하자는 교하천도론(交河遷都論)을 폈으나 대신들의 반대로 중지되었다. 이에 광해군은 무학대사가 주장했던 인왕산을 주산으로 하여 사직단 부근에 신궁을 완성하여 옮기려고 했으나 인조반정에 의하여 권좌에서 쫓겨나 폐출되면서 신궁의 자재들은 뜯겨 창덕궁 재건을 위한 목재로 사용되었다. 경복궁은 이처럼 많은 사람으로부터 기피되었다. 이러한 상황은 대원군이 집권한 후 1863년 경복궁이 복원될 때까지 이어졌다.

조선의 풍수에 관한 관심은 매우 커서 풍수 업무를 다루는 풍수 또는 지관을 체계적으로 양성하기 위해 음양과를 두었는데, 역학 등 칠과(七科)의 하나로 천문학, 지리학, 명과학(命課學) 등의 과목을 대상으로 과거를 시행하여 풍수지리 관료인 지관을 뽑아 풍수 업무를 관장토록 하였다. 조선 시대에 풍수는 매우 중요하게 인식되어 자리 잡게 되었다. 세종, 세조, 정조는 풍수지리에 관심을 가져 직접 풍수를 배워 이용하였다. 조선왕조 최고의 성군 세종은 개인적으로 불행했다.[57]

---

[57] 대부분 사람들은 세종은 3자이면서도 왕권을 차지하여 행운아라고 생각하는 경향이 있다. 그러나 세종은 아버지인 태종이 부인인 소헌왕후 청송심씨의 친정아버지 심온을 처형하고 장모는 노비가 되었던 아픔이 있었으며, 세자인 문종이 학문에만 뜻을 두고 세자빈에 관심을 두지 않아 며느리인 세자빈

사신(四神)	한양(서울)
청룡(왼쪽의 산)	낙산(동), 125m
백호(오른쪽 산)	인왕산(서), 338m
주작(앞산)	남산(남), 262m
현무(주산, 뒷산)	북악산(북), 342m

자료: 김규순(2019:134~136) 참조, 필자 재구성.

세종은 경복궁을 기피해 병이 나자 영응대군의 집에 머물다 임종을 맞았다. 세종의 장례도 경복궁이 아닌 영응대군의 집에서 치러졌다. 영조의 손자인 정조는 풍수에 매우 밝았다. 아버지 사도세자의 묘를 천장하고 수원성을 축조해 천도를 도모했으나 이루지 못했다.

조선의 사대부 중 많은 사람이 풍수에 관심이 높았다. 이중환은 『택리지(擇里志)』「卜居總論」에서, 사람이 살 만한 첫째 조건으로 풍수지리를 꼽았다. 그는 "지리를 논하자면 먼저 수구(水口)를 보고, 다음 들의 형세를 보아야 하며, 그런 다음 산의 형세를, 이어 조산(朝山)과 조수(朝水)를 본다"라고 하였다. "수구(水口)가 엉성하면 아무리 많은 살림이 있어도 여러 대로 전해지지 못하고 저절로 없어진다"라고 하였으며, "물은 재물을 관장하는 것이므로 물가에는 부자가 많다"라고 하여 풍수 관점에서 살 만한 곳을 고르려 하였다. 서유구는 『임원경제지』11「상택지(相宅志)」권1 '집터 살피기'에서 총론, 지리, 물과 흙, 그 생업조건, 인심이 어진 마을에 살기, 경치 좋은 곳, 피해야 할 곳, 집 가꾸기

2명을 쫓아내는 아픔을 겪었다. 이어 셋째 며느리는 간택이 아닌 궁인에서 선출하여야 하였고 어렵사리 택한 셋째 며느리인 세자빈이 단종을 낳다가 난산으로 사망하였다. 이에 안산에 묘를 조성하며, 노비 목호지가 이 묘지 터가 흉지로 절손될 곳이므로 이장할 것을 상소해서 풍수 논쟁이 벌어졌다. 당시 장례의 책임자는 세종의 아들인 수양대군(후에 세조)이었다. 세종은 여러 논의 끝에 방향만을 바꿔 장사지냈으나 실제 문종도 즉위한 지 2년 만에 죽었고, 단종은 삼촌인 세조에게 죽임을 당해 절손되었다. 세종은 생전에 경복궁을 매우 꺼려 경복궁 풍수 논쟁을 벌였고, 병이 들자 영응대군 집에 머물렀으며, 경복궁이 아닌 영응대군 집에서 병간호를 받다가 영응대군 집에서 국상을 치렀다.

에서 황무지 개간, 나무 심기, 집 짓기의 배치, 우물, 연못, 도랑 만들기 등을 논했다. 권2 '전국의 명당' 편에서는 전국 총론, 전국의 명당들, 살기 좋은 명당 품평 등 양택에서 고려할 점들을 살폈다. 전국의 명당을 매우 구체적으로 서술함으로써 풍수에 대해 정통하였다. 이익은『성호사설』에 "전라도를 흐르는 강물은 합류하지 않고 각자 제각각 흘러가서 인심 또한 그러하다."[58]라고 하여 당시의 풍수관을 엿볼 수 있다.

정약용 등 일부 실학자들과 개화기 계몽주의 학자들은 풍수지리에 대해 비판을 가하기도 하였다.

4) 일제강점기의 풍수

일제는 조선을 강점한 후 조선에 대한 지배를 목적으로 우민화(愚民化) 정책을 펼쳤다. 그 일환으로 우리나라 민족 정체성의 근간이 되는 민속이나 풍수지리 등을 짓누르는 정책을 펼쳤다. 일제강점기 일본학자들이 저술한『조선풍속집』(이마무라 도모에, 1908),『조선의 취락』(젠쇼 에이스케, 1923),『석전·기후·안택』(무라야마 지준, 1919),『조선민속지』(아키바 다카시, 1926) 등이 있다. 1931년에『조선의 풍수』(무라야마 지준 엮음)'라는 책은 그때까지의 한국의 풍수에 대한 실상을 낱낱이 다룬 책으로 한국의 학자들에게 영향을 끼쳤다. 조선총독부는 이들 저서를 토대로 조선의 민속을 왜곡 탄압하고, 이를 저급한 미신으로 폄하했다.

일제는 조선을 병탄한 후 식민통치를 펼치기 위해 조선과 조선왕실을 상징

---

58 星湖僿說, "전라도의 물은 무등산 동쪽은 모두 동쪽으로 흘러 바다로 가고 서쪽의 물은 모두 남쪽으로 흘러 바다로 간다. 전주 서쪽의 물은 모두 서쪽으로 흘러 바다로 가고, 덕유산 이북의 물은 모두 북쪽으로 흘러 금강으로 합처진다. 비유하면 여인이 머리를 사방으로 흩어 내린 형상으로 국세를 갖추지 못했다. 바로 이러한 까닭에 재덕이 박하고 인심은 사납고 거칠다."

하는 대표적인 궁궐인 정궁 경복궁의 권위를 실추시키는 작업에 착수하였다. 경복궁의 많은 전각을 헐어버리고 박람회장을 만들어 버렸다. 식민지 통치의 본부 건물로 조선총독부 건물을 경복궁 앞 정면에 건축하고, 뒤편에 총독의 관저를 세워 조선의 정기를 가리고 자존감을 훼손하였으며, 정문이었던 광화문은 헐어버렸다. 현재의 광화문은 해방 후 박정희 대통령이 콘크리트로 복원하였고 이후 목조 건물로 대체한 것이다. 일제는 창경궁을 창경원으로 개명해 동물원을 만들어 격하시키고 일반에 개방하여 조선왕실의 권위를 실추시켰다.

한국의 풍수지리는 일제의 왜곡과 탄압에 의해서 억눌린 것이며 해방 이후까지 이어졌다. 이러한 상황은 지금까지 제대로 바로잡지 못한 부분이 많고 그 영향하에 스스로 폄하하는 문화가 사라지지 않고 있다.

3. 일본의 풍수

일본의 풍수는 정원 풍수를 통해 알 수 있다. 일본 풍수의 유래는 백제의 궁남지, 신라의 안압지가 일본 정원문화에 직접적인 영향을 주었으며, 그 이후에 중국에서 직접 정원문화를 수입하여 일본 고유의 정원문화를 만들어 나갔다. 『일본서기』는 백제의 귀화인 노자공(路子工)이 "산악을 만들 수 있는 재주가 있다고 하여 천황이 그를 시켜 수미산 모양과 '중국 오나라 풍의 다리'를 '남쪽 정원'에 만들게 하였다"라고 하였다.[59]

일본에 풍수가 있는가에 대해서 풍수가 없다고도 하나 와타나베 요시오(渡邊欣雄)는 "헤이안기(平安期)의 일본에 '풍수'라는 용어가 없었을지 모르나, '지리',

---

59   김두규, 『조선 풍수 일본을 논하다』, 드림넷미디어, 2010, 30~31쪽.

'상지(相地)' 등의 용어가 당시 전해지고 있었다"라는 것은 일본에 풍수가 있었다는 것이라고 하였다. 그리고 일본 역대의 도읍지 및 천황릉의 답사를 통해서 모든 터 잡기에 풍수지리가 철저히 적용되었고, 『일본서기』·『작정기』에 풍수 용어는 없어도 '풍수 행위'가 언급되며 서기 553년 긴메이 천황이 백제에 사신을 보내 역박사(易博士)와 복서 등을 보내달라고 하였던 것은 풍수와 관련된 부분이다.

일본이 백제로부터 풍수 수입을 확실하게 증명해주는 기록은 7세기『일본서기』스이고(推古) 천황 편이다.[60] 즉 일본에서 풍수의 수용은, "음양사는 점치는 것과 땅 보는 것을 관장한다"라고 하는 문장을 통해 명백히 알 수 있다. 7세기 중엽, 고토쿠(孝德) 천황 2년(646)에 "요즈음 백성들이 빈궁한 것은 오로지 묘를 만드는 데서 기인한다"라고 하여 묘제와 장법에 관한 조서를 내렸는데, 이로부터 일본에 묘지풍수가 유행한 것을 알 수 있다.[61]

일본에서는 민간에 음택풍수가 거의 사라지다시피 했고, 천황릉 조성에 남아있는 정도이다. 매장문화를 금지한 정책에 영향을 받았기 때문이다. 일본의 양택풍수는 '강천도지(岡川道池)'로 표현된다. 이는 조선 시대 후기에 나타난 '산천도택(山川道澤)'의 양기풍수 사신사 적용과 구성원리는 같으며, 이미 중국에서도 일찍이 유사한 개념이 있어 동아시아 3국의 유사성을 보인다.

> 사방의 형상에 있어, "집은 왼쪽으로는 흐르는 물이 있어야 하니, 이를 '청룡'이라 한다. 오른쪽으로는 긴 길이 있어야 하니 이를 '백호'라 한다. 집 앞에는 연못이 있어야 하니, 이를 '주작'이라 한다. 집 뒤에는 언덕이 있어야 하니, 이를 현무라 한다. 이러한 곳이 가장 귀한 땅이다. 만약에 이러한 형상이 없으면 흉하다.
> – 『주서비오영조택경(周書祕奧營造宅經)』[62]

---

60 "백제 승 관륵이 있다. 그리고 역서(易書), 천문지리지, 둔갑방술의 책을 바쳤다. 이때 서행 3~4인을 골라, 관륵에게 배우게 하였다". 여기서 말하는 천문지리서 구성의 한 축이 풍수다.

61 김두규, 앞의 책, 67쪽.

62 서유구, 『상택지』「지리」, 풍석문화재단, 2019, 16쪽.

다만 한국의 주산은 내룡으로 이어지고 우뚝한 것에 비해, 일본의 주산은 주변 산지보다 낮은 언덕(岡)으로 나타나, 내룡으로 이어지는가의 여부에 커다란 차이가 있다. 주산이 낮은 언덕의 독립된 모습으로 존재하고, 전방에 펼쳐진 명당수는 물의 환류와 가까운 곳에서의 합류를 풍수 입지의 중요한 환경으로 보고 있다는 점이다. 즉 풍수에서 말하는 사신(四神)이 사산(四山)이 아닌 '강천도지(岡川道池)'로 나타나는 것은, '산천도택'과 사산(四山) 줄기로 구성된 사신(四神)을 함께 수용한 한국의 경우와 분명한 차이점이다. 한국의 경우 사산으로서의 사신은 여전히 음택풍수와 양택풍수에서 공히 존재한다. 동시에 큰 마을이나 도읍지 양기풍수에서 '산천도택' 사신사를 수용한 것이 한국의 전통 풍수 관점이다. 그러면 '강천도지'로서의 사신의 개념은 일본 자생풍수라고 할 수 있을 것인가. 고구려, 백제, 신라의 고분벽화에 등장하는 사신이 풍수에서는 언제부터 수용된 것으로 보아야 하는가. 한국의 풍수는 주산(主山)이 도읍지, 도시, 집터, 무덤 등 배경이 되는 산을 말하며 중심축을 잡아주는 역할을 하여 사신 가운데 가장 중요시된다. 주산을 중요시하는 이유는 지기(地氣)를 공급해주기 때문이다. 그런데 일본의 경우 교토의 주산인 후나오까야마(船岡山)는 높이 112m로 산이 아니라 언덕이다. 왜 높은 산이 아닌 언덕을 주산으로 삼고 있는가. 후나오카야마 사적 안내판에, '풍수지리상 지기가 넘치는 곳'이라고 설명하고 있으며, '대지의 기가 넘쳐나는 곳'의 조건으로 다음 내용을 갖출 것을 내용으로 담고있다. 첫째, 산이 독립적인 봉우리를 형성하며 균형을 갖춘 모습이어야 한다. 둘째, 흙 빛깔이 양명해야 한다. 셋째, 토질은 돌도 아니고 흙도 아닌 것으로 견고하여야 한다. 후나오까야마산은 이런 조건을 모두 갖추었다. 이러한 의미에서 볼 때, 교토는 분지를 이룬 '장풍국(藏風局)'의 땅으로 무라야마 지준이 《조선의 풍수》에 처음으로 소개하였다.

도읍지의 풍수에서 말하는 사신사를 찾을 때 사방의 산을 찾는 것이 한국의 풍수 일반론인 데 비해, 일본의 풍수는 이와 달리 헤이안교(平安京)처럼 '강천도지'를 찾는 점에서 독특하다. 이러한 '강천도지' 사신상응설(四神相應說)은 11세기 일본의 『작정기(作庭記)』에 나타나는데 그 이전에도 일본에서 보편적으로 통용되었던 것이 확인된다.

> 동쪽으로 흐르는 물이 있는 것을 청룡으로 한다. (중략) 서쪽에 길이 있는 것을 백호로 한다. (중략) 남쪽에 연못이 있는 것을 주작으로 한다. 산을 임금으로 하고, 물을 백성(인민)으로 보고 바위를 보좌진으로 간주한다.

『작정기(作庭記)』에 나오는 위의 글에서 새로 등장한 내용이 바위이다. 산과 물과 바위는 일본에서의 천황과 인민과 막부의 쇼군(將軍) 혹은 번주와의 관계를 상징해 명쾌히 설명하여 주는 문장이다. 산과 물과 바위는 일본 정원의 중요한 3대 요소이다. 또한, 정원은 일본 그 자체를 상징화한 것이다.[63] 헤이안 시대 중기의 음양사 아베노 세이메이(安培晴明)가 지었다고 알려진 『보궤내전』에서도, 동쪽으로 흐르는 물이 있는 것을 청룡이라 하고, 남쪽에 호반이 있는 것을 주작이라 하며, 서쪽에 큰 도로가 있는 것을 백호라 하고, 북쪽에 높은 산이 있는 것을 현무라고 하여 동일한 내용을 설명한다. 단, 북쪽에 높은 산이라 한 것은 현무인 주산을 말하는 것으로 보아 『보궤내전』에서는 주산의 존재를 분명히 한 것을 알 수 있다. 이를 통해 헤이안 시대 이전에 이미 일본의 도읍지 풍수에서 사신(四神)이 사산(四山)이 아닌 '강천도지'로 정착된 것을 알 수 있다. 이에 대해, 중국 진나라 때 저술된 곽박(郭璞)의 『葬書』 원문을 살펴보면 다음과 같다.

무릇 장사를 지냄에서는 왼쪽을 청룡, 오른쪽은 백호, 앞을 주작, 뒤를 현무로 잡는

---

63 김두규, 앞의 책, 38쪽.

다. 현무는 머리를 드리운 듯해야 하고, 청룡은 꿈틀꿈틀 기어가는 듯해야 하며, 백
호는 머리를 낮추어 엎드린 모습이어야 한다. (중략) 무릇 물로서 주작으로 삼을 경
우에 급격하게 흐르는 것을 꺼리는데 그런 것을 슬피 우는 것이라고 한다.

『葬書』에서는 사산을 사방의 신, 즉 사신(四神)으로 개념을 정의하였고, 다만
주작만을 한정해 물로 대체할 수 있다고 해서 일본의 강천도지와는 차이가 있다.
그러나 이것은 명나라 때 출간된『양택십서』에서는 청룡도 언급하고 있다.

무릇 집의 경우에 왼쪽에 흐르는 물이 있으면 이를 청룡이라 하고, 오른쪽에 긴
길이 있으면 이를 백호라고 하며, 앞에 연못이 있으면 이를 주작이라 하고, 뒤에
구릉이 있으면 이를 현무(玄武)라고 하는데 가장 귀한 땅이 된다.

『양택십서』의 위 인용문에서 보면 일본의 강천도지 및 조선의 산천도택 사신
사의 기능들과 일치한다.『작정기』와『보궤내전』의 내용은 주작이 물이라는 점
에서 일치한다. 그러나『양택십서』는『작정기』보다 몇백 년 후에 출판되고 중국
의 모든 사서를 망라한『사고전서총목』목록에도 수록되지 않았다. 다만『고금
도서집성』의 '예술전' 감여부에 수록되어 있다. 이에 대해 현대 풍수학자인 왕
옥덕은『양택십서』는 명나라 때 편찬된 것으로 책의 내용으로 볼 때, 한 개인의
저술이 아닌 기존의 여러 양택에 관한 풍수서들을 집대성한 것으로 추정한다.
한반도에서는 조선 후기 실학자 홍만선의『산림경제』에도 이 글이 인용되었다.

그러나 풍수가 동아시아에서 생겨나 한국을 거쳐 일본에 전해진 점 등에서
미루어 본다면 일본에서 처음 생겨나 중국으로 전래되었을 가능성은 거의 없다
고 할 수 있을 것이다.

1) 도읍지 풍수

교토의 후지와라교(藤原京)는 3개의 주요 산, 이른바 야마토산잔(大和三山), 아마노카구야마(天香久山, 152m), 우네비야마(畝傍山, 198m), 미미나시야마(耳成山, 139m)로 미미나시야마가 주산을 이룬다. 그런데 주산 미미나시야마가 가장 낮다. 주산이 낮은 것은 헤이조교와 같다. 일본 역대 도읍지 주산의 공통점이 그 높이가 주변의 다른 산들에 비해 현격하게 낮거나 작아 한반도 풍수의 주산과는 다르다.[64] 남쪽 아스카무라 쪽에서 물이 흘러나와 가시하라산(橿原山, 후지와라큐세키 소재)을 지나 북으로 흐른다. 득수처는 아스카무라이며 가시하라 시를 관통하는 요네가와(米川, 미미나시야마 뒤로 흐름)와 아스카가와가 명당수에 해당한다. 이 두 물줄기가 합쳐져 야마토가와로 합류하는데 객수가 된다. 후지와라교도 풍수의 조건들을 모두 갖추었다. 그러나 후지와라교의 공간배치는 조선 풍수의 관점에서 보면 가장 중요한 용맥의 흐름이 없다. 용이 없으면 땅 기운을 받지 못해 가물어버리거나 혹은 집단의 생물학적 변성이 약해진다. 후지와라교는 미미나시야마(耳成山)라는 주산 하나만 있고, 용은 이어지지 않는다. 후지와라교의 위치는, '배산임수'가 아닌 그 반대인 '배수임산'이니 풍수상 가장 꺼리는 금기이다. 후지하라교는, 혈을 미미나시야마 아래 부근으로 상정하였으나 혈의 위치가 정확히 잡히지 않았다. 이로 인해서 아스카무라 쪽에서 내려오는 용과 맞서는 격이다. 용에 맞서는 것은 금기이다. 후지와라교의 남동쪽에 자리한 아마노카구야마(天香久山)를 등지고 야스카가와(飛鳥川)와 데라카와가 흘러나가는 북서쪽을 향한다. 만약 아마노카구야마를 중심축으로 한 현재 다카도노초(高殿町) 자리가 적지로서 안정적인 도읍지로 후지

---

64 김두규, 앞의 책, 99쪽.

와라교 가까이 아마노카구야마, 우데비야마. 미미나시야마가 있고, 그 밖으로 멀리 사방의 산들이 감싼 전형적인 분지이다. 그러나 미미나시야마 쪽에서 주변의 다른 산[砂]들을 바라보는 것과는 경관이나 심리상으로도 상당한 차이를 보인다. 후자 쪽이 전망이 좀 더 넓고 편안하다. 후지와라교를 관통하거나 주변을 흐르는 요네가와, 아스카가와, 테라카와가 미미나시야마의 바로 뒤에서 합류하지 않고 각자의 물길을 따라 수십 km를 흘러가 야마토가와(大和川)에서 합류한다. 후지와라교가 풍수상 이상적인 땅이 되기 위해서는 요네카와, 아스카가와, 데라가와가 미미나시야마 바로 뒤에서 하나의 물길로 합류했어야 한다. 물이 합류하지 않으면 그 물길 사이로 용이 계속 뻗어 나가기 때문에 지기가 멈추지 않기 때문이다. 그렇다면, 후지와라교는 필패의 땅이 된다. 최근 복원을 위한 발굴작업 시작 전까지 그곳은 논으로 활용되고 있었다. 풍수상 이상적인 터 잡기와 공간배치를 했다면 후지와라교는 오랫동안 도읍지 역할을 하였을 것인가? 그렇지 못했을 것이다. 그 이유는 후지와라교의 경우 풍수상 이상적으로 배치하면 북서향이 된다. 북서향은 북서풍의 영향을 받는 지역이므로 꺼리는 방향이 되어 좋지 않기 때문이다. 결론적으로 후지와라교의 터는 원래 남향도 문제이지만 이상적인 북서향도 문제 되어 도읍지로서는 쓸 수 없는 땅이 된다.

그러면, 지토(持統) 천황이 4년 준비와 답사 끝에 이곳을 정한 이유는, 일본 고유의 풍수인 물의 위치와 흐름을 중시한 것으로 보인다. 물의 관점에서 후지와라교의 중심축이 되는 곳이 미미나시야마(耳成山)가 되어 주산이 그리 크거나 높을 필요가 없었다. 과거 농경사회로 거슬러 올라갈수록 물은 식수원인 동시에 생활용수, 관개용수 역할을 했을 것이고 수운으로 물건을 나르는 교통로 역할을 대행했을 것이다.[66] 가파른 산세 지형에 물을 잡아 두고 각종 생활용수

---

65   김두규, 앞의 책, 107~112쪽.

와 농업용 관개수로 이용하기 위한 일본열도 나름의 고육지책의 풍수원리로 볼 수 있다.

　헤이조교(平成京)의 산들도 유난히 낮다. 동의 사호야마(佐保山)가 북으로 진행하다 다시 남에서 오른쪽으로 돌아서 헤이제이 천황릉이 있는 곳으로 방향을 틀었다. 헤이조교는 바로 그 아래 터를 잡았다. 헤이조교의 중심축과 헤이제이 천황릉과 거의 일치한다. 헤이조교에서는 마치 헤이제이 천황릉이 작은 구릉으로 보인다. 능의 조성 이전에도 이 부분이 헤이조교에서 가장 높아 보였을 것이다. 최근 복원된 주작문에서 북쪽으로 헤이제이 천황릉을 바라보면 헤이조교에서 가장 높은 부분으로, 헤이조교의 중심축으로 충분하며 주산으로 충분하다. 실제로는 그리 높지 않다. 헤이안교(平安京, 경도)의 후나오카야마보다 낮은 언덕이다. 헤이조교는 바로 이 언덕에서 남쪽을 향한다. 후지와라교도 미니나시야마에다에서 오는 점에서 같아 보이나 전혀 다르다. 후지와라교가 '배수임산'이라면 헤이조교는 '배산임수'로 풍수의 길흉화복상 정반대의 해석을 한다. 혈은 어떠한가? 헤이제이(平城) 천황릉을 중심축으로 남쪽으로 낮은 구릉이 이어진다. 이 낮은 구릉의 좌우에서 흘러나오는 사호카와(佐保川)와 아키시노카와(秋篠川)가 합류하는 지점에서 멈춘다. 이와 유사한 입지가 교토이다. 가모가와(鴨川)와 가쓰라(桂川)가 헤이안교 남쪽 그리 멀지 않은 곳에서 합류해 요도카와(淀川)로 이어진다. 반면 후지와라교(藤原京)의 경우 아스카가와(飛鳥川)와 요네가와(米川), 데라카와(寺川)가 미미나시야마(耳成山) 뒤에서 합류하지 않고 수십 km를 흘러가 버려서 산과 물, 즉 음양이 조화를 이루지 못한다. 용의 흐름과 물의 만남이라는 관점에서 헤이조교(平城京)가 헤이안(平安京)과 유사하면 어찌 헤이조교는 불과 100년을 넘지 못하고 헤이안교에 도읍지 지위를 넘겼을 것인가.

일본이 일본 고유의 풍수를 완성한 것은 간무 천황으로 보인다. 간무 천황은 구 귀족세력과 사원세력이 잔존해 있는 헤이조교를 떠나 야마시로노구니(山背國)에 새 도읍지를 만들었고, 새로운 귀족세력을 결집해 왕권기반을 확립하려 하였다. 784년 나가오카교(長岡京)를 짓기 시작했으나 감독자가 암살된 후, 암살 음모자로 황태제가 처형되고 사와라(皇良) 친왕이 음모 혐의에 대한 무죄를 주장하며 단식하다가 죽었다. 그런데 사와라 사후에 원혼에 의해 간무 천황의 아들안텐 황태자가 병에 걸리고, 간무 천황의 어머니와 부인사망 등 불미스러운 일이 계속 일어나, 나가오카교의 건설을 포기하고 793년 가토노군(葛野郡)에 신도읍을 세웠다. 지금의 교토인 헤이안교(平安京)이며 이후 메이지유신에 이르기까지 1,000년 동안 일본의 도읍지가 되었다. 간무 천황이 가장 관심을 쏟고 믿은 것은 풍수설의 길흉화복이었다. 또한, 고승 사이조(最澄)와 사이조 집단의 승려에게 천도나 새로운 통치 지원을 받은 점에서 일본 고유의 풍수를 완성한 것으로 보인다.

헤이안교(平安京) 입지선정에 풍수설이 바탕이 되었지만 중국이나 한반도와는 다른 방식이다. 주산은 작은 언덕이 이상적인 것으로 바뀌고, 좌우의 두 산이 있어야 할 청룡과 백호는 흐르는 물(流水)과 큰길(大道)로 바뀌었다. 나지막한 앞산이어야 할 주작은 연못으로 대체되었다. 이것은 『작정기』의 "산을 제왕으로 간주한다"라는 문장과는 다른 것으로, 일본에서의 풍수관과 세계관의 변화를 뜻한다. 산은 제왕으로서 사신사에서 탁월한 존재이며 따라서 그 규모에서도 우뚝한 것이어야 하나 전혀 그러한 위상이 없어, 언제라도 주산의 자리 즉, 제왕의 자리를 넘볼 수 있다. '강천도지(岡川道池)'는 주산으로 긴주하는 강(岡)만이 산의 역할을 할 뿐이고 천, 도, 지는 도읍지 안에서 다른 기능을 담당한다.

교토의 경우 청룡은 가모가와(鴨川), 백호는 산음도(山陰道)로서 『장서』의 요건과 다르다. 본래 사산(四山)은 기를 갈무리하는 역할을 한다. 일본의 헤이조교(平城京)와 헤이안교(平安京)의 경우 『작정기』에서 정의한 것처럼 주산만 빼고 청룡은 흐르는 물, 백호는 큰길, 주작은 연못으로 바뀌었다. 해석하자면, 물과 큰길은 수로와 육로로 사람이 다니는 길인 동시에 재화를 운송하는 통로로 부(富)가 소통하는 통로다. 주작인 연못은 청룡과 백호가 운반해온 재물을 혈처(궁성) 앞에 쌓이게 하며, 청룡은 인민으로 해석하여야 한다.

후나오까야마의 풍수 특징은 없는 듯 있는 듯 뚜렷하지 않다. 후지와라쿄나 헤이조교의 그것처럼 나지막하나 위엄이 있다. 역사적으로 일본 천황의 위상과 비슷하다. 수많은 관백과 쇼군들이 권력을 장악했으나 이들이 천황제를 없애고 스스로 그 자리에 앉을 생각은 하지 않았다. 왜 일본은 주작을 연못으로 엄격히 한정시킨 것일까. 그것은 일본 하천의 특징에서 찾을 수 있다. 일본의 하천은 전국에 3만여 개에 달하며, 일본의 높은 산들로부터 흐름이 급류가 될 수밖에 없고 길이가 짧을 수밖에 없다. 중국지형은 북서 방향이 높아 물이 남동으로 흐르고, 동고서저 지형의 한반도는 물이 남서로 흘러나간다. 일본은 사방팔방으로 물길 방향이 제각각이다. 물길은 인심을 통합하고 산길은 인심을 가른다.[66] 헤이안큐(平安宮)의 주작인 오구라이케(巨椋池)는 분열된 인심과 부를 합일시키고자 하는 당시 지도자들의 간절한 염원이었다. 『작정기』의 '산을 임금, 물을 백성, 돌을 보좌진으로 보는 관점'과 부합한다. 물은 또한 생기로 본다.[67] 『장서』에서는 물을 주작으로 삼을 경우 '물이 세차게 흐르는 것'을 꺼리며 고여 있어야 한다고 말하였다. 물은 연못에서 합류하여 머물도록 하여야 한다.

『양택십서』는 동쪽의 유수와 서쪽의 대도를 길하다고 한 이유를 언급하지 않았다. 이에 대해 김두규는 북서쪽으로 산이 높고 남동쪽으로 물이 흐르는 중

---

66 김두규, 앞의 책, 142~148쪽.

67 김두규, 앞의 책, 154쪽.

국의 지형에 기인한다고 보았다. 북반구 중위도에 위치한 중국의 취락은 남향의 배산임수의 좌향이다. 이상적 조건에 따른 마을 주변의 공간배치는 북쪽에 산, 동쪽에 흐르는 물, 남쪽에 동쪽에서 흐르는 물이 잠시 고였다가 다시 흘러 나가는 연못, 서쪽은 이웃 산 너머 마을로 넘어가는 큰길이 자연스럽게 형성된다. 이러한 양기풍수 조건을 도읍지 선정에 활용한 것이 일본이었다. 그 시기는 8세기의 헤이조교(平城京은, 710년)와 헤이안쿄(平安京은 794년)부터다. 역사 학계의 설을 따른다면 7세기 중엽에서 8세기 초 무렵이다.[68]

〈표 2〉 조선과 일본의 사신 개념 비교

사신	조선 전기	조선 후기	일본의 사신	후지와라교 (藤原京, 694)	헤이조교 (平城京)	헤이안교 (平安京, 교토)	에도 (江戸, 도쿄)
청룡	좌산	유수	유수(流水)	아마노 카구야마 (天香久山) 요네가와(米川)	사호카와 (佐保川)	가모가와 (鴨川)	에도조 (江戸城)의 내곽(內郭) 외곽의 周濠
백호	우산	도로	대도(大道)	우비비야마 (畝傍山) 시모쓰미치	구시카노 다다고에이치	산인도 (山陰道)	에도조의 내곽 외곽의 주호
주작	전산 (앞산)	연못	지(池)		고토쿠이케 (五德池)	오구라이케 (五德池)	해(海)
현무	후산 (뒷산)	뒷산	구릉(丘陵)	미미나시야마 (耳成山)	나라야마 (平城山,奈良山)	후나오카야마 (船岡山)	간다야마 (神田山) →주호(周濠)

출처: 김두규, 『조선 풍수 일본을 논하다』, 드림넷미디어, 2010, 165쪽.

---

68   김두규, 앞의 책, 163~164쪽.

센다 미노루(千田捻)는『고대 일본의 역사 지리적 연구』에서 "헤이조교(平原京)의 동쪽에 유수(流水)를 굴천(堀川)을 통해 만들었음이 발굴조사에서 밝혀졌는데, 아마도 그것이 청룡이었을 것"이라고 하였다. 이는 인공천이었고 그만큼 고대 일본인들이 유수로서의 청룡을 중시한 것을 보여준다. 굴천은 일종의 비보풍수 행위이다. 조선과 일본의 도읍지 풍수에서의 사신개념과 차이를 〈표 2〉와 같이 정리할 수 있다.

아스카, 후지와라, 헤이조교, 헤이안교의 입지들은 물길의 흐름을 중시하면서 주변의 산을 완전히 무시하지 않았으나 에도(江戶, 도쿄)의 입지는 산을 버리고 물(바다)로 나아갔다. 아스카라는 비교적 좁은 산간지역에서 헤이조교와 헤이안교를 거쳐 해안지역 도쿄로 이동되는 경로를 거쳤다. 인구의 증가와 도시 확장 및 교통의 발달에 따른 변화를 반영하고 있다.

한국의 풍수 수용과 일본의 풍수 수용은 도읍지 선정의 경우 처음부터 그 길을 달리했다. 한국 풍수의 경우 묘지 풍수를 본질적으로 논한『장서』를 중심으로 출발했다면 일본은『작정기』에 영향을 주었던 양기풍수에서 출발하였다. 일본의 이러한 '강천도지'로서의 사신상응설은 정원문화에서 상징화된다.[69] 한국에서는 양기풍수뿐 아니라 음택풍수가 병행됐는 데 비해, 일본은 묘지풍수가 점차 소멸하고 양기풍수가 보편화되었다. 물론 일본에도 고야산이나 다이몬지야마(大文字山)와 같은 영산에는 과거 숱한 권력자들의 무덤이 있듯이 음택풍수가 있기는 하지만 양기풍수가 더욱 강력히 수용된다. 한국은 장풍국과 득수국이 모두 중시되었다면, 일본은 득수가 중시됐다.

에도(도쿄)에서는 주산을 버리고 아예 득수국으로 나아갔다.

---

[69] 김두규, 앞의 책, 163~172쪽. 김두규는 강천도지를 일본 고유의 사신상음설로 보고 있으나, 중국이나 조선시대 후기의 산천도택 사신사 등으로 보면 한·중·일 3국의 유사성을 보이고 있어 단언하기 힘들다.

교토의 전체적 지형 지세가 사방이 멀리 산으로 둘러싸인 장풍국의 땅이라고 한다면 도쿄는 도쿄만에서 큰 바다와 접한 득수국의 땅이다. 사방이 산으로 둘러싸이고 그 가운데를 돌아 물이 흐르는 장풍국의 땅보다 큰물을 접하는 득수국이 발전에 유리하다.[70]

2) 정원 풍수

정원은 하나의 국가를 상징하고 국가의 3요소인 임금, 신하, 백성을 일본 정원에서는 산, 바위, 물로 표현하였다. 일본 정원은 단순히 관람 또는 집안의 미적인 분위기를 높이기 위한 것만이 아니고, 정원 그 자체에서 한 나라가 구현되어 있다. 한국 풍수의 경우 연못의 조성은 화기가 강한 집터나 고을일 경우에 조성된다. 그 예로 정궁이던 경복궁의 경회루, 향원정에서 찾아볼 수 있을 뿐 다른 궁궐들에는 큰 연못이 없다. 조선에서 화기가 그리 강하지 않은 곳에 연못을 파는 것은 금기 사항이었다. 집안에 탁한 물이 저장되면 음기가 저장돼 인간 거주에 필요한 양기를 흡수해 남성들이 병이 들며, 여성들이 드세진다고 보았기 때문이다.[71]

『일본서기』는, 일본 정원에 영향을 준 것은 백제인인 '노자공'임을 밝히고 있다. 이것은 신라 안압지의 입수부 석조(石槽)와 일본 나라현(奈良縣) 아스카교아토(飛鳥京跡) 원지유구(苑池遺構)에서 볼 수 있는 거북 모양의 석조물과 같은 데서 확인할 수 있다.[72] 안압지의 거북 모양 석조물이 있는 임해전과 안압지 기록은 『삼국사기』 문무왕 14년(674년)조에 나타난다.

---

70 김두규, 앞의 책, 172~182쪽.

71 김두규, 앞의 책, 188~190쪽.

72 김두규, 앞의 책, 192~193쪽.

일본의 정원문화에 대해, 『작정기』 견수조(遣水條)에는 동출서류(東出西流)로 함이 순류(順流)"라고 하였다. 김두규는 이에 대해, 일본의 산은 높아 풍수에서 물이 급하게 흐르며, 이는 금기 사항이다. 또한 일본의 물의 흐름은 매우 짧다. 이런 환경에서 물이 사방으로 흩어지는 물(인민), 급류(과격한 인민)들을 하나의 통일된 흐름으로 천천히 흐르도록 만들어 연못에서 합류하도록 하는 것이 일본 풍수의 득수국을 얻기 위한 노력인 셈이다.

정원의 주작에 해당하는 바위에 대해, 『작정기』에 신하를 의미한다는 기록은 산과 물 사이의 관계를 이어주는 보좌진으로 본다. 김두규는 정원에 돌을 세우는 것을 제왕의 용인술로 보았다. 물이 흐르면서 공격사면이 있는 곳(취약 부분)에 세워 흘러가는 방향과 유속을 조절하는 역할을 하였다.[73]

〈그림 3〉 일본의 대표적 정원 금각사(金閣寺) 교토시(京都府京都市北区金閣寺町)에 소재한다.

---

73   김두규, 앞의 책, 223~225쪽.

〈그림 4〉 일본 용안사(龍安寺)의 방장석정(方丈石庭)

한국에서는 서출 동류를, 일본 풍수는 동출 서류를 선호한다. 한양의 풍수는 전형적 '서출 동류'의 풍수다. 물의 흐름이 서출 동류가 되기 위한 지세는 북과 서쪽이 높고 남쪽과 동쪽이 낮아야 한다. 북반구 중위도에 자리한 한반도의 경우 남향을 해야 쾌적한 기후조건이 되고 겨울의 북서풍을 차단하게 된다. 전통적으로 한국의 민가에서는 서출 동류의 마을이나 무덤을 선호하였다. 청계천이 역수로서 서출 동류이고, 한강은 객수이다.

금각사(金閣寺 きんかくじ)의 원래 이름 녹원사(鹿苑寺, ろくおんじ)는 실정막부(室町幕府) 족리의만(足利義満)이 건축하였다. 경도에 소재한다. 이곳은 특히 금각사의 경호지(鏡湖池)를 회유하는 정원으로 대표적인 일본식의 정원이다. 은각사(銀閣寺)와 서본원사(西本願寺)의 『飛雲閣』과 함께 교토의 3각(京の三閣)으로 알려져 있다.

일본의 정원 중에서 무사 정권이 들어서며 '가레산스이(枯山水)'라는 새로운 양식의 정원이 등장하였다. 이것은 물을 전연 사용하지 않고 돌과 모래를 이용해 파도나 물의 흐름을 표현한 일본식 고유의 정원 사정식의 고산수(砂庭式 枯山水)로서 1450년 건설된 용안사의 방장석정(龍安寺方丈石庭)을 들 수 있다.

실제 일본 정원 물의 흐르는 방향이 모두 동출 서류를 따르는 것도 아니다. 교토(平安京)의 경우 청룡으로 중시하는 가모가와(鴨川)보다 가쓰라카와(桂川)가 더 크나 의도적으로 이를 무시한다. 가모가와는 동출 서류인데 가쓰라카와는 서출 동류이기 때문이다. 일본의 『작정기』는 모든 물이 서쪽으로 흘러가야 길하다고 보았다. 일본 정원들에서 이러한 원칙이 잘 지켜지지 않고 지세의 흐름에 따라 물길의 흐름이 정해지고 있다.

일본의 절에는 정원이 있으나, 한국의 절에는 정원이 없다. 그 이유는 일본 사찰은 대개 권력자(천황이나 쇼군)들이 생전에 활용했던 곳이고 그들의 사후 원찰로 바뀐 것이므로 정원이 존재하는 것이다.

3) 천황릉의 풍수

일본의 평민들은 음택풍수의 이점(명당발복의 수혜)을 누릴 수 없다. 일본 천왕가만이 풍수상의 길지를 사용할 수 있도록 하기 때문이다. 일본의 천황가만 풍수상 길지를 독점하는 것은 조선(한국)과의 차이점이라 할 수 있다.《일본서기》에 죽은 자를 위해 길지를 찾는 기사가 나오는 것은 일본에도 음택풍수가 있었다는 것으로 볼 수 있다. 그러나 19세기에 매장이 법적으로 금지되면서 음택풍수는 점차 사라진다. 일반 국민 사이에서 매장은 사라졌으나 길지 관념은 사라지지 않고 남아있는 것으로 추정된다.

일본의 천황릉에 대해 기타무라 다카시(來村多加史) 교수는 『풍수와 천황릉』에서 천황릉의 입지선정은 풍수 입지에 근거함을 밝히고 있다. 그는 무덤의

음양 분류	음(陰)		양(陽)	
	음혈(陰穴)	음혈(陰穴)	양혈(陽穴)	양혈(陽
사상 분류	유혈(乳穴)	돌혈(突穴)	와혈(窩穴)	겸혈(鉗穴)
기타무라 다카시 (來村多加史)	E자형	곡오부 돌출형 (谷奧部突出型)	곡오부 밀착형 (谷奧部密着型)	곡측부 밀착형 曲側部密着型)
예	메이지 천황릉/ 이와이·구사하카 (岩屋·草墓) 고분	덴무·지토 (天武·持統) 천황릉	긴메이(欽明) 천황릉	다이쇼·쇼와(大 正·昭和) 천황릉

유형을 유혈, 겸혈, 와혈, 돌혈로 구분해, 역대 천황의 능을 분류하였다.[75] 유혈
의 능은 메이지 천황릉을 들고 있다. 아스카역 부근의 이와이(岩屋) 고분이나
사꾸라이시(櫻井市)의 구사사카(草墓) 고분 등이 전형적이다. 돌혈 유형으로는
덴무, 지토릉(天武, 持統陵)을, 겸혈의 것으로는 다이쇼(大正) 및 쇼와(昭和華)
천황릉이 대표적이다. 이들은 좌청룡보다 우백호가 매우 길게 뻗어 있다. 와혈
의 경우는 아스카무라의 긴메이(欽明) 천황릉이 있다. 조선왕실의 경우 유혈과
돌혈을 취하는 데 비해, 일본은 4가지 유형을 다양하게 취하고 있다.

볼록 솟은 것은 음혈, 움푹 들어간 것은 양혈이다. 사상 가운데 유혈과 돌혈
은 그 생김새가 철형(凸形)인 음형이고, 와혈과 겸혈은 그 생김새가 요형(凹形)
으로 양혈이다. 덴무 · 지토 천황릉은 철형으로서 음혈에 해당하며, 긴메이 천
황릉은 요형으로 양혈에 해당한다. 조선의 왕릉들은 유혈에 쓰인 반면, 돌혈에
는 조선왕조의 태실로 많이 활용하였으며 모두 음혈에 해당한다. 덴무 · 지토

---

74 김두규, 앞의 책, 303쪽 인용.

75 용 · 혈 · 사 · 수에서 혈은 지기가 뭉친 곳으로 크게 네 가지 유형이다. 혈을 중심으로 주변의 지형 모
    양을 네 가지로 분류한 것이다. 유혈(乳穴)은 여인의 젖가슴처럼 솟은 것이고, 돌혈(突穴)은 내룡이
    꺼졌다가 치솟아 오른 형태이며, 겸혈(鉗穴)은 주변의 산이 손가락 가운데 물건을 끼운 것 같은 형태
    이며, 와혈(窩穴)은 제비집이나 손바닥처럼 오목한 형태의 혈을 말한다.

천황은 모두 부부가 천황으로서 풍수에 많은 관심을 가졌다. 덴무·지토 천황릉에서 뻗어 나온 백호는 길게 뻗어 긴메이 천황릉까지 이어진다. 그러나 청룡은 거의 없을 정도로 낮고 미약하다.

현재 일본의 천황은 일본인들의 정서에 절대적이다. 그러나 고메이 천황릉 이전의 일본의 천황들은 화장을 하였고, 능의 혈들은 제대로 갖추지 못하였으며, 사방의 산들이 감싸는 편안한 곳에 집단으로 안장돼 있다. 천황릉이 지금처럼 황릉으로서의 용·혈·사·수의 전형을 갖추게 된 것은 고메이 천황 이후이다. 현재 고메이 천황릉의 안에는 도다 다다유키 비가 서 있다. 1862년 도다 다다유키는 번주 도다 다다히로 막부에 천황릉 보수 안을 올려 막부가 이를 받아들여 역대 천황릉이 보수 정비된다. 번주가 안을 올린 것은 교토 조정(천황가)과 에도(江戶, 도쿄) 막부와의 역학 변화에 따른 것이다. 우쓰노미야 막부는 점차 세력이 약화되고 불안을 느껴 천황가에 충성을 보일 필요가 있었고, 따라서 막부의 눈 밖에 나지 않으려는 의도로 천황릉의 보수를 건의하였다. 1862년 천황릉의 관리 상태를 점검할 당시, 역대 천황들의 봉분 꼭대기까지 보리밭으로 활용되고 있었으며, 능이 파괴되어 석관이 드러나거나, 봉분 위에 서민들의 무덤들이 조성되었고, 석관에는 물이 고여 있는 등 목불인견의 상황이었다. 이후 보수와 정비를 통해 오늘날의 천황릉역의 모습을 찾았다. 이를 주도한 다다유키는 공을 인정받아 1866년 번주가 되었다. 일본의 천황릉은 절 안이나 절 뒤에 입지함은 한국의 능 입지와 차이가 있다. 당시 천황릉의 조사 결과는 이후 고메이, 메이지, 다이쇼, 쇼와 천황릉의 입지선정에 그대로 반영되었다. 메이지 천황릉은 히에이산(比叡山, 848m)을 태조산으로 하여 흐르다 모모야마 부근에 앞쪽으로 흐르는 야마시나가와(山科川)를 만나고 교토에서 대 혈처를 이룬다.

메이지 천황은 1868년 명치유신을 통해 일본을 세계 최강국으로 만들려고

〈그림 5〉 일본 교토의 명치 천황릉(明治 天皇陵), 교토 복견산(京都府京都市伏見区桃山町古城山) 소재

한 인물로서, 그의 무덤은 규모 면에서 교토에서 가장 기운이 왕성한 곳에 마련되었다. 메이지 천황릉이 자리한 곳은 메이지 자신이 직접 택한 곳이며, 일본을 통일한 도요토미 히데요시(豊臣秀吉)와 도쿠가와 이에야스(德川家康)가 본거지로 삼았던 후시미조(伏犬城)의 중심지 터였던 점이라는 것도 특기할 만하다.

일본의 근대화를 일으킨 명치 천황릉(明治 天皇陵)은 메이지 천황이 1912년 사망하여 자신이 지명한 곳에 조성되었다.

4. 결론

동아시아의 풍수가 민중 속에 자리 잡은 것은 2천년 안팎의 역사를 지닌다. 지구상에 인류가 출현한 이후 자연환경과 더불어 살아온 역사는 장구하다. 풍수 사상이 언제 생겨났는지에 대해서 정확한 기록은 없고 동아시아 3국은 각기 기록을 통해서 개략적 추측을 할 뿐이다. 그러나 풍수의 개념구성은 동양철학인 음양과 오행의 철학적 사고를 담아, 황색(黃色)을 중심에 두고 중심인물을 황제로 본다. 이것에 대한 관련성은 중국 동북부 황토 고원지대에서 출발점을 찾는 근거가 된다. 풍수에서 중요시하는 사신사(四神砂)의 사(砂)와도 관련되는 부분이다.

동아시아에서의 풍수는 한·일 간 각기 처한 환경과 문화의 차이를 바탕으로 각기 다른 수용과 운용의 특징을 보인다. 한국의 풍수는 삼국시대의 기록에서 풍수 관념이 보이고 자생적인 풍수 내용은 신라말 도선의 비보사탑설, 지기쇠왕설 등에서 확인된다. 그리고 그 전통은 고려의 묘청과 조선 초의 무학대사로 이어진다. 삼국시대에는《삼국유사》탈해왕조에 탈해왕이 호공의 반달 모양의 집터를 꾀를 사용해 빼앗고, 선덕여왕조에 여성의 신체 모양 옥문지에 숨어 있는 백제군을 알아냈다는 내용, 고구려와 백제 무덤에 그려진 벽화의 사신도에서 풍수 관련 내용의 단초가 보인다.

도선의 일생은 11명의 국왕이 교체됐던 혼란기와 때를 같이했다. 그러나 도선의 기록은 태조 왕건이 고려를 개국하며 왕권 확립과 정통성을 주장하면서부터이다. 도선이 태조의 개국과 집터의 위치선정을 예언하였다고 한다. '한국 풍수의 비조'라고 부를 수 있게 된 활동내용은 태조 왕건을 도와 천도와 사탑 건립 및 관리에 그의 풍수지리 신념을 실천한 것에 근거한다. 도선 풍수는 병든 땅을 치료해 쓰자는 자연적 치유의 개념이다. 도선 풍수의 가장 큰 특징은 비보와 압승이다. '비보'는 땅의 기가 허(虛)한 곳을 북돋우며, 압승은 지나치게 강한 기운을 눌러주는 행위 내지 장치를 말한다.

조선조에서는 국가의 중대사로부터 사소한 일에 이르기까지 풍수를 활용했다. 세종, 세조, 정조도 풍수를 직접 배워 이용하였다. 이중환은《택지리》'복거총론'에서 풍수상 살 만한 곳을 논하였고, 서유구도《상택지》에서 배산임수,

용·혈·사·수 등의 풍수 내용을 논하였다. 조선 시대의 송사 중 산송(山訟)이 가장 많았다는 것은 높은 풍수 관심과 인식을 보여준다. 고려와 조선의 양기 풍수 수용 사례 정점은 천도에 관한 내용을 들 수 있다.

개성은 장풍국의 분지 지형이다. 송악산을 주산으로 배치됐다. 개성의 지세는 달아나는 형국으로 오수부동격(伍獸不動格)이다. 5마리의 짐승이 서로 견제해 떠나지 못하게 하였다. 개성의 만월대 지세는 노서하전형(老鼠下田形)으로 동남의 새끼 쥐인 자남산(子南山) 중심으로 개성에 묘정(猫井)과 호천(虎泉)을 파고, 자남산 좌우의 봉우리를 구암(狗岩)과 상암(象岩)이라고 하였다. 자남산 중심으로 고양이·개·범·코끼리를 배치했다. 그러나 고려는 조선의 수도 한양의 북한산이 규봉(窺峯; 풍수에서는 도둑)으로 조선에 멸망했다고 해석한다. 조선 시대에는 한양 천도에서 크고 작은 일에 풍수지리가 중요한 역할을 했다. 한양 도성의 축성 등 중요 건축물의 배치와 왕과 왕비 등의 왕실 무덤의 조성 및 읍성과 중요 건물의 배치 등에도 풍수를 이용하였다. 과거시험에 음양과를 설치하여 인력을 제도적으로 선발해 양성했다. 태조 이성계는 조선을 개국하고 민심을 얻기 위해 한양 천도를 하였다. 한양의 터를 잡을 때 무학대사와 정도전의 풍수 관련 논쟁은 역사적으로 유명하다. 무학대사 의견을 따르지 않고 북한산을 주산으로 잡은 경복궁은 여러 흉사를 빚은 것으로 해석되는데 그중 임란과 병자호란 등을 많이 거론한다. 200년간 역대 국왕들은 경복궁을 외면한 채 이궁(離宮)인 창덕궁에 주로 거하였다.

일본에는 풍수가 없었다는 주장이 있다. 그러나 헤이안 시대 일본기록에 '지리', '상지'(相地)라는 용어가 존재했고, 역대 도읍지 및 천황릉에 풍수지리가 수용되었다. 『일본서기』·『작정기』에 '풍수 행위'가 언급되며 553년 긴메이 천황이 백제 역박사(易博士)와 복서를 청하였고, 7세기 중엽에 묘지풍수가 성행하였음을 기록을 통해 알 수 있다.

일제는 조선을 강점해 경복궁의 권위를 실추시키려고 조선총독부건물을 광화문 앞에 세웠다. 총독 관저를 경복궁 내에 세우고 광화문은 헐어버렸다. 창경궁은 동물원으로 활용했다. 경복궁 터는 역대 제왕들이 기피해 왔고, 일제 역대 총독들의 말로와 해방 후 역대 대통령들의 말로가 대부분 좋지 않았다. 박정희 대통령은 재임 말년에 수도권 이전계획을 추진하던 중 사망하여 이전계획은 무산되고 말았다. 김영삼 대통령 이후, 청와대 터의 이전 공약은 '단골 공약'이었으나 무산되다가 2022년에 이르러 대통령 집무실이 이전되었다.

한국과 일본의 풍수 관점 차이는 주산의 위상에서 찾을 수 있다. 한국의 '산천도택' 사신사는 일본의 '강천도지' 사신사와 유사한 명칭이나 '산(山)'과 '강(岡)'의 위상은 판이하다. 한국의 주산은 뚜렷하고 우뚝하나 일본의 경우는 나지막하고 존재감이 약하다. 산에서 흘러나오는 물줄기의 흐르는 속도, 길이, 유량에서 양국에 차이가 있다. 한반도는 노년기지형에 하천이 빚어놓은 분지 내에 마을과 도읍이 입지한다. 마을과 도읍을 진호하는 주산의 형세는 우뚝하고 뚜렷하여 강한 편이며 득수 조건도 양호한 배산임수 지형을 좋은 터로 본다. 거시적인 관점에서 산, 강, 길, 연못을 취함은 양국이 유사하나 일본은 주산이 있는 듯 없는 듯 매우 약하다. 주산의 보호에 의지하기보다는 물자의 소통에 수운을 필요로 하고, 생활용수와 관개용수를 얻기 위한 조건이 절실한 염원으로 작용했다는 점을 발견할 수 있다. 즉, 장풍국보다는 득수국이 더욱 긴요한 환경임을 반영한다. 거칠고 가파른 산지 환경으로 하천수 활용은 불리한 조건이고 이를 극복하기 위한 보국이 강천도지로 나타난 것으로 보아야 한다. 하천이 마을과 도읍을 가까이 흐르며 환류하고 합류하는 득수국 선호의 사신사 형국이라 할 것이다. 일본의 많은 하천이 대체로 급류이고 사방으로 흩어져 흘러가 버리는 환경을 상쇄하려는 일종의 대체 형국이라고 해석할 수 있다.

일본은 역대 도읍 터와 정원문화에 양기풍수원리가 잘 구현되어 있다. 황릉에는 음택풍수가 허용되며, 정원 풍수에서 산은 제왕이고 바위는 신하이며 물은 백성으로 상징된다. 정원문화는 일본열도 문화의 축소판으로 해석한다. 대체로 일본 풍수는 양택(양기)풍수에 집중하며 음택풍수의 관심은 역대 황릉에만 수용된다. 역대 황릉은 절 안이나 절 뒤에 위치하고, 절 안에는 정원이 있다. 일본 사찰에 정원이 있는 이유는 권력자들이 생전에 사찰을 휴식처로 이용하였기 때문이다.

한국의 풍수는 양택, 음택 모두 사신으로 사산을 취하고 조선 후기에 양기풍수에서 '산천도택' 사신사를 수용하기 시작했다. 풍수에서 물은 생기로 본다. 『장서』에 이르기를 물을 주작으로 삼을 경우 가능한 한 천천히 흘러야 좋은 것으로 보았다. 이런 이유로 인해 물은 연못에서 합류한다.

김두규는 동쪽에 유수(流水)와 서쪽에 대도(大道)를 두는 이유를 중국 자체의 지형과 지세에서 찾는다. 지형이 높은 북서쪽에서 낮은 남동쪽으로 물이 흐른다. 북반구 중위도의 중국은 남향을 취해야 이상적인 기후조건을 확보할 수 있다. 따라서 취락은 배산임수로 대개 북쪽에 등을 대는 이상적인 남향집을 선호했다. 즉 이상적 마을의 공간배치는 북쪽에 산, 동쪽에 흐르는 물, 남쪽에 동쪽에서 흐르는 물이 들어와 잠시 고였다 흘러나가는 연못, 서쪽은 이웃 산 너머 마을로 넘어가는 큰 길이 자연스럽게 형성되었을 것으로 해석한다. 이러한 양기풍수적 조건을 도읍지의 선정에 활용한 것은 동양의 한·중·일이 대동소이하다.

아스카, 후지와라, 헤이조교, 헤이안교의 입지는 완만한 물길의 흐름을 중시하면서 주변의 산을 완전히 무시하지 않았으나 에도(江戶, 도쿄)는 산을 버리고 크고 넓은 도쿄만 득수국을 취했다. 아스카라는 비교적 좁은 산간지역에서 헤이조교와 헤이안교를 거쳐 바닷가인 도쿄로 이전한 것이다. 인구의 증가와 도시의 확장 및 교통발달의 변화를 통해 대외 개방경제를 수용하기 위한 포석의 입지변화이다.

요약하건대, 한국과 일본의 풍수 수용은 도읍지 선정의 경우 다른 양상을 보였는데, 한국은 고전적 사산(四山) 사신사와 산천도택 사신사를 병행하는 데 반해, 일본은 처음부터 강천도지의 사신사를 채택하였다. 한국 풍수는 음택과 양택풍수의 원리가 기본적으로는 같고 처음부터 현재까지 세간의 관심을 끌고 있는 것에 비해, 일본 풍수는 음택풍수가 거의 사라져 황릉에만 수용되며 강천도지 풍수 수용이 압도적이다. 한국은 장풍국과 득수국 양자를 모두 중요시하는 것에 비해 상대적으로 일본 풍수는 득수국을 선호하며 중요시한다.

결국, 동양 풍수의 기원은 대체로 중국에서 발흥하고 뼈대를 갖추어 한국과 일본에 전해진 것으로 보아야 함이 타당하다. 그러나 3국의 풍수는 자연의 환경과 문화의 영향을 받으며 그 차이로 인해 각기 다른 특징을 갖는다. 즉 한국과 일본의 이러한 오랜 역사적 경험과학으로 현실의 운용 과정에서 한·중·일은 각기 특색있는 풍수 문화를 꽃피웠다고 할 것이다.

참고문헌

『三國史記』

『三國遺事』

『高麗史』

『朝鮮王朝實錄』

『古事記』

『續日本記』

『作庭記』

『譜篡內傳』

『葬書』

『陽宅十書』

김경연, 『정경연의 부자 되는 양택풍수』, 평단, 2006.

김규순, 조선궁궐입지 선정의 기준과 지형에 대한 연구-경복궁과 창덕궁을 중심으로-, 문화재, 52(3), 130-145.

김두규, 『조선 풍수, 일본을 논하다』, 드림넷 미디어, 2010.

박시익, 『풍수지리와 건축』, 경향신문사, 1997.

성은구, 『日本書紀』, 정음사, 87.2.

유종근 · 최영주, 『한국 풍수의 원리』 1.2, 동학사, 1997.

임학섭. 『조선왕릉 풍수』, 대흥기획, 1997.

채성우/김두규 역해, 『명산론』, 비봉출판사, 2002.

최창조, 『새로운 풍수이론』, 민음사, 2009.

_____, 『한국의 풍수 사상』, 민음사, 1984.

한중수 역, 『청오경』, 명문당. 2002.2.

胡舜臣/김두규 역해, 『지리신법』, 비봉출판사, 2004.

宋江正剛/이연숙 옮김, 『만들어진 나라 일본』, 프로네시스, 2008.

스즈키 마사유키/류교열 옮김, 『근대 일본의 천황제』, 이산, 1998.

아미노 요시히코/박훈 옮김, 『일본이란 무엇인가』, 철학과 비평사, 2003.

와타나베 요시오/이화옮김, 『동아시아 풍수 사상』, 이학사, 2000.

무라야마 지순(村山智順), 『한국의 풍수』, 1996.

和辻哲郎(박건주 옮김), 『풍토와 지형』, 장승, 1993.

渡邊欣雄, 『風水の社會人類學』, 風響社, 2001.

小川・渡邊小松編, 象徵と勸力, 弘文堂, 1988.

小川徹, 近世沖繩の民俗史, 弘文堂, 1973.

千田稔, 天皇と風水, 『古代日本の 歷史地理學的 연구』, 岩波書店, 1991.

2 천·지·인 관점과 풍수의 생기

03

풍수지리와 천문관, 그리고 농업

최경현 · 손용택

현대 한국 사회에서 풍수지리는 한낱 미신으로 치부되는 것이 현실이다. 풍수지리의 일면에는 종교적, 철학적 색채가 짙어 미신으로 보일 수 있지만, 한민족의 역사에서 정치 · 경제 · 문화 등 다양한 방면으로 큰 영향을 미친 풍수지리의 모든 면이 미신은 아닐 것이다. 본 연구에서는 풍수지리와 동양 천문학의 유사성을 바탕으로 농업 활동에 대한 중요성을 인식하는 것에서부터 출발했음을 밝히고자 한 것이다. 이들 세 가지가 밀접한 관계를 지닌다는 것을 귀추법을 통해 밝혀보았다. 이를 위해 다음의 세 가지 가설을 세우고 밝혔다. (1) 풍수지리와 동양 천문학 간 밀접한 관계가 있다. (2) 동양 천문학은 농업에서 발전하였다. (3) 풍수지리와 농업 간에도 밀접한 관계가 있다. 이들 관계를 밝히기 위해 가장 먼저 풍수에서 물, 바람, 산을 중요시하는 것은 음택풍수보다 양택풍수 기원설을 뒷받침한다는 점을 통해 양택풍수 기원설을 타당한 것으로 밝혔다. 풍수지리와 동양 천문학은 철학적 유사성을 갖는데, 혈과 북극성, 삼원과 땅에 대응되는 자리, 28수와 사신사의 관계, 그리고 땅을 구주로, 하늘을 구야로 구별하는 등 별자리의 분류와 땅의 분류 간의 유사성과 연관성에서 이를 찾아볼 수 있다. 이 밖에도 풍수지리와 동양 천문학의 유사성은 24방위와 24절기의 연관성에서 찾아볼 수 있다. 동양 천문학은 농사를 잘 짓기 위해 천시를 살피고자 하는 노력에서 발전했으며, 이런 부분은 24절기와 시령, 천문학 연구 등에서 살펴볼 수 있다. 농업과 풍수의 연관성은 길지의 조건과 농업에 유리한 조건이 일치하는 부분에서 찾을 수 있으며, 이런 세 가지 관점을 묶어주는 키워드는 '길흉'임을 인식할 수 있다.

1. 서론

풍수지리라는 단어를 들었을 때 대중이 가장 먼저 떠올리는 키워드는 무엇인가? 지형, 사신사, 방위 등의 가치 중립적인 키워드가 떠오를 수도 있지만, 대부분의 사람이 미신, 혹세무민, 산송(山訟) 등의 부정적인 단어들이 떠오를 것이다. 하지만 한 걸음 떨어져 중립적으로 풍수지리를 판단해 보자. 풍수지리는 이런 현대의 부정적인 견해에도 불구하고 한민족(韓民族)의 역사에서 매우 중요한 역할을 했다. 전통적인 한국 도시와 마을의 입지에 큰 영향을 미쳤으며, 서울 역시 풍수적인 이유로 수도로 결정되었다(윤홍기, 2011, 41). 우리 역사에 큰 영향을 미쳐온 풍수지리가 모두 미신이며, 비과학적, 비논리적일까?

현대의 시점에서 형이상학적이며, 종교적이고, 비과학적, 비논리적인 것도 그 기원을 찾아 들어가다 보면 과학적이고 이성적인 이유에서 생겨난 것도 많다. 예를 들어 무슬림에서는 돼지고기를 불결한 음식으로 보고, 먹는 것을 금지한다. 현대적 관점에서는 돼지가 불결하다는 것이 이해가 되지 않을 수도 있다. 그러나 그 이면을 살펴보면 논리적으로 이해할 수 있다. 소와 같이 되새김질을 하는 동물은 인간이 먹지 못하는 음식을 섭취하고 생존할 수 있으나, 돼지는 인간과 식량을 두고 경쟁하는 관계이다. 또한, 돼지는 털이 적어 주기적으로 피부에 수분을 보충해야 한다. 따라서 유목민의 종교로 시작한 무슬림의 입장에서는 돼지가 키우기 적합한 동물이 아니었다(엄익란, 2017).

본 연구는 풍수지리도 마찬가지로 그 기원을 찾아보면 미신적인 측면만 있지는 않을 것이라는 추측에서 시작되었다. 이런 연구를 위해 먼저 풍수지리의 기원과 관련된 기존의 연구와 이론을 살펴보았다. 이후에는 기원을 더욱 심층적으로 탐구하고자 귀추법을 활용했다. 여기서 귀추법(abduction)이란 전제에서 결론이 논리적으로 도출되는 것은 아니지만, 전제가 참일 경우 관찰된 결론을 가장 잘 설명할 때 그 사이에 인과관계가 있다고 추론하는 것을 뜻하며, 다른 말로 '최선의 설명으로의 추론'이라고도 한다. 귀납법(induction)과의 차이는 귀납법은 여러 가지 사례를 보고 통계적으로 결론을 도출하는 반면, 귀추법은 하나의 전제를 참으로 가정하고 이로부터 도출된 결론을 얼마나 잘 설명하는지를 따져 이를 수용할 것인지를 판단하는 데 있다(Douven, 2021). 연역법(deduction)과 같이 논리적으로 도출되는 결론이 아니기에 귀추법으로 타당한 논리가 항상 참은 아닐 수도 있지만, 그런데도 Scruton(2017, 297)은 과학이라는 것을 이런 '최선의 설명으로의 추론'으로 보았으며, 이런 추론이 "세계가 왜 지금과 같이 보이는지를 이해할 수 있게 해준다"라고 평하며 귀추법의 중요성을 설명하였다. 연역법, 귀납법, 귀추법의 특성과 차이를 정리하면 〈표 1〉과 같다.

이에 따른 본 연구의 논리 전개 과정은 다음과 같다. 풍수지리와 어떤 다른 학문 간의 내용에 유사성이 있으며, 그 학문의 기원이 이미 밝혀져 있다. 또 그 기원이 풍수지리와도 밀접한 연관이 있다면, 결론적으로 풍수지리의 기원 또한 그 학문의 기원과 같을 것이다. 본 연구에서는 풍수지리와 밀접한 연관이 있는 학문으로 동양 천문학에 집중하였으며, 동양 천문학의 기원을 농사의 성공확률을 높이기 위한 수단으로 보았다. 따라서 풍수지리와 동양 천문학뿐만 아니라 풍수지리와 농사 간의 관계를 살펴보아 풍수지리의 발전에 농사의 성공확률을 높이기 위한 목적이 어떻게 영향을 미쳤는지 살펴보려고 한다.

〈표 1〉 연역법, 귀납법, 귀추법의 특성과 차이

논리 방법	논리의 구조	논리의 정확성	예
연역법	일반적인 법칙을 활용하여 항상 통용되는 결론을 도출	전제가 참일 경우 결론은 항상 참	1. 모든 사람은 죽는다(대전제). 2. 소크라테스는 사람이다(소전제). 3. 그러므로 소크라테스는 죽는다(결론 도출).
귀납법	여러 사례를 보고 통계적으로 결론을 도출	통계적으로 참일 가능성이 큼	1. 소크라테스는 죽었다. 공자는 죽었다. 맹자도 죽었다(통계의 관찰). 2. 이들은 모두 사람이다(통계의 공통점). 3. 그러므로 모든 사람은 죽는다(통계로부터의 결론 도출).
귀추법	현상이 먼저 관찰되며, 가설을 세웠을 때, 그 가설이 현상을 가장 잘 설명한다면, 그 가설을 참으로 수용	항상 옳은 것은 아니지만, 과학적으로 현상을 설명하기에 중요함	1. 현재까지 모든 사람은 죽었다. 소크라테스도 죽었다(현상의 관찰). 2. 소크라테스가 사람이라면 소크라테스가 죽은 이유를 타당하게 설명할 수 있다(가설의 성립 및 가설의 현상 설명 가능성). 3. 그러므로 소크라테스는 사람으로 추론할 수 있다(가설의 수용).

2. 풍수지리의 기원 - 음택풍수 기원설과
양택풍수 기원설

풍수지리는 크게 음택풍수와 양택풍수로 나눌 수 있다. 음택풍수란 "생기가 고여있는 좋은 땅에 죽은 조상이 묻혀 생기에 감응(感應)되면 그것이 살아 있는 자손에게 직접 전달"(윤홍기, 2011, 44)된다는 것이다. 반대로 양택풍수는 사람이 살기 좋은 땅을 찾는 택지술(擇地術)로서의 풍수지리를 뜻한다. 풍수지리의 기원설 또한 음택풍수로부터 기원했다는 음택풍수 기원설과 양택풍수로부터 기원했다는 양택풍수 기원설이 있다.

윤홍기(2011, 53)에 따르면 기존의 학설에서는 음택풍수 기원설이 주류였다. 이는 드 그루트(J.J.M. De Groot)에 의해 제창되었으며, 중국의 학자들도 이에 대체로 동조했다. 드 그루트의 주장에 따르면 음택풍수가 중국인의 조상 숭배 사상 때문에 먼저 생겼으며, 영혼이 무덤에만 사는 것이 아니라 집 안에 모신 신주에도 살기 때문에 음택풍수의 원리가 양택풍수에도 적용되었다는 것이다.

그러나 윤홍기(2011, 54-65)는 오히려 풍수지리가 중국 황토 고원에서 굴집을 파고 살기에 좋은 자리를 찾는 양택풍수에서 기원했다고 주장한다. 그는 그 근거로 풍수의 기본 원리를 살펴보면 음택풍수나 양택풍수나 기본 원리는 동일하지만, 이런 풍수 원리가 모두 무덤보다는 살아 있는 사람의 거주지와 밀접한 관련이 있음을 들었다. 더 자세히 살펴보자면 물의 조건, 바람의 조건, 좋은 산의 조건이 있으며, 또 혈의 원래 의미 역시 양택풍수 기원설을 뒷받침한다고 한다. 풍수지리에서는 물의 조건을 매우 중요시한다. 음택풍수든 양택풍수든 혈처 앞에 물이 있어야 그곳이 명당으로 여겨지는데, 이는 사람이 생활하는 데 물이 중요하다는 것을 생각하면, 거주지의 필수 조건으로 물이 있어야 하는 것이 자연스럽다. 하지만 음택풍수 기원설에서는 이런 원리를 설명할 수 없

〈그림 1〉 황토 고원 지형과 토굴집(거가기, 2021, 23)

다. 죽은 자의 묘지 앞에 물이 흐르는 것이 중요한 이유가 없기 때문이다. 그러나 이런 원리가 양택풍수에서 생겨 죽은 자의 생활 역시 산자의 생활과 유사하다는 생각에서 음택풍수의 원리에도 적용됐다면 이해를 할 수 있다.

바람의 조건 역시 마찬가지다. 사람이 살기 좋은 곳이 되려면 바람이 강하게 몰아쳐서는 안 된다. 특히 풍수지리가 유래한 고대 시기에는 현대 기술과 같이 바람을 확실하게 막아줄 방법이 없었기 때문에 이런 조건이 중요했을 것이다. 바람의 조건 역시 물의 조건과 유사하게 지하에 죽은 자를 묻는데 땅 위의 바람의 조건을 따질 타당한 이유가 없으므로 이 또한 양택풍수에서 음택풍수로 전해졌다고 보는 것이 타당하다.

좋은 산의 조건을 살펴보자면, 풍수에서는 바위산을 좋지 않은 산, 흙이 두껍게 쌓인 산을 좋은 산으로 본다. 흙이 두껍게 쌓인 산에서는 바위산보다 먹거리나 생활에 필요한 자재를 더 쉽게 구할 수 있다. 이것 역시 살아 있는 사람에게 좋은 산이지, 죽은 자에게 바위산이 나쁘고, 흙이 두껍게 쌓인 산이 나쁠 이유가 없다.

마지막으로 혈의 원래 의미를 찾아보면, 중국 후한 시대의 저술인 『설문해자(說文解字)』에서 혈은 토실야(土室也), 즉 흙으로 만들어진 집이라고 설명한다. 풍수에서 길지를 혈이라 하는 이유를 설문해자에서 찾으면 이 역시도 토굴에서 살던 사람들이 좋은 집터를 혈이라 불렀음을 알 수 있다. 이것 역시도 양택풍수에서 시작되어 음택풍수로 전이가 되었을 것이다.

이런 풍수의 원리들을 따져봤을 때 풍수지리는 음택풍수가 먼저 생기고 양택풍수가 생긴 것보다는 양택풍수에서 풍수지리의 원리가 생기고 음택풍수로 그 원리가 전해진 것으로 보는 것이 풍수지리의 원리를 설명하기에 더 적합한 것으로 보인다. 그렇다면 뒷장에서는 풍수지리가 양택풍수로부터 기원해 어떻게 농업으로부터 영향을 받았는지 동양 천문학을 통해 알아보고자 한다.

3. 풍수지리와 동양 천문학 간의 철학적 유사성

풍수지리가 동양 천문학과 같이 그 발전에 있어 농업으로부터 영향을 받았다는 것을 증명하기 위해 가장 처음으로 해야 하는 일은 풍수지리와 동양 천문학이 유사한 점이 있다는 것을 보여주어야 한다. 그렇지 않으면 아무리 다른 좋은 근거를 대더라도 그 둘을 연결할 수가 없기 때문이다. 따라서 이번 장에서는 풍수지리와 동양 천문학 간의 유사성, 특히 그 이론의 철학적 유사성에 대해 살펴보고자 한다. 풍수지리와 동양 천문학 간의 철학적 유사성을 가장 잘 보여주는 것은 풍수지리에서 땅을 분류하는 방법과 동양 천문학에서 여러 별들을 하나로 분류하는 별자리와 그 별자리를 또 여러 개의 그룹으로 분류하는 방법의 철학적 배경이다. 이외에도 풍수지리가 땅을 24방위로 나누는 것과 동양 천문학에서 1년을 24절기로 나누는 것 역시 깊은 연관이 있다. 이번 장에서는 이 두 가지 유사성을 집중적으로 살펴보고자 한다.

1) 풍수지리의 땅의 분류와 동양 천문학의 별자리

풍수지리의 핵심은 땅을 분류하고 판단하는 것이고, 천문학의 핵심은 하늘을 분류하고 판단하는 것이다. 천문학 중 특히 동양 천문학은 별의 종류와 움직임에 관심이 많았기 때문에, 동양 천문학의 핵심은 별을 분류하고 판단하는 것이라고도 할 수 있다. 그렇다면 이런 두 학문이 핵심적인 부분에서 유사한 점이 있다면 두 학문 간에 연관이 있다고 볼 수 있을 것이다. 그런데 풍수지리에서 땅을 분류하는 방법과 동양 천문학에서 별의 분류인 별자리를 다시 분류하는 방법에는 큰 유사성을 발견할 수 있다.

풍수지리에서 가장 중요한 땅을 고르라고 하면 그것은 명당, 즉 혈처일 것이다. 동양 천문학에서는 가장 중요한 것이 바로 북극성이다. 그리고 이 둘은 같은 것이다. 김태오·임병학(2021, 92)에 따르면 동양 천문학에서 북극성을 가장 중요하게 여긴 이유는 북극성을 천제(天帝)로 보았기 때문이다. 이런 북극성은 땅에서는 혈처(穴處)에 해당한다. 땅에서는 "황제가 앉은 자리가 사실상 혈처"(99)이며, 이런 명당을 "이상적인 정치 교화의 성소(聖所)"이자 "하늘의 정령(政令)을 반포하는 성소"(김일권, 2007a, 346-347)로 보았던 유가 사상에 비추어 보았을 때 황제가 북극성의 천명(天命)을 실행하는 장소를 곧 혈처로 보았음을 알 수 있다. 따라서 풍수지리에서 말하는 명당 또는 혈처가 곧 동양 천문학에서는 북극성에 해당하는 것이다.

동양 천문학의 체계에서 북극성 주변에는 이를 보좌하는 태자, 황후, 후궁, 대신 등에 해당하는 별들이 있는데, 이 별들을 통틀어 자미원(紫微垣)이라고 하며(김태오·임병학, 2021, 93), 그 외곽에 군신이 조회하는 곳에 해당하는 태미원(太微垣), 백성들의 자리에 해당하는 천시원(天市垣)이 있다. 이 세 원을 통틀어 삼원(三垣)이라 한다. 즉 하늘의 별자리를 땅의 궁궐과 그 주변 지리에 빗대어 상상했던 것을 알 수 있다.[76]

삼원의 밖에는 삼원을 보호하는 28수의 별들이 있다. 28수의 별들은 각 일곱 개씩 풍수지리에서도 나타나는 사신 중 하나에 대응이 되며(김일권, 2007b, 151), 따라서 삼원을 보호하는 28수가 지상의 풍수지리에서는 사신사로 나타나게 된다(김태오·임병학, 2021, 100).

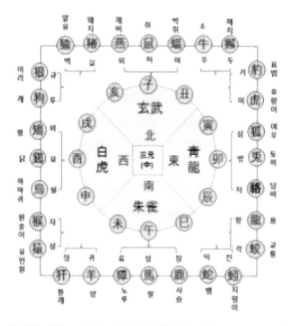

〈그림 2〉 사신·12지신·28수 형상의 배치(이호선·한동수, 2020, 78)

---

76 일본의 정원 문화도 살펴보자면 산, 바위, 물이 정원을 구성하는 세 요소인데, 이것이 각각 뜻하는 것이 임금, 신하, 백성이다. 이것은 앞서 설명한 별자리의 삼원이 각각 임금의 공간, 신하의 공간, 백성의 공간을 뜻하는 것과도 그 궤를 같이한다.

28수를 사신사로 구별하기도 하지만, 9개 지역(중앙, 동, 서, 남, 북, 동북, 서북, 동남, 서남)으로 나누기도 한다. 이를 구야(九野)라고 하며, 땅에도 이를 그대로 적용했다. 중국에서는 땅을 구주(九州)로 나누어 하늘에 대응하도록 지명을 부여하였다. 한국에서도 이와 마찬가지로 서경덕(徐敬德, 花潭, 1489~1546)이 한반도의 각 지역을 28수로 나눴다(김태오·임병학, 2021, 94-96). 이런 연관성을 통해 옛사람들은 땅과 하늘을 전혀 다른 것으로 본 것이 아니라 서로 대응되는 관계로 보았던 것을 알 수 있다.

이런 천문관과 땅의 연관성을 가장 잘 보여주는 건축물은 바로 경복궁이다. 이호선·한동수(2020)에 따르면 경복궁 내의 조형물은 근정전을 중심으로 주변에 집중적으로 설치되었는데, 이는 왕조의 시대상과 통치이념의 상징성을 내포하고 있다(76). 기존의 연구에서는 이런 조형물들이 12지신으로만 해석되었다. 하지만 12지신으로만 해석하면 이런 조형물의 해석에 소, 호랑이, 뱀의 위치가 현재 배치와는 다른 이유를 설명할 수 없다. 반대로 동양 천문학에서 나타나는 28수의 개념을 추가하여 이런 조형물들을 해석하면 그 해석이 한층 자연스러워진다. 따라서 경복궁의 조형물은 동양 천문학에서 그 개념을 따와 조선 왕조의 시대상과 통치이념을 나타내고 있는 것으로 해석하는 것이 옳다.

경복궁 이외에 천문학이 땅에 적용된 사례는 한문화권(漢文化圈)의 많은 도성 계획에서도 찾아볼 수 있다. 형기주(1985, 36)에 따르면 "도성경관(都城景觀)에는 당대(當代) 제왕(帝王)의 권위(權威)나 신민(臣民)들의 우주관(宇宙觀)이 극적(劇的)으로 나타나, 도성계획(都城計劃)은 기능성(機能性) 못지않게 상징성(象徵性)도 강조되었음을 알 수 있다"라고 했다. 그는 이런 상징성을 도성계획에서 나타나는 중심과 축, 사분적 세계관, 그리고 대립과 조화에서 찾았으며, 이런 것들이 풍수관과 관련이 있을 뿐만 아니라, 우주관의 표상이라고 주장했다.

2) 풍수지리의 24방위와 동양 천문학의 24절기

풍수지리에서는 명당을 찾을 때 앞서 말한 사신사를 이용한 형세론 외에도 〈그림 3〉과 같은 패철(나침반)을 사용해 방위에 따라 명당을 판단하는 이기론이 있다(지종학, 2019, 14). 〈그림 3〉의 패철을 보면 9층 중 4층이 24방위로 나누어진 것을 볼 수 있다. 이것이 바로 풍수지리에서 사용한 24방위이다. 24방위는 시대별로 조금씩 차이가 있지만, 양택풍수에서 중요하게 여겨지는 택경에서는 십이지지 방위(자(子), 축(丑), 인(寅), 묘(卯), 진(辰), 사(巳), 오(吾), 미(未), 신(申), 유(酉), 술(戌), 해(亥)), 4우방(건(乾), 곤(坤), 간(艮), 손(巽)), 그리고 8천간 방위(갑(甲), 을(乙), 병(丙), 정(丁), 경(庚), 신(辛), 임(壬), 계(癸))로 이루어져 있으며(김혜정, 2009, 72), 〈그림 3〉에도 해당 24방위가 나타나 있다.

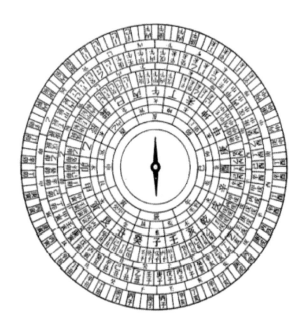

〈그림 3〉 9층 패철(지종학, 2019, 16)

땅의 24방위는 천문과 밀접한 관련이 있는데, 이것은 다양한 시기의 식반 〈그림 4〉에서 찾아볼 수 있다. 식반은 천문의 성수를 이용해 점괘를 치는 데 사용되던 물건으로(유경로, 1995), "하늘을 상징하는 둥근 천반과 땅을 상징하는 네모난 지반으로 구성되어 있고, 천반에는 북두칠성과 28수 및 12개월이, 지반에 지상의 방위와 28수가 대응되어 있는 점은 지상에서의 방위 파악이 기본적으로 천문 성수에 의거한 것이었음을 나타낸다"(김혜정, 2009, 76).

이런 24방위는 동양 천문학에서 1년을 나누는 24절기와도 관련이 있는데, 동양 천문학에서는 1년을 12절월(節月)로 나누고, 각 월을 절기(節氣)와 중기(中氣)로 나눴는데, 각 절월에는 24방위에서도 쓰인 십이지지가 대응된다(김일권, 2007b, 242-244). 이를 나타내면 〈표 2〉와 같다.

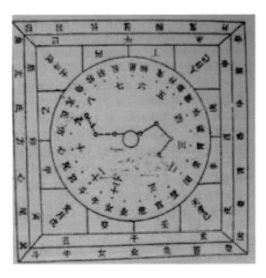

〈그림 4〉 서한(西漢) 초기 식반(김혜정, 2009, 71)

〈표 2〉 십이지지, 절월, 24절기(김일권, 2007b, 244에서 부분 발췌)

12지지	절월	24절기	
인(寅)	정월(正月)	節	입춘
		中	우수
묘(卯)	2월	節	경칩
		中	춘분
진(辰)	3월	節	청명
		中	곡우
사(巳)	4월	節	입하
		中	소만
오(午)	5월	節	망종
		中	하지
미(未)	6월	節	소서
		中	대서
신(申)	7월	節	입추
		中	처서
유(酉)	8월	節	백로
		中	추분
술(戌)	9월	節	한로
		中	상강
해(亥)	10월	節	입동
		中	소설
자(子)	11월	節	대설
		中	동지
축(丑)	12월	節	소한
		中	대한

4. 동양 천문학과 농업의 관계

농사에서는 시기를 파악하는 것이 매우 중요하다. 파종 시기가 됐든, 추수 시기가 됐든, 농사에서 시기를 놓치면 그 한 해의 농사를 모두 망쳐버리기 때문이다. 지금은 1년의 기준을 달력을 보고 알 수 있지만 전근대 농업 사회에서는 이런 중요한 농시(農時)를 어떻게 파악했을까? 전근대에는 바로 사물의 징후인 물후(物候)를 통해 농시를 파악했으며, 이런 물후에는 천상(天象)의 변화가 포함됐다(최덕경, 2006, 309-311). 처음에는 농시의 파악을 위해 하늘을 관측하던 것이 나중에는 농사의 길흉을 점치는 점후(占候)로 발전하였고(314), 여기서 더 나아가 태양과 달의 움직임을 파악해서 한 해(한 번의 공전 주기)에 달이 약 12번 변화하는 것을 토대로 역법을 만들었다(김일권, 2007b, 199). 사실 현대에 쓰이는 달력 또한 하늘의 움직임을 토대로 지구의 공전 주기를 파악해 만들어진 것이기 때문에 모든 역법의 기원은 천문학일 뿐만 아니라, 이런 역법을 만들기 위해 천문학이 발전한 것이기도 하다. 그러므로 천문학은 농사를 성공적으로 짓기 위한 수단에서 출발했다고 볼 수 있다.

동양에서는 이렇게 만들어진 역법이 철학과 접합되어 십이지지가 만들어졌으며(210), 결국 앞서 말했듯이 십이지지에서 24절기가 만들어지게 되었다. 24절기는 농사로부터 발전했을 뿐만 아니라, 그 자체로도 농사에 활용이 되었다. 각 24절기에는 천문학에서 유래한 것을 보여주듯이 하늘의 움직임에 관한 것만 있는 것이 아니라, 그 외에도 농사와 생활, 자연현상에 대한 설명, 해야 할 일 등이 정해져 있었으며(안종은·강성수, 2000, 86), 일종의 농사에 대한 매뉴얼로 활용되었다. 농사와 밀접한 연관이 있는 절기를 몇 가지 예로 들어 설명해 보자.

입춘은… 태양의 황경이 315°이며, 봄이 시작되는 날이다. 가정에서는 콩을 문이나 마루에 뿌려 악귀를 쫓고, 대문 기둥, 대들보, 천장 등에 좋은 글귀를 써 붙인다. 마을에서는 공동으로 입춘 굿을 크게 하고 농사의 기초인 보리 뿌리를 뽑아 풍흉을 점쳤다…. 입춘은 정월의 절에 있고, 일은 허1도에 얽혀 있다. 6일 뒤에는 낮이 45각, 밤이 55각이 된다. 12일 후에는 일이 유초 2각에 들어가고 13일 후에는 일이 묘정 2각에 나오며 낮이 46각, 밤이 54각이 된다…. 이즈음 저녁 먹을 시간이면 북두칠성은 북쪽 지평선에 자루가 꽂힌 것처럼 보인다. 자정 무렵부터는 북두칠성을 잘 볼 수 있으며, 삼태성이 머리 꼭대기로 떠오른다…. 초후(初候)에는 동쪽에서 불어오는 바람이 언 땅을 녹[인다.]… 섣달에 물에 담가 두었던 가을보리를 바깥에 놓아 얼게 한다(봄에 파종할 것). 농기구(쟁기·삽·후치·써레·번지 등)를 갖춘다(안종은·강정수, 2000, 88-89).

입춘(立春)이란 봄에 들어서는 절기를 말한다. 황경, 북두칠성, 삼태성 등 별자리를 살피는 것은 천문을 살펴 농사에 차질 없게 준비함을 의미한다. 일수에 따라 황경 각을 세분하고 농경에 때를 맞추어 해야 할 일을 챙겨야 하였다. 별자리의 변화상을 상세히 관찰하고 이에 맞추어 농사를 준비했다.

농사의 풍흉을 점치기 위해 겨울철을 땅속에서 견디어 낸 보리 뿌리 상태를 관찰해 예측했다. 지난 겨울철을 넘긴 보리 뿌리를 관찰해 금년의 농사를 내다보는 지혜이다. 봄에 들어선다는 입춘 절기에 농부들은 마음을 다져 농사일정 계획을 세우고 일 년 농사를 가늠한다. '입춘대길(立春大吉), 건양다경(建陽多慶)' 같은 좋은 글귀를 대문 앞에 써 붙여 복이 들어오도록 하고 금년 농사의 대풍을 기원한다. 하나하나의 내용이 천문과 직결된 농사 정보이며 농부들의 마음준비를 가다듬게 하는, 톱니바퀴처럼 촘촘히 맞추어 돌아가야 하는 상황적 내용을 서술하고 있다.

곡우의 사전적 의미를 살펴보면 양력 4월 30일경, 음력 3월, 태양의 황경이 30°이며, 봄비가 내려 여러 가지 작물의 싹이 트고 농사가 시작된다. 나무에 물이 가장 많이 오르는 시기이므로 사람들은 곡우 물을 먹으러 깊은 산이나 명산을 찾기도 한다. 수액을 받기 위해 나무에 흠을 파고 통을 매달아 놓은 것을 볼 수 있다.… 곡우(穀雨)는 삼월의 중에 있고 일은 루6도에 얽혀 있으며 묘초 2각에 나온다. 7일 후 낮은 55각 밤은 45각이 된다.… 이즈음에는 동방 청룡의 가슴에 해당하는 저수가 저녁 10시경에 동쪽에서 떠올라 밤새 하늘을 장식한다.… 곡우 초후에는 개구리밥이 비로소 생긴다. 이후에는 우는 비둘기가 그 깃을 떨친다(날면서 그 양 깃을 서로 친다. 농사에 급한 때다.)… 삼후에는 오디새가 뽕나무에 내려 앉는다.(길쌈하는 새니 일명 대임(戴鵀)이라 한다. 뽕나무에 내려와 잠부(蠶婦)에게 길쌈하는 때임을 알린다.… 곡우 절초(節初)에 곧 목화씨를 뿌리고 참깨를 간종(間種)하며 하습지(下濕地)에 율무를 파종한다. 잠박(蠶箔)을 만든다(92).

곡우(穀雨)란 곡식 농사를 위한 파종 시기에 알맞은 비가 내려야 할 절기를 말한다. 태양의 황경 각도를 살피고, 달의 움직임을 살펴 양력과 음력의 절후 시점을 정확히 파악하고 있다. 곡우란 곧 봄비가 내리는 시기이며, 수액이 오르는 소리가 나무에 귀를 대면 들을 수 있을 만큼 생기(생명력)가 차오르며 만물이 성장의 기지개를 켜는 시점이다. 별자리 저수를 유심히 살펴 해야 할 농사일을 준비한다. 논에 개구리밥(풀)이 생기고, 비둘기가 양 날개를 털고 일어나 본격적 활동을 시작하는 시기이다. 이 시점의 천문에 따른 자연현상이 생명력을 갖추기 시작하는 모습을 생생히 서술하고 있다. 오디새가 뽕나무 가지에 앉아 보고 가지에 움이 틀 기미가 보이며 농부들은 양잠을 위한 잠박을 만드는 시기임을 알 수 있다. 이런 내용은 길쌈의 중요성을 일깨우고 준비시키는 정보인 것이다. 곡우 절초에 목화씨와 참깨 씨를 혼작 파종하며, 고랑 습지에 율무 씨를 파종해야 할 시기임을 알린다. 태양과 달과 별의 움직임과 봄비의 내리는 시기를 살펴 때에 맞추어 종자들을 파종하고 일거리를 준비해야 하는 시점임을 알려준다. 매우 세세하고 정확한 농사 매뉴얼이다. 흔히 20일 동안 비가 오지 않으면 가뭄으로 본다. 더욱이 촉촉이 젖은 땅에 곡식 종자를 파종하는 시기에는 하늘에서 내리는 비를 신의 은총과 축복으로 여길 만큼 감사하게 여겼으며 우리 조상들은 이때 내리는 '비님'으로 떠받들고 '쌀비', '금비'로 불렀다. 일손이 바빠지기 시작해, "봄비에 며느리 손이 커진다"라는 속담까지 생겼다. 그만큼 봄철 적시에 내리는 비는 한 해 농사의 풍흉을 가름하는 매우 중요한 비였다.

처서의 사전적 의미를 살펴보면 양력 8월 23일경, 음력 7월 중순, 태양의 황경이 150°이며, 더위가 끝난다는 뜻으로 선선해지기 시작하고 논벼가 익는다. 이때 조상의 묘를 찾아가서 벌초하며, 여름 동안에 습기 찼던 옷가지와 이불 등을 햇볕에 말린다. 이 시기가 지나면 아침과 저녁으로 서늘해 일교차가 심해진다.… 처서는 7월의 중에 있고 장(張) 5도(度)에 얽혀 있으며 묘초(卯初) 2각(刻)에 나온다. 2일 후에는 서정(西) 2각에 들어가 낮은 54각 밤은 46각이 된다. 11일 후에는 낮이 53각 밤이 47각이 된다.… 이즈음에는 저녁에 동쪽 하늘에서 가을철 별자리를 대표하는 실수와 벽수가 떠오른다.… 처서 초후에는 매가 새를 제사 지낸다.… 이후에는 천지가 맑아지기 시작한다.… 삼후에는 벼가 익는다.… 올벼를 거두어들이고 잡초와 버들가지를 베어 잘게 썰어 외양간에 넣는다. 목화밭을 일곱 번째 맨다. 참깨를 베어 처마에 매달아 말려 씨를 거둔다(96).

처서(處暑)란 더위가 물러감을 뜻한다. 모기 입이 비뚤어져 힘을 잃어가는 시기이기도 하다. 양력 8월 23일경이고 음력으로는 7월 중순이다. 처서가 오기 전 이미 열흘쯤 전에는 바캉스 시절이 끝나 해수욕장에서는 바닷물 입수를 금하고 해수욕장을 폐쇄한다. 사실상 혹서는 7월 하순 장마가 끝난 이후부터 8월 10일에서 15일 사이에 끝나게 된다. 길게 잡아도 하순 처서까지이므로 대략 한 달간이 절정이다. 실제 피부로 느끼는 더위는 양력 8월 보름이면 조석으로 서늘해지기 시작해 가을이 다가옴을 감지할 수 있다.

처서가 시작되면 아침저녁으로 서늘해져 가을 분위기가 물씬 풍기지만 한낮 햇볕은 여전히 따갑고 맑아 들판의 곡식들이 한창 익어간다. 대기 중의 습기가 빠지고 청명한 하늘은 높아만 간다. 여름 더위에 시달렸던 사람들은 계절이 바꿰었음을 실감하고 아침저녁 산책길에 발걸음이 가벼워진다. 습이 빠져버린 화창한 한낮 햇살을 이용해 옷가지와 이불을 널어 말릴 때다. 조상 묘소에 벌초를 하는 시기이기도 하다. 저녁에 동쪽 하늘에 가을철 별자리 실수와 벽수가 나타남을 관찰할 수 있다. 처서 초후에 매가 새를 채가며 천지가 맑아지기 시작함을 느낄 수 있다. 일교차가 심해져 노약자들은 감기에도 조심해야 할 때다.

삼후에는 벼가 익어 올벼를 추수할 수 있다. 잡초와 버들가지를 잘게 썰어 외양간 여물통에 소먹이로 넣어준다. 풀섶에 습기가 제거된 부드러운 기운의 끝자락 소먹이 풀들이다. 목화밭을 일곱 번째 매어주고 참깨를 베어 말려 씨를 받을 때다. 처서 절기에 즈음한 꼼꼼한 농사 정보가 매우 세세하다. 앞의 곡우 절기 내용에도 나왔지만, 양잠, 목화, 참깨, 율무 등이 거론되는 것은 이들이 우리 일상에 중요한 농작물과 일거리들임을 알려준다. 과거 농사일에 매달렸던 우리 조상들에게 이처럼 정확하고 꼼꼼한 정보가 또 있을까 싶다.

입동의 사전적 의미를 살펴보면 양력 11월 7일경, 음력 10월, 태양의 황경이 225°이며, 겨울이 시작되는 날이다. 각 마을에서는 햇곡식으로 시루떡을 만들어 집안 곳곳에 놓으며, 이웃은 물론 농사에 힘쓴 소에게도 나누어주면서 1년을 마무리하는 제사를 올린다. 또한 각 가정에서는 이날을 기준으로 김장준비를 한다.…입동은 10월 절에 있고 일은 저2도에 얽혀 있다. 5일 후에는 일이 묘정 2각에 나오고 낮은 44각 밤은 56각이 된다. 6일 후에는 일이 유초 1각에 들어간다. 13일 후에는 낮이 43각 밤이 57각이 된다.…입동 무렵에는 밝은 겨울철 별자리가 저녁에 동쪽 하늘에서 찬란하게 떠오른다. 좀생이별이 앞장을 서고 장구처럼 생긴 삼수가 등장한다.… 입동 초후에는 물이 얼음이 되기 시작한다. 이후에는 땅이 얼기 시작한다 삼후에는 꿩이 큰물에 들어가 신이 된다. (신은 무명 조개의 종류이다)… 추수가 이미 끝났으니 우선 움을 만들고 울타리를 보수하여 창호(窓戶)와 벽을 살펴본다. 갈대와 물억새를 베어 명춘에 쓸 잠박을 만든다. 메주를 만든다(99-100).

입동(立冬)이란 겨울철에 접어든다는 뜻이다. 양력 11월 7일, 음력 10월경이다. 햇곡식으로 시루떡을 만들어 집안 곳곳에 놓아두어 구석구석 가신(家神)들께 감사드리고 이웃 간에 나눠 먹으며, 봄철 농사일 시작할 때부터 가을걷이할 때까지 농사일에 고생한 소에게도 나눠주어 피곤함을 달래준다. 일 년 농사마무리에 감사하는 마음으로 조상님께 제사를 올리기도 한다. 이때부터 김장준비가 시작되고 첫눈이 내리기 전에 나무들을 식목하면 명년 봄에 살아난다. 울타리를 보수하고 창호와 벽을 살피는 등 추운 겨울을 나기 위한 월동준비에 만전을 기한다. 밝은 겨울철 별자리가 저녁 동쪽 하늘을 밝게 장식하여 겨울이 시작되었음을 알리는데 장구 모양의 삼수별이 대표적이다. 땅을 둥글게 원형으로 넓게 파고 볏짚으로 움을 만들어 세우고 뿌리채소를 갈무리한다. 갈대와 억새 풀을 베내어 잠박을 만들어 내년 봄을 대비한다.

이처럼 겨울에 들어서는 입동 절기에 농부들은 겨울준비와 명년 봄 농사 준비에 신경을 쓰므로 농사철을 마감하는 시점에도 손 놓고 한가롭게 쉴 틈이 없다. 한 해 농사마무리에 다방면으로 정리단계에 들어가는 절기임을 알 수 있다.

위에서 알아본 절기들의 내용을 정리하면 〈표 3〉과 같으며, 여기서 살펴본 네 절기 이외의 20개의 절기에도 비슷한 내용을 찾아볼 수 있다. 여기서 나타나는 내용을 살펴보면 역법이 하늘의 움직임을 기준으로 판단하는 점에서 천문학에서 기원했음을 알 수 있다. 또 자연현상이 포함된 것에서 물후를 통해 농시를 파악한 점을 알 수 있다. 그리고 각각 시기의 세시풍속을 설명하는데, 이런 세시풍속은 대체로 농경문화를 반영하고 있으며, 농경의례라고도 한다 (임동권, 1995). 24절기는 더 직접 농사와 관련되어 해야 할 일도 정해져 있어 이런 천문학에서 발전한 역법이 농사와 밀접한 관련이 있음을 나타낸다.

절기	하늘의 움직임	자연현상	생활	농사에서 해야할 일
입춘	- 태양은 황경이 315° - 일은 허1도에 얽혀 있으며 유초 2각에 들어가고 묘정 2각에 나옴 - 낮은 45각에서 46각, 밤은 55각에서 54각 - 북두칠성, 삼태성의 관찰	- 봄이 시작됨 - 바람이 언 땅을 녹임	- 콩을 뿌림 - 좋은 글귀를 써 붙임 - 굿을 하고 풍흉을 점침	- 가을보리를 얼림 - 농기구를 갖춤
곡우	- 태양의 황경은 30° - 일은 루6도에 얽혀있으며 묘초 2각에 나옴 - 낮은 55각, 밤은 45각 - 저수의 관찰	- 봄비가 내림 - 작물의 싹이 틈 - 개구리밥의 생성 - 비둘기와 오디새	- 곡우 물을 먹으러 감 - 수액을 받음	- 농사의 시작 - 길쌈의 시작 - 목화씨 뿌림 - 참깨 간종 - 율무 파종
처서	- 태양의 황경 150° - 일은 장5도에 얽혀 있으며 묘초 2각에 나오며 서정 2각에 들어감 - 낮은 54각에서 53각, 밤은 46각에서 47각 - 실수와 벽수의 관찰	- 더위가 끝나고 선선해짐 - 일교차 심해짐 - 매가 새를 제사 지냄 - 천지가 맑아짐	- 벌초 - 옷가지, 이불 말림	- 논벼가 익음 - 벼를 거둠 - 잡초와 버들가지를 베어 잘게 썰어 외양간에 넣음 - 목화밭을 일곱번째맴 - 참깨를 베어 처마에 매달아 말려 씨를 거둠
입동	- 태양의 황경이 225° - 일은 저2도에 얽혀 있고 묘정 2가에 나오고 유초 1각에 들어감 - 낮은 44각에서 43각, 밤은 56각에서 56각 - 겨울절 별자리 관찰 - 좀생이별, 삼수 등장	- 겨울의 시작 - 물과 땅이 얼음 - 꿩이 큰물에 들어가 신이 됨	- 시루떡을 만들어 이웃과 소와나눔 - 1년 마무리 제사 - 김장준비	- 움을 만들고 울타리를 보수 - 창호와 벽 보수 - 갈대와 물억새를 베어 다음 봄에 쓸 잠박을 만듦

이런 24절기는 그 내용에서 자연현상에 대한 관찰과 농사와의 연관성을 찾아볼 수 있을 뿐만 아니라 "명칭들도 대부분 자연현상에 대한 관찰로부터 명명

된 것이다"(고영화, 2008, 30). 위에서 초후, 이후, 삼후로 나눈 것에서도 알 수 있듯이 15일인 각 절기를 또다시 5일씩 나눠 그 특징을 설명하였다. 이를 통해 고대인들이 얼마나 시간 변화에 민감하게 반응하였는지를 알 수 있다. 이런 시간 변화에 대한 민감함을 또 알아볼 수 있는 것은 농가월령가이다. 농가월령가는 조선 헌종 때 정학유(丁學游)가 지은 가사이다(강전섭, 1995). 농가월령가의 첫 절(序歌)에는 당시 쓰인 역법에 관한 내용이 나오는데, 여기서도 일행(日行)과 월륜(月輪)을 통해 역법이 만들어졌다는 부분이 있는 점에서 천문학에서 역법이 만들어졌음을 알 수 있다. 이후 각 월에 대한 절 또는 월령(月令)에서는 위에서 살펴본 24절기와 유사하게 각 월에 농사와 관련되어 할 일에 관한 내용이 나오며, 그 내용은 24절기와 매우 유사하다. 이를 통해 천문학에서 역법, 그리고 농업까지의 연결고리를 엿볼 수 있다.

　동양 천문학은 위에서 볼 수 있는 것과 같이 농업에서 기원했을 뿐만 아니라, 이후 시대에도 밀접한 관계를 유지했다. 동양 천문학과 역법이 생겨난 지 오랜 시간이 지난 후인 고려 초기에는 천시의 해석과 관련된 시령(時令)이 마련되었으며, 이후의 시기에도 지속해서 나타났다(국사편찬위원회, 2009, 88). 또한 이태진(1986)에 따르면 조선 세종대에는 천문에 관한 연구가 활발히 이루어졌는데, 기존의 연구에서는 이런 천문에 관한 연구를 유교적 사상에서 비롯됐다고 주장했었다. 그러나 이태진은 이런 천문에 관련된 연구가 유교적 사상에서 비롯된 것이 아니라, 농업과 밀접한 연관이 있었음을 밝혀내어 천문학과 농업의 밀접한 관계가 그 기원 이후로도 계속 이어졌음을 알 수 있다.

5. 농업으로부터 발전한 풍수지리

앞선 장에서는 풍수지리와 동양 천문학 간의 유사성과 동양 천문학이 어떻게 농사를 성공적으로 짓기 위해 만들어졌는지를 살펴보았다. 이번 장에서는 본격적으로 풍수지리와 농업을 연결해보려고 한다. 먼저 풍수지리와 농업 간에 깊은 연관이 있음을 밝힐 것이다. 그 후에는 풍수지리, 동양 천문학, 그리고 농업 세 가지를 모두 묶을 수 있는 키워드가 무엇인지 살펴보고, 마지막으로 앞서 살펴본 내용을 종합해 풍수지리의 발전에 농업이 깊은 영향을 주었음을 밝히고자 한다.

1) 풍수지리의 길지와 농업에 유리한 입지

풍수지리와 농업 간의 연관성은 풍수지리의 길지와 농업에 유리한 입지의 조건이 유사하다는 점에서 찾아볼 수 있다. 풍수지리는 그 이름에서도 알 수 있듯이 바람(風)과 물(水)을 중요시하는데, 풍수지리에서 말하는 길한 바람과 물의 조건은 농업에서 유리한 입지 조건과 같다. 윤홍기(2011, 56)에 따르면, 드그루트라는 학자는 풍수지리에서 길지를 선정할 때 가장 중요한 것은 바람의 조건을 이해하는 것이라고 했으나, 윤홍기는 그것이 풍수의 원리를 따져 보지 않고 풍수나 장풍득수의 글자만 보고 말했을 것으로 추측하면서 곽박의 『장서』에서는 득수가 먼저고 장풍은 그다음이라고 했다. 따라서 풍수의 이름 그대로 바람부터 살펴보고 물을 살펴보기보다는 물에 대한 조건을 먼저 살펴보고, 바람의 조건을 살펴보려고 한다.

윤홍기는 위의 내용에서 물이 중요한 이유는 사람이 생활하는 데 물은 필수적이기 때문이라 설명했다. 여기서 물이 필수적이라는 뜻은 생물학적 생존에 필수적이라고 해석할 수도 있겠으나, 풍수지리의 기원이 사람들이 정착을 시작하고 농경이 막 시작된 시기에 있는 것을 생각해보면, 좋은 주거지의 기준에서 물을 중요시하는 이유가 농사와도 관련이 있을 것으로 추측할 수 있다. 이와 관련되어 최창조(1992, 28)는 풍수에서 물을 중요하게 생각하는 이유로 음양론적 해석을 들었다. 이에 따르면 산과 물이 같이 있을 때 산은 정(靜)적이고 물은 동(動)적이어서 각각 음과 양이 되며, 음양론에 따르면 음이나 양이 하나만 있어서는 홀로 생성(生成)을 이루지 못하기 때문에 혈에는 음양이, 즉 산과 물이 모두 갖춰져야 한다는 것이다. 이렇게 풍수에서 중요하게 생각하는 물을 얻는 법을 득수법(得水法)이라 하는데, 최창조는 득수법이 중요한 이유를 풍수지리를 활용한 사람들이 유목민족이 아닌 정착 농경민이었기 때문이라 설명하였다(30). 즉, 풍수가 기원한 시기의 사람들은 거처를 옮기는 유목민이 아니라 정착해 농사로 삶을 유지하는 사람들이었기 때문에 관개용수를 얻기 위해 혈처에서의 득수를 중요시했으며, 이에 대한 철학적 사유로 음양론이 이후에 보충이 된 것으로 볼 수 있다.

손용택·남상준(2022, 199)은 풍수지리를 입지론 시각에서 분석하였는데, 해당 논문에서 득수와 장풍 모두에 관해 논하였다. 풍수지리에서 물을 중요시하는 이유에 대해서는 과거에는 농경사회가 주였기 때문에 농업용수, 즉 관개용수로 물이 쓰이기 때문에 중요하다고 했으며, 곡류하천을 길(吉)하게 여기는 이유에 관해서는 농경 마을에서 물이 냉기를 품고 있으면 농사에 적합하지 않기 때문이며, 농사에 이로운 토사 운반 물질의 충적을 위해서도 곡류하천이 유리하기 때문이라고 했다. 그뿐만 아니라 동구 숲과 같은 수구막이 조림 숲이나 큰 돌을 두어 물살을 죽이거나 잘 안 보이도록 한 것은 물의 속도를 완만하게 함으로써 영양물질의 함유량이 풍부한 토사 운반 물질이 명당 내의 들판을 벗어나지 않고 쌓여서 비옥한 농토에 보탬이 되기 위함이다. 여기서 더 나아가 풍수지리의 명당에서 장풍을 중요시하는 이유에서도 농사와 연결을 지었다. 명당(들판)의 수구(水口)가 좁고 산이 둘러싸고 있어야 하는 이유에 대해 수구가 넓고 산줄기가 감싸지 않는 곳이라면 곡풍이 마을 안으로 들어와 쉽게 건조한 조건을 만들기 때문이라고 설명하였다.

풍수지리에서의 명당에 대한 핵심 조건 두 가지는 바로 득수와 장풍이다. 여기서 물을 얻는 것은 사람의 생존에 필수적인데, 이것은 농사와 큰 연관이 없고 그저 물을 마셔야 사람이 생존할 수 있으므로 중요하게 생각한 것이라 주장할 수도 있다. 그러나 풍수지리에서는 모든 물이 길한 것이 아니라, 천천히 곡류하며 냉기를 품고 있지 않은 물이 길하다고 여겨지며, 이런 물은 관개용수로 쓰이기에 적합한 물이다. 또한 이런 물의 수구는 좁아야 하는데, 이것은 물의 흐름 속도를 대폭 줄여줄 뿐만 아니라, 바람을 막아주는 역할을 하는 데 도움이 된다. 이런 조건들이 살기에만 적합한 것이 아니라 농사에 유리하기 때문에 이러한 곳을 길지로 보았던 것을 알 수 있다. 이로써 풍수지리와 농업 간에 연관이 큰 것 또한 유추할 수 있다.

2) 풍수지리, 천문학, 농업의 연결고리: 길흉

본 연구의 핵심 키워드를 세 가지 뽑자면 풍수지리, 천문학, 그리고 농업이 될 것이다. 앞서 이 세 가지 중 두 가지를 뽑아 총 세 개($_3C_2$=3)로 풍수지리와 천문학, 천문학과 농업, 그리고 마지막으로 풍수지리와 농업 간의 관계를 각각 살펴보았다. 마지막으로 이 세 가지를 모두 연결할 수 있는 핵심 용어는 '길흉'이고, 이에 관한 판단이 중요하다.

상술했듯이 천문학은 농사의 길흉을 판단하기 위한 점후에서 발전되었는데, 풍수지리 또한 길한 땅을 고르는 "택지술(擇地術)이자 길지발복(吉地發福)의

신앙체계"(윤홍기, 2011, 41)이다. 풍수지리에서 말하는 발복은 일견 농사와 직접적인 연결이 없는 것처럼 보일 수 있지만, 그 내면을 들여다보면 농사와 관계가 있는 것을 알 수 있다. 그중 길지의 조건에 물과 산이 중요한 이유와 농업의 연결고리에 대해서는 상술했으니, 이것을 제외하고 풍수지리에서 길지에 대한 관점에 관해서만 살펴보도록 하겠다.

길지에 관한 관점 중 가장 눈여겨보아야 할 것은 풍수에서는 "자연환경의 조화가 인간에 의해 쉽게 깨질 수 있다"(118)라고 보는 것이다. 이것은 풍수에서 전체적으로 나타나는 사상인데, 특히 풍수 설화에서 잘 살펴볼 수 있다. 손용택(2018, 118)은 이런 풍수 설화 중 하나로 "고양이산 꼬리 잘라 망한 홍 씨네"를 소개한 바 있다. 해당 설화에서는 등장인물이 함부로 산을 훼손했다가 망하는데, 여기서 농사와 관련된 내용은 고양이 산이 쥐로부터 곡식을 지켜주는 역할을 했지만, 훼손되며 그 역할을 하지 못했다는 점에서 찾아볼 수 있다. 이도원 외(2012, 170)는 풍수에서 자연을 훼손하는 것을 꺼렸던 이유를 생기를 잃을 수 있다는 걱정에서 찾았다. 그리고 그 생기를 잃는다는 것을 하나의 풍수 형국이 유기체적 시스템을 이루고 있는데, 그런 시스템이 깨지는 것으로 해석하였다(176). 또 "풍수는 옛날 사람들이 즐겨 쓰던 하나의 소통수단"(183)이 아니었나 하는 추측을 하는데, 이는 현재에는 과학적인 이유로 자연을 설명하지만, 옛날에는 과학이 발달하지 않아 미신으로 자연을 설명했기 때문이라고 한다.

위의 내용을 종합해보자면, 풍수지리는 옛사람들이 자연을 설명하는 한 방식이다. 그런데 이 자연에 대한 설명에서는 길지가 쉽게 흉지로 변한다는 관점을 가지고 있으며, 그 이유는 생기라는 것이 쉽게 흩어질 수 있기 때문이다. 생기가 흩어진다는 것을 현대적으로 해석하면 풍수 형국은 하나의 유기체적 시스템을 이루고 있는데, 이런 시스템이 깨지는 것으로 볼 수 있다. 여기에 풍수지리가 기원한 시대의 시스템, 즉 사람들의 거주지에서의 가장 중요한 생산물은 농산물이었다는 점을 고려하면, 결론적으로 옛사람들이 풍수지리를 통해 찾고, 또 지키고자 한 길지는 농사와 밀접한 관련이 있다는 것이다.

이렇듯 풍수지리와 천문학은 모두 길흉을 점치는 데에서 시작됐는데, 이 길흉은 농업과 밀접한 관련이 있다. 하지만 조금 더 생각해보면 이것은 너무나도 당연하다. 길흉이라는 것이 개인의 입신양명과 관련이 있을 수도 있겠지만, 그것은 사회가 비교적 발달한 후의 문제이고, 그 이전에는 생존에 유리한 것이 길하고, 불리한 것이 흉한 것으로 여겨졌을 것이다. 풍수지리와 동양 천문학이 기원한 시기인 고대에는 생존과 관련된 문제가 현대보다 더욱 중요했을 것이며, 인류가 생존하는 데 가장 중요한 것은 농업이었다. 그러므로 길흉을 점치는 행위가 농업의 성패에 관한 것이었을 것이고, 결론적으로 이런 길흉을 점치는 행위가 풍수지리, 천문학, 그리고 농업을 묶어줄 수 있는 키워드가 될 수 있는 것이다.

3) 농업으로부터 발전한 풍수지리

인류가 좋은 주거지를 찾으려고 노력한 것은 정착 생활이 시작될 시기부터라고 자연스럽게 추측할 수 있다. 정착 생활을 시작한 것은 신석기 시대부터인데, 신석기 시대의 문화 요소가 나타나고 정착 생활을 했음에도 불구하고 농경을 시작하지 않은 사회도 있었지만, 일반적으로는 정착 생활과 농경은 매우 밀접한 관련이 있으며, 신석기 시대 후반에 들어서는 전반적으로 농경이 행해졌다(국사편찬위원회, 2013, 185). 그렇다면 좋은 주거지의 기준에는 분명 농경이 있었으리라 추측할 수 있고, 앞서 보였듯이 만약 풍수지리가 양택풍수에서 기원했다면, 다른 조건을 살펴보지 않더라도 그 발전에 농경이 큰 영향을 주었을 것으로 추측하는 것이 무리는 아니다.

이에 대해 김종의(2010, 24)는 풍수적 사고가 거주지를 마련하는 것에서부터 시작되었지만, 농경이 시작된 후로는 작물의 재배를 위해 땅에 대해 이해하기 위한 체계에서 풍수적 사고가 시작되었으며, 이런 경험 과학적인 풍수에 이론이 덧붙여지며 학문으로 발전하게 되었다고 주장했다. 그뿐만 아니라 주역과 사기 등의 역사서에서 농사를 위해 땅과 하늘을 살폈다는 기록에서도 천문학과 풍수지리는 그 뿌리를 같이하며, 농사와 밀접한 관련이 있음을 주장했다(26-27). 이어 천문과 지리의 해석 모두 길흉을 점치는 데 활용되며, 두 이론의 자세한 내용에서도 유사한 부분은 "천문(天文)과 지리(地理)의 내용이 풍수(風水)의 이론으로 구체화된 것"(29)이라고 주장했다.

위와 같은 연구에도 불구하고 풍수지리의 기원을 직접 드러내는 고고학적 증거는 찾을 수 없으므로 풍수지리의 기원을 연구하기 위해서는 간접적인 방법을 사용할 수밖에 없다. 본 연구는 풍수지리와 밀접한 관계가 있으며, 풍수지리보다 비교적 그 기원에 관해 연구가 진행된 동양 천문학을 이용해 풍수지리의 기원을 탐구해보고자 했다.

풍수지리와 동양 천문학의 이론은 유사성이 크며, 음양오행 등의 이론은 한 뿌리에서 발전했다는 연구가 있다. 또한 동양 천문학은 그 기원이 불분명한 풍수지리와는 다르게 농업에서 발전된 것이라는 연구가 있다. 그뿐만 아니라 풍수지리의 길지의 조건이 농업에 유리한 조건과 유사할 뿐만 아니라, 천문학이 농업의 길흉을 점치는 방법에서 탄생했듯이 풍수지리 또한 농업의 길흉과 연관이 있으며, 천문과 지리의 이해를 위한 노력이 풍수의 세부적인 이론을 형성했다는 연구 또한 존재한다. 따라서 결론적으로 풍수지리란 농업에 유리한 장소를 고르는 경험 과학적인 택지술이라 추측할 수 있다.

6. 결론

본 연구의 목적은 동양 천문학과 풍수지리의 철학 이론적 유사성과 두 학문의 농업과의 밀접한 관계에 착안하여 풍수지리의 기원을 추측해보고자 한 것이다. 이러한 추측을 위해 다음과 같은 가설을 세우고 밝혔다. (1) 풍수지리와 동양 천문학 간에는 밀접한 관계가 있다. (2) 동양 천문학은 농업에서 발전하였다. (3) 풍수지리와 농업 간에도 밀접한 관계가 있다.

이런 전개를 위해 먼저 두 번째 장에서, 왜 양택풍수 기원설이 음택풍수 기원설보다 타당한지를 살펴보았다. 여기서 기존의 학설에서는 음택풍수 기원설이 주류였지만, 음택풍수 기원설은 풍수지리의 원리를 설명하는 데 충분한 설득력을 갖지 못하며, 오히려 양택풍수 기원설을 따를 때 풍수지리에서 산, 물, 바람을 중요시하는 이유를 설명하는 데 더 적합한 것을 알 수 있었다. 그뿐만 아니라 왜 풍수지리에서 명당을 혈이라고 하는지도 풍수지리가 중국 황토 고원 지대에서 좋은 주거지를 선택하는 방법에서 기원했다면 더욱 잘 설명되는 점을 알아보았다.

다음 장에서는 풍수지리와 동양 천문학 간의 유사성을 알아보았다. 먼저 명당과 북극성, 삼원과 땅에 대응되는 지리, 28수와 사신사의 관계, 그리고 땅과 하늘을 구주 또는 구야로 구별하는 등 별자리의 분류와 땅의 분류 간의 유사성과 연관성에 대해 알아보았으며, 또 땅에서 이런 연관성을 어떻게 표현했는지 사례를 들어 살펴보았다. 풍수지리와 동양 천문학은 24방위와 24절기에서도 그 유사성을 찾아볼 수 있는데, 28수와 지상에서의 방위, 그리고 이 두 내용에서 공통으로 나타난 12수를 이용한 24절기에서 풍수지리와 동양 천문학이 서로 영향을 주었음을 살펴보았다.

네 번째 장에서는 동양 천문학이 농업의 성공확률을 높이려는 방법에서 나타났음을 알아보았다. 농시를 파악하기 위해 천상의 변화를 파악했으며 이것이 역법으로 이어졌다. 그러므로 동양 천문학으로부터 기원한 역법 체계는 농사와 밀접한 관련이 있으며, 이는 24절기마다 발견되는 천문학적 현상이 있을 뿐만 아니라 농사를 짓는 데 해야 할 일이 각각 있는 것에서도 찾아볼 수 있다. 이외에도 농가월령가는 그 첫 절에서 역법의 기원을 설명하고 있으며, 월마다 농사에서 해야 할 일을 알려주는데, 이것 또한 천문학이 농사에서 발전했음을 시사하고 있다. 이후에도 천문학과 농업의 밀접한 관계는 이어져 시령, 세종 때의 천문학 연구에서도 나타난다.

다섯 번째 장에서는 풍수지리와 농업 간의 관계에 대해 살펴보았다. 풍수지리의 길지와 농업에 유리한 입지는 유사한 점이 있으며, 이는 물의 조건, 바람의 조건, 그리고 수구의 조건에서 나타난다. 그리고 앞서 살펴본 풍수지리, 동양 천문학, 그리고 농업을 하나로 엮어줄 수 있는 키워드로서 길흉을 살펴보았다. 이 절에서는 길흉을 그저 미래를 점치는 미신적 행위로 바라본 것이 아니라 자연현상을 설명하기 위한 행위로서 바라봤다. 그 결과 풍수지리가 발전하는 과정에서 농업으로부터 큰 영향을 받았음을 알아낼 수 있었다.

본 연구의 결론을 한마디로 정리하자면 다음과 같다. 풍수지리는 농업에 유리한 장소를 고르는 경험 과학적인 택지술로부터 기원했다. 이러한 결론이 앞서 살펴본 가설로부터 논리적으로 도출되는 것은 아니지만, 본 연구에서 살펴본 풍수지리를 구성하는 내용을 가장 잘 설명할 수 있는 것이 이러한 결론이기 때문이다.

다만 여기서 조심해야 할 점은, 풍수지리의 모든 면이 과학적이라고 생각해서는 안 된다는 것이다. 풍수지리의 이론 중에는 형이상학적인 면이 많아, 현대 과학으로 증명할 수 없는 것이 있다. 특히 음택풍수와 관련해서는 이성적으로는 이해할 수 없는 면이 많다. 그러나 그 기원만큼은 음택풍수보다는 양택풍수에서 기원했을 가능성이 크며, 특히 그 발전 과정에서 농업이 큰 영향을 미쳤을 가능성이 크다.

풍수지리의 기원은 그것을 확실히 증명할 수 있는 고고학적 사료가 새로 발굴되기 전까지는 확실하게 알 수는 없을 것이다. 그러나 이런 연구와 유사하게 선사시대로부터 이어진 다양한 철학과 학문을 풍수지리와 비교해보면 풍수지리의 기원에 관한 더 풍부한 연구가 이루어질 것으로 기대한다.

참고문헌

강전섭 (1995), 농가월령가(農家月令歌), http://encykorea.aks.ac.kr/Contents/Item/E0013072에서 2022년 10월 7일 인출.

거가기 (2021), 중국 황토 고원 토굴집의 기후에 따른 특성 연구, 건국대학교 대학원 석사학위 논문.

고영화 (2008), 〈농가월령가(農家月令歌)〉에 나타난 시간관의 교육적 고찰, 선청어문, 36, 17-43.

국사편찬위원회(편) (2009), 농업과 농민, 천하대본의 길, 서울:두산동아(주).

_____ (2013), 한국사 1 총설, 과천:국사편찬위원회.

김일권 (2007a), 동양 천문사상, 인간의 역사, 서울: 상지사.

_____ (2007b), 동양 천문사상, 하늘의 역사, 서울: 상지사.

김종의 (2010), 風水에서의 陰陽과 吉凶, 대동철학, 50, 23-49.

김태오 · 임병학 (2021), 천문(天文)사상과 풍수(風水)의 상관성 고찰, 용봉인문논총, (59), 87-113.

김혜정 (2009), 양택 풍수지리와 방위관 -『택경(宅經)』을 중심으로 -, 건축역사연구, 18(2), 65-83.

민병삼 (2007), 고구려 고분벽화의 星宿圖에 대한 風水的 해석, 동양예술, 12, 1-52.

손용택 (2018), 한국의 풍수 설화와 사회과교육, 사회과교육, 57(2), 115-134.

손용택 · 남상준 (2022), 입지론 시각의 풍수지리: 동양 입지와 현대입지의 비교관점에서, 사회과교육, 61(1), 190-210.

안종은 · 강정수 (2000), 천문, 지리, 인사로 살펴본 24절기에 관한 연구, 혜화의학회지, 9(1), 79-104.

엄익란 (2017년 8월 24일), [ESC]무슬림이 돼지를 먹지 않는 이유…"고대 식량 두고 인간과 경쟁 관계로 인식 · 유대교 영향 · 위생 문제 등." 한겨레. https://www.hani.co.kr/arti/specialsection/esc_section/808109.html에서 2022년 3월 21일 인출.

유경로 (1995), 식점천지반(式占天地盤), http://encykorea.aks.ac.kr/Contents/Item/E0032578에서 2022년 7월 23일 인출.

윤홍기 (2011), 땅의 마음, 서울: (주)사이언스북스.

이도원 외 (2012), 전통생태와 풍수지리, 서울: 지오북.

이태진 (1986), 세종대의 천문 연구와 농업 정책, 애산학보, 4, 129-152.

이호선 · 한동수 (2020), 경복궁 근정전 월대 석난간에 설치된 서수 조각물의 내용 및 상징적 의미 연구, 건축역사연구, 29(2), 75-88.

임동권 (1995), 세시풍속(歲時風俗), http://encykorea.aks.ac.kr/Contents/Item/E0029819에서 2022년 10월 7일 인출.

지종학 (2019), 풍수지리 이론의 유형별 비교 분석, 한국사진지리학회지, 29(1), 13-21.

최덕경 (2006), 占候를 通해 본 17 · 18세기 東아시아의 農業 읽기, 비교민속학, (32), 309-370.

최창조 (1992), 풍수 사상에서의 수, 대한건축학회, 36(2), 27-30.

형기주 (1985), 도성 계획과 우주적 상징주의, 대한지리학회지, 32, 24-38.

Douven, I. (2021), Abduction. https://plato.stanford.edu/entries/abduction/에서 2022년 7월 22일 인출.

Scruton, R. (2017), 현대 철학 강의(주대중 역), 서울: 바다출판사(원출판년도 1994), Modern Philosophy.

04

풍수지리의 '생기' 본질

이철영 · 손용택

풍수지리는 땅과 인간을 하나의 유기체로 보는 음양오행과 기(氣) 철학 세계관을 기반으로 음택과 양택을 고르는 택지술이다. 음양에서 비롯된 기(氣)가 풍수의 생기로 구현되는 과정은 땅을 매개로 한다. 생기의 본질에 대한 궁금증은 풍수지리 태동 이후 연구하는 이들에게 공동의 관심사이며, 이를 구체적으로 밝혀보려는 시도가 본 연구의 목적이다. 이 작업은 향후 풍수지리가 갖추어야 할 보편성과 지속가능성의 학문이 되기 위한 토대이기도 하다. 본 연구결과 '생기'의 본질(성격)은 다음과 같이 정리할 수 있다. 첫째, 생기는 '생명의 원천을 이루는 에너지'이다. 둘째, 생기 사이클은 현대 생태순환론과 일치하며 따라서 보편성과 지속가능성을 담보한다. 셋째, 한국 풍수의 생기 개념은 현대인의 실생활에 침투하여 널리 활용되고 있다. 기후학, 환경학에서 밝혀낸 물의 순환과정과 풍수 고전의 생기 전개과정은 절묘하게 일치한다. 이를 통해 생기란 "특정 조건에서의 물(H_2O) 또는 수분 에너지"로 정의할 수 있다. 이는 땅 위에서 가장 안정되고 효과적인 에너지 공급 상태라는 의미를 담고 있다. 여기서 특정 조건이란 풍수지리의 사신사 환경이고, 인위적으로는 풍수 비보 여건이 되며, 현대 실생활에서는 마을 풍수, 도시 풍수, 실내 인테리어 풍수로 확대 가능하다. 풍수의 활용이란 생기를 모이도록 하는 특수조건의 형성을 의미한다. 그리고 이는 현대적 풍수 비보와 통한다. 특히 양택풍수는 풍수의 학문적 체계와 위상을 높이고 우리 사회의 고유담론으로 자리 잡을 수 있다.

1. 서론

풍수지리 사상의 가장 핵심적인 키워드 둘을 꼽으라면 "생기(生氣)"와 "감응(感應)"이다.[77] 생기를 얻는 일은 풍수지리 사상의 지상 목표이며 모든 행위를 촉발하는 요소가 된다. 감응은 생기가 작동하여 현상화되는 원리를 설명한다. 생기가 있는 곳은 길지가 되지만 생기가 없는 곳은 길지가 아니며, 생기를 받으면 발복하지만 생기를 받지 못하면 발복을 못한다고 보기 때문에 생기를 풍수지리 원리의 원천으로 보고 있는 것이다.[78]

고전부터 최근의 저작에 이르기까지 생기에 대한 개념 설명은 매우 다양하게 나타나고 있으나, 결과적으로는 아직 명료하지 않다. 풍수지리 사상 최고(最古) 고전 중 하나라고 할 수 있는 금낭경(錦囊經)에서는 "만물의 생겨남은 땅속의 것에 힘입지 않은 것이 없다. 그것은 땅속에 생기가 있기 때문"[79]이라고 생기의 효력이나 위치에 대해 설명했지만, 정작 여기서도 생기의 개념을 정확히 명시하고 있지는 않다.

---

77 옥한석 · 정택동은 이에 관련 "지기(地氣)"와 "발복(發福)"으로 표현했지만, 이도 결국 같은 의미로 해석된다. 옥한석 · 정택동, 2013, 「풍수지리의 현대적 재해석」, 대한지리학회지 48(6), 969쪽.

78 생기는 발복과 길지의 관계 속에서 풍수지리의 핵심개념으로 등장하게 된다. 이도원 · 박수진 · 윤홍기 · 최원석, 2013, 「전통생태와 풍수지리」, 『지오북』, 164쪽.

79 『錦囊經』, 「氣感編」, "萬物之所生, 無著於地中者, 以地中有生氣故也." 이하 금낭경 본문 인용은 노병한, (2011), 『古典 風水學 原論』, 안암문화사를 참조

연구자마다 생기에 대한 생각과 주장이 다른 이유는 실체를 확인하거나 데이터를 통한 증명이 어려운 가운데, 선험적인 직관 또는 경험적인 논리와 체험을 통해 그 효과와 영향력을 추론해내는 방식을 취할 수밖에 없기 때문이다. 철학적 원리에 대한 과학적 증명이 부족한 것이다. 훌륭한 철학적 원리라 하더라도 그 설명이 과학적 근거를 갖추지 못하면 가설 수준을 벗어날 수 없다. 전통지리학으로서 풍수지리가 자리 잡기 위해서는 과학적 체계 정립이 요구된다. 현대 지리학이 여러 분야에서 다양한 접근 방식을 활용하면서 자연 및 사회현상을 해석해내고 있는 것처럼, 풍수지리가 각 응용 분야에서 고유한 장점을 발휘하기 위해서는 핵심 키워드인 생기에 대한 개념 정립과 이에 대한 공감대 형성이 필요하다.

인류가 생존하기 바빴던 선사시대에서 스토리가 형성되기 시작한 역사시대로 넘어오며 시작된 것은 실제 존재하지 않은 것에 대한 이야기였다. 보거나, 듣거나, 냄새 맡지 못하는 것을 상상해서 마음껏 이야기하기 시작한 시점부터 지구 문명의 화려한 역사는 시작되었다. 유발 하라리는 이것을 인지 혁명이라고 설명했다.[80]

인지 혁명 이후 인류는 인간과 만물의 관계에 대한 세계관을 만들어가기 시작했다. 자연도 그중 하나였다. 이는 동서양을 막론하고 인류가 오래 전부터 천착해온 주제이기도 했다. 인간과 자연을 별개로 생각한 서양과 달리 동양은 인간과 자연을 하나로 보는 유기체적인 세계관을 만들었다. 중국 등 동양에서 인

---

80 이와 관련 유발 하라리는 "전설, 신화, 신, 종교는 인지 혁명과 함께 처음 등장했다. … 허구를 말할 수 있는 능력이야말로 사피엔스가 사용하는 언어의 가장 독특한 측면이다. … 하지만, 허구 덕분에 우리는 단순한 상상을 넘어서 집단으로 상상할 수 있게 되었다."라고 문화와 역사의 시작을 설명했다. 조현욱 역(유발 하라리 著), 2017, 『사피엔스』, 김영사, 48~49쪽.

간과 자연을 통일적으로 이해하는 바탕에는 '기(氣)' 개념이 있다. 기(氣)는 구름이 움직이는 모습을 유추하면서 만들어졌는데, 음양오행 사상을 바탕으로 사상적 깊이를 더해갔다. 또 근본을 따지는 철학에서부터 시작해 천문, 의학, 문학, 예술, 명리, 지리 등 응용 분야로 외연을 넓혔다. 이런 과정에서 기(氣)의 흐름을 통해 인간과 자연, 특히 땅과의 상호 교감과 작용을 설명하는 풍수지리 사상이 체계화되었다.

따라서 풍수지리의 근원을 따라가는 작업은 기(氣) 개념에서 시작하는 것이 적절하다.[81] 이러한 문제의식을 염두에 두고 연구 방법과 순서를 다음과 같이 정리할 수 있다.

우선, 풍수지리 사상의 핵심인 생기 개념에 대해 세 가지 관점에서 살핀다. 먼저 생명의 원천과 에너지의 함의를 갖는 고전적 입장과 최근의 주장을 찾아보고, 이어 생태순환론을 바탕으로 풍수이론의 보편성과 지속가능성의 의미와 생기 개념을 중심으로 한 다양한 활용 양상을 추적해본다.

다음으로, 앞서 고찰한 생기 개념에 대한 다양한 시각과 이론을 중심으로 핵심적 명제를 정리함으로써 생기 본질에 대한 접근을 시도할 수 있다. 그것은 전래된 철학적 명분의 전승과 현실에서 필요로 하는 과학적 체계 정립의 요구에 대한 성격을 명확하게 차별화하는 동시에 균형점을 밝히는 작업이기도 하다. 그럼으로써, 동아시아 특히 한국의 전통 과학적 지식체계 중 하나이자 현대적 지오그래피(Geography)로서 풍수지리 위상 확보의 의미를 살펴볼 수 있다.

생기의 본질에 대한 궁금증은 풍수지리 태동 이후 연구하는 이들에게 공동의 관심사이다. 특히 한국에서 유행해온 풍수지리를 조망하고 핵심개념으로 작동 중인 생기 본질을 구체적으로 밝혀보려는 시도가 본 연구의 목적이다. 풍수

---

81 성동환은 "氣는 항상 流行한다. 그것이 땅속으로 흘러 만물을 자양할 때 이를 地氣, 또는 生氣라고 한다."라고 주장했다. 성동환, 1992, 「풍수 지기론에 대한 문헌고증학적 연구」, 『지리학총론』 19, 99쪽.

지리의 해석에는 과거나 현재나 주관성의 개입이 불가피한 부분이 있다. 본 연구에서도 필자의 주관이 개입된 해석을 은연중에 시도하고 강조될 수 있음을 연구의 제한점으로 미리 밝히는 바이다.

2. 선행연구 검토

선행연구와 관련, 생기 개념 정립을 목적으로 하는 직접적 연구는 찾아보기 어렵지만 여러 논문들이 제각기 다른 주제를 다루면서 생기 개념을 제시하거나 관련 논리를 전개한 경우는 많다. 통상 생기의 생성과 전파에 관한 근거는 중국의 오랜 고전에서 추출해 기준으로 삼고 논의를 전개하는 것이 일반적이다. 금낭경에 따르면 "대저 음양의 기(氣)는 내쉬면 바람이 되고, (하늘로) 오르면 구름이 되고, (땅에) 떨어지면 비가 되고, 땅속으로 다니며 생기가 된다."[82]고 묘사한다. 생기는 땅속에서 운행하는 기운으로서 바람, 구름, 비의 형태로 순환됨을 알 수 있다. 다만 금낭경이 생기 원리를 가장 적극적으로 다루고 있고, 다른 저작들은 금낭경의 개념을 거의 그대로 따르고 있기 때문에 금낭경 중심으로 살펴보기로 한다.

문제는 생기가 눈에 보이지 않는 개념이라는 점이다. 생기를 찾고 생기가 존재하는 장소를 골라 활용하기 위해서는 생기를 발견하거나 확인할 수 있어야 한다. 천인호(2016, 349)는 이에 대해 "풍수의 목적은 승생기(乘生氣), 즉 생기를 타는 것이다. 생기 가득한 장소를 구하는 것이다. 그러나 눈에 보이지 않기

---

82   『錦囊經』, 「氣感編」, "夫陰陽之氣, 噫而爲風, 升而爲雲, 降而爲雨, 行乎地中, 則而爲生氣."

때문에 차선책으로 생기가 가득 찰 수 있는 최적 조건인 장풍득수의 땅을 구하는 것이다. 이러한 최적의 조건을 갖춘 땅을 구하는 것은 쉽지 않다."고 하였다. 생기를 활용하기 위해서는 생기가 보이지 않더라도 장풍득수의 땅을 구하면 가능하다는 해석이다. 짐작할 수 있듯이 풍수는 이 장풍득수라는 개념에서 만들어진 낱말이다. 생기가 어떻게 흘러 다니고 어떤 장소에 멈추는가 등에 관한 내용도 고전에서 찾아볼 수 있다. 금낭경은 "생기가 땅속을 흘러 다닐 때 지세를 따라 흐르고 지세가 멈춘 곳에 응취하는 것"이라고 하였다.[83]

장풍득수의 관계를 보면, 장풍보다는 득수가 중시된다. 이 역시 금낭경은 "풍수는 물을 얻는 것이 으뜸이요, 바람을 가두는 것이 다음(風水之法 得水爲上 藏風次之)"이라고 설명한다. 단순한 논리지만, 의미는 복합적이다. 즉 물의 중요성을 말하고 있기도 하지만, 이에 더해 물과 생기의 관계를 암시하는 실마리를 제시하고 있다.

풍수 논리가 시작된 전통사회의 생활터전이자, 사실상 유일한 생산력 근거는 땅일 수밖에 없었다. 좋은 땅을 얻어 많은 수확을 획득하고, 편안한 삶을 사는 것이야말로 당대 최고 관심사였다. 손용택(2018, 131)은 이와 관련, "대자연은 우리의 개발 대상이고 도전대상이다. 동시에 우리가 발을 딛고 사는 삶의 터전이며 모든 의식주 원자재와 원료의 보급창(기지)이기도 하다. 그러므로 동양에서는 일찍이 땅에 대한 철학과 논리가 싹틀 수 있었고, 그 가운데 하나가 풍수사리"라고 전통사회에서 땅이 갖는 의미에 대해 설명했다.

더 나아가 현대적 관점에서 본다면, 최원석(2013, 『전통생태와 풍수지리』, 244)의 생태인문주의(生態人文主義) 입장은 단순히 좋은 곳을 찾는 행위에 더

83　『錦囊經』, 「因勢編」, "其行也 因地之勢, 其聚也 因勢之止."

해 문화적 가치를 탐색하는 의미가 있다. 그는 풍수지리 사상을 현대적으로 재해석하면서 활용할 가치가 충분한 문화 생태적 지식체계라고 정의했다. 특히 "농업을 위주로 한 생산 관계 및 농업생산력 수준, 그리고 정착적인 주거문화의 생활양식이라는 배경조건에 기초하여 정립된 환경 사상 및 환경학"이라며, "풍수지리학은 지속가능성에 기초한 전통적인 문화 생태학(경관 생태학)이며, 자연과 인간관계의 공간적 방식"이라고 설명했다.

금낭경에 따르면, 오행의 기(氣)가 땅속을 다니다가 드러나 만물을 만든다는 표현이 있다.[84] 그러나 풍수는 음양과 오행 중 음양이 더욱 중시되는 음양학으로서 형세론의 시조 격인 당나라 시대 양균송은 『감룡경(撼龍經)』「무곡 편」에서 '용가불요론오행(龍家不要論伍行)'이라며 형세론에서는 오행이 불필요하다고 하였다(김계환, 2010, 156). 이는 고전 간 서로 상치되는 부분으로, 초기는 철학적 원리의 해석이라면 후기는 실생활 적용과정에서의 경험지식 형성에 따른 재해석이라고 볼 수 있다. 시대와 환경에 맞게 정립되어 가는 과정이자 사례로 보인다.

음양오행론의 동양적 세계관이 풍수지리 사상 형성에 그대로 수용되었다는 것은 주지의 사실이다. 동양적 우주관은 우주가 서로 상대하는 유기적 생명의 연속체라는 관점을 기반으로 한다. 이를 바탕으로 음양과 오행이라는 범주로서 체계화된 이론이 정립되었고, 같은 기운을 가진 존재는 서로 영향을 주고받는다는 원리에서 기(氣)라는 보편개념이 발전되어 갔다.

조선후기 기학 창시자인 최한기는 천지의 기(氣)와 형체의 기(氣)를 구분하여 형체의 기(氣)는 천지의 기(氣)에 힘입어 생장하는 것이라는 견해를 밝혔

---

84   『錦囊經』,「氣感編」, "伍氣行乎地中. 發而生乎萬物."

다.[85] 김태오, 임병학(2021, 89)은 풍수지리 동기감응 원리[86]를 특히 강조했다. 풍수지리는 천문과 지리, 인사를 바탕으로 기(氣) 감응을 연구하는 동양의 인문지리학으로서, 풍수의 핵심사상은 천지 기운의 감응과 응집을 통해 인사에 영향을 미치게 되는 '동기 감응설'이라고 설명했다.

종합해보면 풍수지리의 원리는 결국 음양오행론을 근거로 한 동양적 사유체계를 바탕으로, 여기에 기(氣) 철학이 반영된 생활 관습적 경험이 더해지면서 실용적으로 탄생한 전통적 생활과학에 가깝다고 확인할 수 있다.

전문가들은 풍수지리 사상이 아직 학문적인 체계를 정립하지 못했고, 실용기술 측면에서도 건전하고 효과적인 형태로 전승되지 못하고 있음을 지적한다. 이와 관련해 윤홍기(2011, 354)는 "한국지리나 한국문화를 연구하고 있는 학자들이 풍수지리가 매우 중요한 연구주제임을 알고도 잘못하면 풍수(지관)로 몰리거나 풍수지리를 연구하면 지리학이 풍수지리로 오인될 수 있다는 생각에 이 분야의 연구를 꺼리고 있다."며, 음택풍수와의 거리두기가 풍수지리 연구 활성화의 전제조건임을 분명히 했다. 또 김종의(2013, 25)는 "풍수이론의 바탕이 되는 음양오행의 기본 범주에 대한 보편적 해석과 윤리적 근거는 무시되어 온 반면 신비적이고 술법적인 성격은 지나치게 과장되어 온 것이 그 이유에 해당할 것"이라고 밝히며 보편적 해석의 회복을 통한 과학 체계화의 필요성을 제기했다.

---

85 최한기는 "천지를 꽉 채우고 물체에 푹 젖어 있어 보이고 흩어지는 것이나 모이지도 않고 흩어지지도 않는 것이, 어느 것이나 모두 氣 아닌 것이 없다. 내가 태어나기 이전에는 천지의 氣만이 있고, 내가 처음 생길 때 비로소 형체의 氣가 생기며, 내가 죽은 뒤에는 도로 천지의 氣가 된다."라며 동기감응의 원리를 설명했다. 최한기, 한국고전번역원 기획 번역, 2012, 『기측체의』, 사단법인 올재, 66쪽.

86 박길용은 동기 감응설에 대해 풍수의 총체성과 정체성을 지닌 개념이라며, 풍수의 이론체계에 대하여 "직관과 감성의 세계를 포괄하고 있는 氣 감응적 인식체계라고 하는 철학적인 부분과 합리적이고, 이성적 측면이 강조되는 실증적 논리체계라고 하는 경험 과학적 부분으로 구성되어 있다."라고 주장했다. 박길용, 2018, 「풍수 동기 감응설의 역학적 접근」, 『한국민족문화』 68, 131쪽.

그러나 김종의의 견해는 음양오행 및 기(氣) 철학 기반이 견고할 경우 그것이 가능하지만, 흔들릴 경우는 달라진다. 장립문(張立文)(2012, 56)은 동양적 기(氣) 개념은 객관 존재의 실체로서 서양 철학에서 말하는 물질과 비슷함을 전제하면서 손문이 물질 범주를 가지고 기(氣)를 대체한 후 기(氣)는 물질 일반의 의미가 되어 서양 철학의 충격 속에서 자신의 지위와 작용을 잃어버리게 되었다고 진단했다. 그는 "손문 이후 이러한 상황은 더욱 두드러져 중국 현대 철학에서 기(氣)라는 개념은 더 이상 사용하지 않게 되었다."고 명시했다. 풍수지리를 포함해 기(氣) 철학을 기반으로 한 사상의 범주적 보편성 유지의 문제가 제기되었다고 볼 수 있다.

박시익(2017, 422)은 특히 인문지리학 발전을 위해서 풍수지리 연구가 필수적이라는 견해를 밝혔다. "전통적인 마을의 입지 조건은 풍수지리로 해석해야만 정확하게 분석되며, 다른 이론으로는 설명되기 어렵다. 따라서 인문지리학을 학문적으로 발전시키기 위해서는 풍수지리를 연구할 수밖에 없다."며 현실적인 필요성 및 유용성을 제시했다.

3. '생기' 개념 고찰

1) 생기 개념의 유래– 생명의 원천과 에너지

고전적 풍수지리의 형성과 기능에 관한 영역에서 출발할 때, '생기'란 자연스럽게 '생명의 생성과 활성화를 지원하는 에너지' 개념으로 연결된다. 금낭경에는 "음양의 기(氣)가 땅속에 있으면 생기가 된다."[87]라고 표현한다. 음양의 기운이 땅속으로 들어와 생명의 기운으로 작용하게 된다는 뜻이다.

또 금낭경에서는 기(氣)가 포함된 물이 기(氣)의 몸인 흙에 작용하여 생기가 만들어지는 것으로 설명한다.[88] 여기서 흙은 몸체이고 물은 정신이다. 흙에 씨를 뿌리면 싹을 틔워 농작물이 잘 자라게 하는 에너지 역할을 하게 되는 것이다.

조선 후기 실학자 최한기는 '기학적 지리학'이라는 독창적 개념을 전개했는데, 그 특징은 지기에 관한 설명에 잘 표현되어 있다. 최한기 '지기론(地氣論)'의 특징 중 하나는 지기와 그 장소의 유기체 간 긴밀한 연관성을 파악하는 것이다. 최원석(2018, 486~487)의 해석에 따르면, "지기는 그 자리에서 생명과 직결되어 있기에 적재적소에서 생명을 보전하거나, 장소를 옮겨 생명을 해치는 것은 모두 '지기가 그렇게 만드는 것(地氣使然)'이라는 인식으로 장소의 유기체에 대한 지기의 영향력"을 강조하여 생명의 원천으로서의 생기 역할을 설명했다. 최한기는 지기의 개념에 대해 "지구에서 생긴 증기(蒸氣)"라고 정의했다. 물질 형태와 관련해서는 수분의 한 모습에 가깝다는 주장이다.

이와 같은 에너지론은 최원석과 이도원의 주장에서도 잘 나타난다. 최원석은 "풍수에서 말하는 내맥이 와서 청룡, 백호, 주작이 형국 내부의 지표면을 에워싸는 것을 '기(氣)를 모은다.' 또는 '생기를 모은다.'라고 일컫는데, 이는 물을 충분히 확보하기 위한… 의미로 해석할 수 있겠고, 그 수분이라는 것이 형이하학적 생기, 또는 생명 에너지라는 식으로 해석할 수 있을 것"이라는 입장을 밝

---

87   『錦囊經』,「氣感編」, "陰陽之氣, 地中則爲生氣"

88   -   , "夫土者氣之體, 有土斯有氣, 氣者水之母, 有氣斯有水"

헀다(이도원 외, 2013, 69).

한편 이도원은 "옛날 사람들은 포괄적으로 식물이 왕성히 자라기 위해 그 뒤에 있는 어떤 힘이 있는 것으로 믿고, 그것을 생기라고 부른 것이 아닐까 생각"한다며 식물을 포함한 생명 에너지 역할에 대한 해석을 제시했다(이도원 외, 2013, 155).

풍수지리에서 생기는 땅속을 흘러 다니는데, 길지에서는 그것이 고여 있기 때문에 좋은 땅이 되는 것이다. 그리고 그 좋은 땅에서 생기는 '모든 생물을 낳고 유지하게 하는 힘'으로 작용하는 것이다. 이에 대해 윤홍기는 "생기는 현대어로 한다면 식물을 키우는 자양분에 비유할 수 있다. 식물이 자라는 것을 보면 눈에 보이지는 않지만 그 땅에 자양분이 풍부하다는 것을 알 수 있다… 풍수지리는 땅속에 생기가 흐르고 있다는 것을 대전제로 하고 있다."고 '생기 자양분론'을 제시했다.[89]

최창조(2011, 43)는 생기의 생명 에너지 역할과 관련해, 풍수의 기본이 기(氣)임을 전제로 하여 '기(氣)-생태주의(生態主義)'라는 독특한 개념을 제시했다. '기(氣)-생태주의'는 인간이 생명 존중의 태도를 보일 때, 자연이 어떤 특정한 가치를 지니게 된다며 그것을 온 가치(Onn Value)라는 개념으로 설명했다. 그의 이론을 따르면, "'기(氣)-생태주의'는 생물 종의 다양성과 개체 수의 풍부함이 구현되는 생태계일수록 생기가 가득 조성된다고 보고, 이런 곳은 유난히

---

89 윤홍기, 2011, 『땅의 마음』, 사이언스북스, 43쪽. 물론 윤홍기는 자양분으로 비유할 뿐이지 생기는 곧 자양분이란 말은 아니라고 했다. 그 근거로 "장소에 따라 물과 햇빛이 다 같이 충족된다 해도 어떤 곳은 땅속의 자양분 때문에 식물이 더 잘 자라고 어떤 곳은 덜 자라고 하는 것, 이것을 풍수의 생기와 비교할 수 있지 않나 하는 것"이라고 설명했다.

온 가치를 많이 갖는다고 여긴다. 그는 '기(氣)-생태주의'는 풍수학과 연루된 생태계 복합성과 생물 종의 다양성을 보전하는 데 확실한 통찰력을 제공해줄 수 있다."고 주장했다.

'기(氣)-에너지'론도 음양오행 기반의 논리다. 박시익(2017, 45)에 따르면, 여기에서 "기(氣)는 자연에 분산되어 있는 에너지"로 정의된다. 분산된 기(氣)가 모이면 생명체를 이루고, 생명체가 죽으면 다시 기(氣)는 분산된다. 이 논리는 자연스럽게 '기(氣)-에너지' 순환론으로 확장된다.

고전부터 최근까지 이어진 일관된 생기의 전통적인 개념과 기능은 '생명의 원천과 에너지'라는 시각이 많다. 이는 풍수지리의 전통적인 해석의 순방향이 자, 현대적 확장판이라고 볼 수 있다. 음양의 기운이 땅속으로 들어와 생명의 기운으로 작용하게 되는 원리이다.

2) 생태순환론의 보편성과 지속가능성 원리

환경생태 순환 이론은 금낭경의 해석부터 비롯된다. 생기의 원천인 음양의 기운이 트림처럼 나와서 바람이 되었다가 타고 올라가 구름이 되고, 구름이 서로 싸워 천둥이 되었다가 비로 내려오게 되며, 이 비가 땅속으로 들어가면 생기가 되고, 이 생기가 산을 타고 혈처에 이르러 응축된다는 '일기(날씨)' 변화에 따른 형태 변환 이론이 순환론으로 발전된 것이다. 이 순환론에는 생기의 지속가능성과 보편성의 원리가 녹아있다.

윤홍기(2011, 155~156)의 해석에 따르면, 곽박의 금낭경 설명에 순환론의 마지막 단계인 생기가 땅을 빠져 나오면 바람이 된다는 구절이 아쉽게도 빠졌지만, 기(氣)가 바람을 타면 흩어지고 물을 만나면 정지한다고 제시한 부분을 확장하면 땅속의 생기가 땅 밖으로 나오면 다시 바람이 되는 연결고리를 인식한 것으로 볼 수 있는데, 이 때문에 곽박을 "동양 최초의 환경순환 이론의 효시"라고 볼 수 있다는 것이다.

이 과정을 소멸과 재생이라는 단절적 관점에서 볼 것인가, 또는 순환 사이클의 과정과 완성으로 볼 것인가 하는 점은 순환론 전개의 핵심사항 중 하나이다. 순환론의 관점에서 논리를 전개하면 몇 가지 주목해서 생각해봐야 하는 사항들이 있다. 전달체계에 대한 규명의 문제, 그리고 생기의 단계적 형태에 따른 활용가치의 문제 등이다.

생기는 주로 산맥, 즉 산줄기를 따라 여러 단계를 거쳐 명당으로 흘러간다고 기록되어 있는데, 항상 높은 곳에서 낮은 곳으로 흘러내린다고 본다. 이는 생기가 하늘에서 바로 명당으로 전해지지 않고 생기의 발원지로부터 산을 타고 에둘러서 전달된다는 의미가 된다. 이러한 해석은 기후 요소의 변환적 전달체계, 즉 순환론 관점과 연결할 수 있는 중요한 근거가 된다.

환경생태 순환론은 생기의 지속가능성을 뒷받침한다. 즉, 기후 요소의 변환 사이클의 단계이지만, 정상적이고 바람직한 순환체계 속에서 순기능을 통해 사이클을 지탱하는 핵심요인으로 작용하게 된다는 의미다. 그럼으로써 생기의 지속가능성과 이 지속가능성을 통한 순환론의 작동이 서로 맞물리게 되는 것이다.

생기의 환경생태 순환론은 고전적 이론체계로부터 비롯되었지만, 현대적 관점에서 볼 때도 그 특성을 가장 잘 설명할 수 있는 중요한 개념이다. 즉 생기라는 추상적 개념이 일기(날씨) 생태적 순환 사이클에서 일정 단계에 속하는 지점을 지칭하는 것으로 그 개념을 추출할 수 있고, 또 그 시점 속에서 발휘되는 기능적 역할에 대해 설명할 수 있게 된다. 더욱이 순환 사이클 속에서의 지속가능성을 통해 생활 및 문화 생태학으로서의 중요한 가치가 만들어진다. 즉, 일정

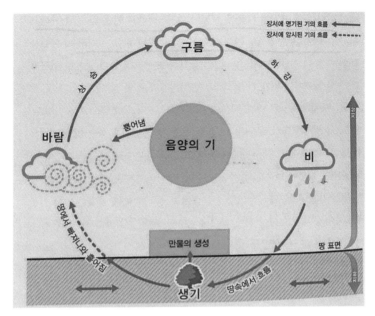

구름

바람

음양의 기

비

만물의 생성

생기

장서에 명기된 기의 흐름 ←

장서에 암시된 기의 흐름 ◄┅┅┅

땅 표면

〈그림 1〉 도표로 해석한 『장경』의 환경순환 이론[90]

지점에 지속적으로 거주하고 있는 인간과 일정한 일기(날씨) 변화에 의거해 지속적으로 순환하고 있는 자연 사이클이 관계를 맺는 공간적 시간적 현상으로 정의되고 탐구될 수 있게 된다.

기(氣) 철학은 동양적 보편성 원리를 대표한다. 음양오행의 범주에서 같은 기운을 가진 존재는 서로 영향을 주고받는다는 원리를 공유한 생기 개념 또한 풍수지리 사상의 보편성을 기반으로 하고 있다. 특히 생기는 인간의 구체적인 생활과 밀접하기 때문에 그 원리가 구체적인 현상으로 드러나는 경우가 많다. 생기 순환론에 따른 좋은 장소 구하기가 경험적으로 검증되었다면, 그것으로 이미 보편적 가치의 자격을 얻게 된다.

90   윤홍기, 앞의 책, 156쪽. 윤홍기는 이 도표 그림으로 『장경』의 환경순환원리의 메커니즘을 설명했다.

보편적 가치를 확인하는 방법을 보면, 첫째 동양 사유의 범주를 벗어나지 않는 바탕에서 인문학적 해석을 가미하는 일이다. 여기서 인문학적 해석은 경험과 자기 성찰, 그리고 직관을 근거로 각 부분에 방향과 아이디어, 혹은 영감을 줄 수 있는 방법을 의미한다(김종의, 2013, 30~31). 지금까지 시도된 생기 개념 정의가 대부분 이에 가깝다. 또 하나의 다른 방법은 풍수이론 보편성의 요체가 기(氣), 즉 생기라는 바탕에서 과학적 원리를 구명하거나 논증하는 방식이다. 만약 생기 자체가 특정 물질로 해석될 수 있다면 과학적 차원의 보편적 가치를 구체적으로 확보하게 된다. 이 경우 좋은 땅을 찾고 획득하는 원리로서 개념이 아닌 범주로 인식할 수 있다.

그렇다고 기(氣)와 관련된 분야가 모두 유효한 것은 아니다. 같은 기운을 가진 존재는 서로 영향을 주고받는다는 원리에서 만들어진 기(氣) 철학의 동기감응론은 풍수의 친자 감응론 등으로 확산되며 음택풍수의 핵심요소가 되었다. 그러나 이것은 인과관계가 명확하지 않기 때문에 경험적이거나 과학 실증적 관점에서 보편성의 원리를 충족시킬 수 없다. 기(氣) 철학 바탕 위에서 전개되었다고 하지만, 신앙적 특성을 보이기 때문에 이를 통한 풍수지리 사상의 보편적 가치 증명에는 오히려 부정적 요소로 작용하는 것이다.

순환론의 관점에서 보면 생기는 과정과 단계에 따라 상당히 여러 가지 형태로 변하며 각각의 모양과 기능이 달라지는데, 풍수이론에서는 생기의 가장 중요한 단계가 명당을 찾아서 땅에 머물고 있을 때로 판단한다.

옥한석은 생기 상태에 대해 "대기 중에 존재하는 수증기 혹은 습기 이상의 어떤 것"이라며 순환론 중 기체 상태임을 강조했다.[91] 그러나 윤홍기(2011, 159)에 따르면, "풍수에서는 명당의 흙 속에 고여 있는 기(氣), 즉 생기가 사람

---

91 옥한석은 생기의 물질 상태로는 "바람에 의하여 잘 순환되는 기체 상태"라고 밝혔다. 옥한석, 2006, 「경관 풍수의 본질과 명당의 선정 기준: 북한강 유역을 중심으로 하여」, 『문화역사지리』, 7(1), 25쪽.

에게 복을 줄 수 있고 동식물에 활력을 불어넣어 준다고 믿는 것"으로, "생기 이외의 다른 단계로 있을 때는 풍수적으로 의미가 없다"라는 입장이다. 이 경우 생태순환론은 "생기의 단계적 가치론" 또는 "특수 조건론"으로 확장하여 설명할 수 있는데, 그것은 땅의 다양한 활용가치라는 시각에서 접근하면 쉽게 이해할 수 있는 대목이다.

3) 생기의 다양한 실생활 활용

과학적으로 설명하기 어려울 뿐만 아니라 미신적 상황에서 벗어나지 못하고 있는 음택풍수를 제외하더라도 생기는 양택 및 양기풍수에서 이미 많은 활용이 이루어지고 있다. 민간영역에서는 주로 건축과 인테리어 분야, 공공영역에서는 도시계획, 경관계획, 생태복원, 지구 단위 개발, 전통 테마파크 개발 등에서 활발하다. 이는 풍수의 실재적 가치를 경험적으로 확인할 수 있는 기회가 된다.

이러한 풍수이론의 적용은 전통적 지식의 활용을 통한 심리적 위안, 또는 전통적 자연의 보전이나 복원을 통한 경관 구축 등의 차원을 넘어선다. 풍수적인 공간배치인 북쪽을 등지고 남쪽을 향해 자리 잡는 배산임수는 북서풍을 피하고 태양에너지의 수용에 용이했으며, 장풍득수는 바람을 막고 수분을 축적하는 수단이었고, 전통 마을 숲은 산곡풍을 줄이고 농경지의 수원 확보와 식물 종 다양성 증가에 기여했다는 연구도 있다.[92]

난, 풍수가 한국의 독특한 환경지식의 축적이고 경험지식체계라는 점에 동의하더라도 과거형에 머물면 곤란하다. 문화 및 인문학적 관심 영역으로 축소되는 한계를 벗어나기 위해서는 풍수를 과학화하려는 노력이 요구된다. 박수진

---

92 이화, 2016, 「한국 풍수신앙, 그 경험의 자리」, 『동아시아 풍수의 미래를 읽다』, 지오북, 82쪽. 이화는 본 내용을 〈이도원, 2004, 『전통 마을 경관 요소들의 생태적 의미』, 서울대학교출판부〉에서 인용하여 설명

(2016, 280 · 305)은 풍수가 토지이용, 나아가 지표과학에서 새로운 패러다임을 이끌 내용과 가치가 분명히 있고, 이를 통해 현대과학에 의해 새롭게 평가되고 흡수 · 통합될 가능성이 높으며, 나아가 '인류 보편적 가치'를 가지게 될 것이라고 주장했다.

　건축과 생활 및 인테리어와 관련된 분야에서의 풍수지리 활용은 현대적으로 응용되거나 새로 해석되어 확대된 부분이 많다. 근대 이후 인구가 늘고 도시개발이 본격화되면서 소위 삼태기 모양의 전형적인 생기 형국을 찾아 집터 또는 마을 터를 형성하거나 비보를 통해 좋은 장소를 만드는 것은 전래된 전통적 방식으로 자리 잡고 있다. 원리적으로 해석되는 생기의 장점을 활용할 수 있는 방법이 매우 다양하고 조건에 맞게 적용되는 것은 불가피해졌다. 달리 말하자면 인간에 의한 풍수 환경의 조성으로 생기를 만들거나 끌어다 쓸 수 있게 되었다는 의미이다. 이러한 현대인들의 활동은 '능동적 풍수 비보'라고 의미를 부여할 수 있으며, 또 다른 표현으로는 생기를 만들거나 끌어모으기 위한 '특정 조건'을 구비하는 것으로 해석할 수 있다.

　인테리어 풍수에서도 생기 개념의 적용과 활용은 활발하다. 인테리어 풍수의 기본적인 관점은 공간 형태와 배치에 관한 사항이다. 좋은 기운을 만들고 유지하는 방법으로 이해된다. 좋은 기운, 즉 집안에서 만들어지거나 집안으로 들어온 생기가 가득 차서 지속적으로 유지될 수 있도록 공간을 구성함으로써 사람 몸과 마음의 건강을 유지해나갈 수 있다는 원리다.

　인테리어 풍수는 서구에서도 제법 활발하게 응용되고 있다. 김두규(2012, 55)에 따르면, 서구 인테리어 풍수의 핵심은 스위트홈 만들기가 지향점인데, 서양에서 발간된 서적들은 주로 기(氣)의 흐름, 바람의 흐름, 시골집의 도로와 이웃집과의 위치 등을 설명하고 있다.

과학적 검증 체계가 상대적으로 발달한 서구 사회에서 생기 개념이 포함된 인테리어 풍수가 활용되고 있다는 것은 눈여겨볼 만한 일이다. 비록 과학적 논리체계를 갖추고 있더라도 모든 것을 다 해결해줄 수 없는 물질문명의 한계에 대한 아쉬움, 인간과 자연의 상호작용을 바탕으로 이루어지는 경험주의적 접근에 대한 관심의 결과로 해석된다.

우리가 최근 많은 도시를 계획하고 설계하면서 적용하고 있는 원리는 주로 서구 문명의 과학적 성취에서 비롯되었다. 효율, 편리, 속도 등으로 대표되는 개발 중시 시대의 밑그림은 신속한 성장과 대규모 집적화를 이루는 데 큰 기여를 했다. 그러나 그 과정에서 자연과 문화적 전통, 그리고 인간의 상호작용을 통한 지속가능성의 이슈가 대두되었고, 그에 대한 대안 마련이 중요한 과제로 떠올랐다. 일부 연구보고들은 풍수지리 사상이 그 자리를 떠맡을 수 있는 좋은 대안 중 하나라고 추천하고 있다. 도시계획의 이미지 및 경관계획 수립에 관해서 옥한석(2007, 53)은 "풍수지리가 첫째 도시민의 건강성 확보, 둘째 도시형태의 상징화 작업에 기여할 수 있다."라고 설명했다.

도시 내부의 공간계획에서 생기의 활용방안을 어떻게 적용할 것인가의 문제도 주요 관심사 중 하나다. 넓은 도시 공간에서 이른바 생기의 영향을 직접 받을 수 있는 곳은 제한될 수밖에 없다. 풍수지리 이론에서 공간계획은 통상적으로 정혈법(定穴法)에 따르게 된다. 명당 중에서도 가장 기운이 넘치고 건강한 지역을 나타내는 징혈 지점을 확정하고 그곳을 중심으로 입지계획을 확장하는 방식이다. 우선 생기가 많은 길지부터 확보하고 그렇지 않은 구역을 구분한 후에 풍수이론에 따라 예정된 각 기능들을 적지에 배치하게 된다. 따라서 가장 핵심적인 기능을 생기가 왕성한 혈자리에 배치하여 좋은 기운이 도시 전체에 퍼져나갈 수 있도록 하는 것이다. 일종의 생기 공간 확산론 입장인 셈이다.

박성대(2014, 76)는 "현대도시에서의 정혈은 특정 지역을 중심점(혈)으로 산정하는 차원을 넘어 계획된 공간구성 요소들은 전부 고려하는 폭넓은 시각에서 다루어져야 한다."라고 보았다. 이는 결국 도시의 정혈이 계획된 공간구성 요소들을 각각의 특성에 맞게 적지에 배치하는 행위가 되어야 함을 의미한다고 볼 수 있다.

4. '생기' 개념 정립

1) 존재론과 인식론 시각의 생기

풍수지리 사상은 아직 한국에서 풍수지리학이라는 반열에 이르지 못하고 있다. 2천 년에 가까운 오랜 역사를 관통하며 동양의 수많은 사람들의 삶에 지대한 영향을 미쳤던 역할에 비추어 보면 초라한 모습이다. 그 이유는 아직 과학적 입증 관문을 통과하지 못했기 때문이다. 생기를 눈으로 보거나 측정하는 등 어떤 형태로든 확정할 수 있다면, 이른 바 과학의 반열에 오를 수 있고 학문으로서의 지위를 확보할 수 있었을 것이다. 물론 과학적 체계를 갖추거나, 그것을 입증하기 위한 시도는 여러 방면에서 다양하게 모색되고 있다.

풍수지리의 위상과 관련해 옥한석(2014, 345~346)은 "개인이든 사회든 미래지향적 시간관이 있어야 함을 생각할 때 풍수지리는 과거나 현재의 자신이나 자신과 관계되는 사람들이 몸담았던 장소가 미래지향적인 생활에 영향을 주게 됨을 보여주는 하나의 지식체계"로서, "이러한 지식체계가 전통시대에는 불완전하였지만, 오늘날에는 완전한 과학체계로 될 수 있도록 하는 시도가 필요하다"고

제안했다. 또 그는 방법으로 "건강, 장수, 치유 등과 관련성이 분명히 존재함을 구명하면서 개인이나 집단의 건강성이 어떻게 미래 생활과 관련을 맺게 되는지에 대한 또 다른 논의가 필요"하다고 덧붙였다. 풍수지리 이론의 과학적 체계화를 위한 유력한 방법의 하나로 풍수와 '건강한 삶'의 관계를 주목한 것이다.

조인철(2016, 186)은 풍수를 포함한 전통지식에 대해 호의적으로 평가한다면 '경험과 통계의 과학'으로 볼 수 있다고 주장했다. 그리고 풍수의 기(氣)에 대해 많은 사람들에게 납득과 공감을 얻어내려면 과학적 실험이나 위계적 장치로 측정하여 입증하는 게 필요하지만, 그렇지 못하면 논리성과 합리성을 갖추면 되는데 이를 가리켜 '과학적 사이언스'가 아닌 '풍수적 성격의 사이언스'라고 분류했다.

풍수지리학을 환경학이라는 일종의 과학적 학문체계로 이해하는 관점도 있다. 노관섭(2003, 66)은 기(氣)에 대한 정의를 내리며 "단 하나로 이루어진 물질이 아니고 여러 가지 화학적 결합으로 이뤄진 것… 햇빛, 공기, 수분(습기), 색채, 주변 환경(산, 건축물, 바위) 땅의 기운 등 수많은 것, 흔히 쓰는 용어로 천기와 지기의 배합작용으로 나타나는 것"이라고 요약했다.

기(氣) 철학에서 기(氣)는 물질 중 하나로 해석되지만, 실제 지각되지는 않는다. 그런데도 최한기(2012, 236)의 방법론에 따르면 추측(推測)을 통해 본질에 이를 수 있다. 여기서 추측은 본성을 따라 익히는 미룸(推)과 미룬 것으로 바르게 재는 헤아림(測)으로 구분한다. 즉 심신에 내재한 기(氣)로 주측하여 운화[93]의 기(氣)를 확인하는 인식론적 방법이다.

---

93 이현구는 최한기의 '운화' 개념을 다음과 같이 설명한다. "운화는 최한기의 당의적인 개념으로 '활동운화'를 줄인 말인데, 간단히 풀면 '살아 움직이고 변하는' 성질을 형용한 표현이다. 최한기의 관점

풍수지리에서 생기의 경우도 오감으로 존재를 확인할 수 없기 때문에 실존 여부와 관계없이 인식하게 된다. 기(氣)를 실제로 느낄 수 있다면 누군가에게는 명료하게 존재한다. 한편 느끼지 못하지만 효력과 존재를 인정한다면 존재로 인식되는 것이다. 물론 느끼지도 인정하지도 않는다면 누군가에게는 존재하지 않는 것이 된다.

생기가 넘치는 혈처를 찾는 방법은 풍수이론이 적용된다. 다만 풍수이론에 내재한 존재와 인식 간의 해석 차이 문제는 생기의 실재 여부를 떠나 혈처를 찾고 정하는 행위에 영향을 미치지 않는다. 권선정(2016, 43)은 이러한 상황에 대해 "선택된 장소는 실제로 지기가 밀집되어 '있는' 장소이든, 아니면 지기라는 것이 밀집되어 '있다고 여겨지는' 장소이든 간에 인간의 명당 찾기 과정의 최종결과물이 될 뿐"이라고 해석했다.

생기 개념이 처음 생성될 당시 특정 물질이 구체적으로 지칭되지는 않았지만, 만약 나중에라도 특정물질의 속성을 그대로 포함하고 있는 것으로 파악된다면 존재론적 근거가 확보되는 것으로 해석할 수 있다. 물론 그것이 해당 물질 그 자체로 증명되든, 아니면 그 물질의 인식론적 체계에 포함되는 것으로 해석되든 별 영향이 없다는 뜻이기도 하다. 그런 점에서 존재론과 인식론 차원에서 모두, 또는 그와 상관없이 생기 개념의 본질을 찾는 유용성은 뚜렷하다.

2) 기능과 물질로서의 생기

최창조(2011, 44)는 "기(氣)의 정의를 내리는 것은 불가능에 가깝다. 고래(古來)로 기(氣)를 설명, 정의, 해석하고자 하는 노력은 정통파이건 위학 계통

에서 보면 모든 명사에 운화를 붙일 수 있는 셈인데, 실제로 '가정운화', '학문운화'와 같은 표현을 쓰고 있다"(이현구, 2004, 「기와 근대과학의 만남-혜강 최한기의 기학」, 『기학의 모험 I 』, 들녘, 218~219쪽.

이건 무수히 많았지만, 아직도 이것이 기(氣)의 정의라고 할 것은 나오지 않았다. "라고 그 어려움을 지적했다. 그러나 생기는 다른 차원의 문제다. 어렵더라도 생기가 실제 존재하거나 또 그렇게 확신하면, 개념과 정의가 필요하다. 다만 확정하기 어려울 뿐이다. 이에 대한 시도는 이론의 진보와 발전을 위한 밑거름이 된다.

생기의 존재는 풍수지리 사상의 근본이다. 지금까지 알려진 생기는 정신적인 것이면서 동시에 실제 세계에서 작용하고 있는 물질적인 것이기도 하다. 볼 수도 측정할 수도 없다고 하지만, 어쨌든 풍수지리 속 생기는 그 사상과 이론체계 속에서 분명 작동하고 있다. 그로 인해 역사적으로도 수많은 사람들이 좋은 환경을 찾아 살 수 있었고, 문화를 가꿔냈고, 심지어는 자손의 발복까지 기원할 수 있었다. 과연 이 고마운 존재의 정체는 무엇일까?

풍수지리 원리를 거슬러보면 음양이론의 '기(氣)'가 풍수이론의 '생기(生氣)'로 구체화하는 과정이야말로 보편성의 원리가 실적용 대상으로 확산하는 현상임을 이해할 수 있다. 따라서 지기가 땅이라는 물질이 갖는 기운, 즉 일반적 개념인 것에 반해 생기는 특정 환경과 조건에서 발현되는 특별한 효력의 상태를 정밀하게 표현하는 개념으로 추론해 볼 수 있다. 즉 땅을 통해서 얻을 수 있는 가장 최적의 혜택이라는 의미를 담은 상징적, 물질적 개념이 된다.

존재 여부를 직접 확인하는 방법이 곤란하기 때문에 그동안 논의된 내용을 모아 추론하는 방식이 불가피하다. 채택한 추론의 방법은 다음의 세 가지다. 첫째, 생기의 생성조건을 통해 성질을 추정해볼 수 있다. 둘째, 생기가 생성되어 있다고 묘사된 상태와 물질에 관해 확인하는 방법이다. 셋째, 제시된 생기의 기능과 효과를 통해 거슬러 판단해보는 것도 가능하다.

주요 저작 및 전문가들의 설명과 입장을 정리하면 〈표 1〉과 같다.

〈표 1〉 종래 파악된 각 분야별 생기의 생성조건(상태/물질/기능) 분류

분야	조건 및 상태	물질/형태	기능/효과	출처
고전	음양의 氣 → 바람 → 구름 → 비 → 땅에 스며든 상태. 땅속을 흘러 다니다 지세가 멈춘 곳 응취 (땅속에 존재)		길지/명당 조성 거주자 또는 후손 발복 (만물 생성의 원천)	장경 (금낭경)
생명 에너지	지기와 그곳 유기체 간 긴밀한 연관성 존재	지구에서 생긴 증기	생명을 보전하거나 생명을 해치는 일	최한기 (地氣使然)
	형이하학적 상태	수분	생명 에너지	최원석
	땅속 길지에 고임	자양분에 비유	식물 키우는 역할	윤홍기
	식물이 잘 자라게 하는 배경		식물을 자라게 하는 힘(생명 에너지)	이도원
	생명체와 氣의 순환	자연에 분산된 에너지	생명체의 토대	박시익
	생물 종의 다양성과 개체 수가 풍부한 생태계	온 가치(개념)[94]	생태계 복합성과 생물 종 다양성 보전	최창조
환경생태 순환론	명당에 모여 있는 상태. 기후에 따라 변화		사람에 복 주고 동식물에 활력 제공	윤홍기
	기체 상태로 대기 중 존재. 바람에 의해 순환	수증기 혹은 습기		옥한석
과학적 원리	납득과 공감의 氣. 인간의 오감으로 감지		건강과 장수에 기여	조인철/ 옥한석
	햇빛/공기/수분/색채/주변환경/땅의 기운 등 영향	여러 가지 화학적 결합물질		노관섭
실생활 활용	강과 육지가 음양 조화를 이루는 낮은 지역에서 생성		배산임수 → 고기압 생성 → 건강에 도움	박시익
	알 형태의 공간 구조			박시익

---

94 최창조는 '氣-생태주의' 개념을 세워 인간이 생명 존중의 태도를 취할 때, 자연이 어떤 특정한 가치를 지니게 된다고 하는데 그것을 온 가치(Onn Value)라는 개념으로 설명했다. 최창조, 앞의 책, 43쪽.

조건 및 상태에 관해서 살펴보면, 형이하학적 상태, 길지에 고여 있는(스며 있는) 상태, 생명체와 순환되는 형태, 대기에 존재하는 기체 상태, 물과 땅의 음양 조화로 생성, 기후에 따라 변화하는 모습, 알 형태의 공간구조에서 존재, 인간의 오감으로 감지, 햇빛·공기·수분·색채·주변 환경 등에 의한 영향, 바람과 구름과 비 등으로 변화되는 모습, 산이나 산맥을 단절하면 흐름 중단 등으로 표현된다.

기능적인 면은 생명을 보전하는 역할, 식물을 자라게 하는 힘(자양분), 고기압을 형성해가는 기운, 사람에게 복을 주고 동식물에 활력 제공, 길지와 명당을 조성 등의 내용이 제시되었다.

물질 측면에서 묘사된 내용은 지구에서 생긴 증기, 수분, 자양분 같은 것, 자연에 분산되어 있는 에너지, 여러 화학적 결합물질 및 온 가치 등 물질적 개념과 추상적 개념이 섞여 있다. 다만 여기에서 나타난 특징 중 하나는 수분이나 증기 등 물과 관련하여 표현된 경우가 가장 많다는 점이다.

종합해보면, 조건이나 상태 면에서는 매우 다양한 형태로 변환, 또는 순환됨으로써 다양한 조건에 융통성 있게 변화되는 측면이 강조되고 있고, 기능적인 측면에서는 에너지 역할이 크다는 것을 알 수 있다. 물질 측면에서는 수분, 증기 등 물과 관련이 큰 것으로 압축해 볼 수 있다. 이를 요약하면 "생명 에너지 기능의 순환적 성격을 가진 수분과 같은 물질의 것"으로 추정할 수 있다.

3) 자연과학적 원리와 생기

식물은 뿌리를 통해 생명유지와 생장에 필요한 물과 물에 적당히 녹아 이온화되어 있는 무기양분[95]을 흡수하게 된다. 뿌리를 통해 흡수된 수분과 양분이 줄기와 잎으로 퍼져서 생명 에너지 기능을 하게 되는 것이다. 실제로 땅속에 흘러 다니며 생명의 에너지원 역할의 핵심은 결국 수분, 즉 물이라는 것을 확인할 수 있다. 높은 곳에서 낮은 곳으로 흐르는 산맥이 단절되면 흐르는 기(氣)도 끊기는데, 산맥을 따라 땅속에서 흐르는 것이 바로 물이다. 산맥이 끊어지면 당연히 물의 흐름도 끊어진다. 일정 지점 땅 속에 무기질을 함유하고 있어도 물이 접근하지 못하면 생명에너지 역할을 기대할 수 없다.

자연과학적 원리는 풍수지리 사상의 핵심 체계와 맞닿아 있다. 활용 가능한 특정 상태의 물이 있는 곳을 찾아내고 그 물을 잘 관리해서 인간의 생활환경 및 동식물의 생장 환경을 양호하게 만들어가는 방법과 과정, 그리고 그 효과까지 포괄하는 것이 동양적 풍수지리 사상의 요체가 된다. 이것은 풍수지리 지식체계의 원형을 자연스럽게 뒷받침하고 있다.

현대과학, 즉 기후학이나 환경과학, 생태학을 통해서 밝혀낸 물의 순환과정은 매우 일반적인 지식이다. 물은 땅과 호수와 바다 등에서 증발한 수증기가 구름을 이루고, 구름은 찬 공기를 만나 식으면 비가 되어 땅에 떨어진다. 빗물 중 일부는 지하로 침투하여 지하수가 되고 일부는 흐르는 지표수가 되어 산골짜기와 계곡과 하천을 따라 바다까지 흘러가며 순환작용을 반복한다.

한편 금낭경에서 묘사된 생기의 진행 과정(사실상 순환과정)은, "생기의 원천은 음양의 기인데, 이 기운이 트림처럼 뿜어져 나오면 바람이 되고, 바람이 올라가면 구름이 되고, 구름이 싸우면 천둥이 되고, 구름(천둥)이 내려오면 비가

---

95 무기양분(Mineral Nutrient) 설명(DAUM 백과 등) : 식물의 성장에 꼭 필요한 16가지 필수원소 중 탄소(C), 수소(H), 산소(O)를 제외한 13가지 원소(N, P, K, Ca, Mg, S, Fe, Mn, Zn, Cu, B, Mo, Cl)를 무기 원소라고 한다. 탄소와 수소, 산소는 대기와 물에서 얻을 수 있지만 이를 제외한 나머지 13가지 원소들은 식물이 직접 합성하지는 않으므로 땅, 비료, 빗물 등에서 얻어야 한다. 이들 원소는 식물의 뿌리를 통해 무기염의 형태로 얻기 때문에 무기양분이라 한다.

되며, 비가 땅속으로 젖어 들어가면 생기가 된다… 기가 바람을 타면 흩어지고, 물을 만나면(흘러가지 못하고) 정지한다."[96]로 서술된다. 현대적 원리와 고전적 묘사가 절묘하게 일치한다. 현대과학이 생명의 근원으로서 물의 기능과 순환과 정을 상세하게 밝혀낸 것과 같은 원리로, 고전에서는 그 기능과 생태적 과정을 "생기"라는 상징적인 개념을 통해 이미 오래전에 풀어냈음을 확인할 수 있다.

풍수지리에서 산맥(용)은 기(氣)가 흘러내리다가 명당을 찾아 기(氣)가 응취되는 곳, 그곳이 길지(吉地)이자, 혈처(穴處)가 된다. 이렇게 높은 곳에서 낮은 곳으로 흘러내리는 물질은 과연 무엇일까? 이 물질은 생기로 표현되었고, 사람과 식물을 살리는 생명 에너지 역할을 한다. 이를 충족시키는 땅속에 흐르는 물질, 그것은 물이다. 그런데 지하에 흐르던 물이 샘으로 솟아 나올 때 사람이 마실 수 있는 석수, 또는 미네랄 워터라고 한다. 지하에서 흐르던 물이 사신사 지형에 둘러싸인 곳으로 적당히 몰려들어 기반암의 무기질을 포함하고 표토층의 유기질을 함유하여 샘으로 흘러나와 흐르기 시작해 마을을 적시고 구불구불 흐를 때 풍요로운 수확이 약속된다. 이는 땅 위에서 가장 안정되고 효과적인 에너지 공급 상태가 되는 것이다. 땅을 고를 때 주변에 물이 흐르거나 호수가 있는 곳을 사람들은 선호한다. 기(氣)를 가까이 하고 싶다는 본능적인 선호이다. 깨끗하고 유용한 물이 가깝게 있을 때 그 땅은 활력을 더해 주는 길지로 선호되는 것이다. 기(氣)를 가까이 하고 싶다는 본능적인 선호이다. 깨끗하고 유용한 물이 가깝게 있을 때 그 땅은 활력을 더해 주는 길지로 선호되는 것이다.

규모가 큰 양기 터에 마을이 조성되거나 도시가 들어앉을 경우는 큰 규모의 물(생기) 순환 체계를 구성하고 정비할 수밖에 없다. 인위적 물 관리를 통해 상수, 중수, 하수를 관리하게 되고, 그 쓰임새는 달리 나타난다. 또 하나의 사례로

96　윤홍기, 앞의 책, 153~155쪽; 『錦囊經』, 「氣感編」, "夫陰陽之氣, 噫而爲風, 升而爲雲, 降雨爲雨, 行乎地中, 則而爲生氣."에서 확인

서 호숫가나 바닷가 암벽에 붙어있는 풍란을 생각해 볼 수 있다. 돌 위와 돌 사이에 얇게 뿌리를 붙이고 대기 중 습기와 바위의 무기질을 취한다.

마시는 물, 농업용 관개수, 풍란이 취하는 대기 중 수분 등 생명체가 필요로 하는 '특정한 조건에서의 물(H_2O)'은 생명 에너지로서 각기 필요한 상태에서 조건에 해당하는 물이요, 수분이 된다. 땅 속을 흐르는 물은 자정작용을 거치면서 필요한 무기질을 흡수하고 지표로 올라와 농작물이나 식물의 생장에 필수적으로 쓰이는 유용한 에너지원이다. 생명의 에너지 역할을 물이 수행하되 '특정한 조건'은 모두 다르다. 그런 면에서 생기는 곧 '특정한 조건에서의 물(H_2O)', 즉 "H_2O in Special Condition(Status)"이라는 개념을 도출해 볼 수 있다.

생기가 에너지의 원천이 되기까지는 물에 무기질과 표토 층의 유기질이 함유되는 것이 당연하지만, 용맥을 흐르고 사신사 지형 혈처에서 응취하는 중심에는 수분 에너지의 역할이 주가 될 수 있다는 점에는 의문의 여지가 없다.

물을 생기라고 가정한다고 해도, 풍수지리 이론에서 확인했듯이, 모든 물이 모든 지점에서 생기 역할을 하는 것은 결코 아니다. 땅속에서 생기 역할을 하는 물은 대기 중에는 습기, 냉기로 인해 응결되고 얼어 눈이나 서리, 이슬 등 다양한 형태로 변환된다. 적절한 물기는 기후 요소와 함께 인간 삶에 필요한 쾌적성을 만들어 낸다. 생기를 구성하는 물기는 만물의 성장동력이 되지만, 없어야 할 곳에 있거나 넘게 되면 악지, 또는 흉지를 만들기도 한다. 존재 양태가 오묘하며, 변화무쌍하다. 풍수지리 고전에도 유속이나 물이 모여 있는 형태에 따라 좋은 물과 그렇지 않은 물이 구분되어 있다.

종합해보면 물질은 수분, 역할은 에너지, 환경은 특정한 조건이나 상황으로 각각 풀어볼 수 있고, 이것들을 효과적으로 조합하면 '특정한 조건의 수분 에너지'로 정의할 수 있다.

5. 결론

동양은 인간과 자연을 하나로 보는 유기체적인 세계관을 만들었다. 중국을 중심으로 한 동양에서 인간과 자연을 통일적으로 이해하면서 사용하는 개념은 '기(氣)'였다. '기(氣)'라는 개념은 구름이 움직이는 모습을 유추하면서 만들어졌는데, 음양오행 사상을 배경으로 하면서 사상적 깊이를 더해갔다. 또 근본을 따지는 철학에서부터 시작해 천문, 의학, 문학, 예술, 명리, 지리 등 응용 분야로 외연을 넓혔다. 이런 과정에서 기(氣)의 흐름을 통해서 인간과 자연, 특히 땅과의 상호 교감과 작용을 설명하는 풍수지리가 체계화되었다. 따라서 풍수지리의 근원과 본질을 따라가는 작업은 기(氣) 개념에서 시작하는 것이 적절하다. 음양과 오행이라는 범주에서 체계화된 이론이 정립되었고, 같은 기운을 가진 존재는 서로 영향을 주고받는다는 원리에서 기(氣)라는 보편개념이 발전되어 갔다.

풍수지리는 인간의 생존과 생활환경 적정성에 대한 철학이자, 사상으로 발전했고 활용되었다. 인간과 만물은 기(氣) 변화에 따른 결과인데, 이것이 인간 생활을 유지하는 직접적 요인이라는 인식이 가장 현실적으로 구체화된 것이 풍수지리 이론이다. 인간은 땅과 불가분 관계를 맺고 있고, 땅의 원리와 활용성을 탐구하고 활용하지 않으면 생존 및 생활이 어려워진다. 나아가 보다 안정적이고 편리한 삶에 대한 희구도 이러한 사상의 출현과 발전을 재촉하게 되었다. 즉 사람이 사용하는 공간이나 입지를 설득력 있게 설명하는 이론체계로 유용한 것이다.

풍수지리에서 음양이론의 '기(氣)'가 풍수이론의 '생기(生氣)'로 구체화하는 과정을 보편성의 원리가 확산하는 과정으로 이해할 수 있다. 지기(地氣)가 땅이라는 물질이 갖는 기운, 즉 일반적 개념인 것에 반해 생기는 특정 환경과 조건에서 발현되는 특별한 효력의 상태를 정밀하게 표현하는 개념으로 추론해 볼 수 있다. 즉 땅을 통해서 얻을 수 있는 가장 최적의 혜택이라는 의미를 담은 상징적, 물질적 개념이 된다. 여기에 과학적 원리까지 담아낼 수 있다면 보편성의 근거가 만들어진다. 생기는 기(氣) 철학의 범주에서 특화되어 풍수지리의 실용적 관점으로 추출된 별도의 범주적 차원으로 해석할 수 있게 되는 것이다. 다만 중국에서 기(氣)론이 쇠퇴한 것은 보이지 않는 원리로서 추상적 담론, 즉 유물사관에 반하는 것으로 간주되었기 때문이다.

'생기' 본질에 대한 탐색과 논의는 풍수지리 성립 이후 지속된 관심사였다. 그 원리를 찾기 위한 학자들의 노력과 담론은 지속되었지만, 아직 명쾌한 답이 없는 것이 현실이다. 풍수지리에서 '생기'는 보편성과 지속가능성의 핵심개념이 되고 있다. 생기 본질에 관해 다음의 세 가지 관점으로 나눠서 접근해 보았다.

첫째, 종래에 일관된 생기의 전통적인 개념과 기능은 '생명의 원천과 에너지'라는 시각이다. 이는 풍수지리 사상의 전통적인 해석의 순방향이자, 현대적 확장판이라고 볼 수 있다. 음양의 기운이 땅속으로 들어와 생명을 탄생시키는 기운으로 작용한다고 보는 관점이다.

둘째, 생태순환론은 생기의 보편성과 지속가능성 원리의 핵심개념이다. 거주하고 있는 인간과 지속적으로 순환되는 자연 사이클이 관계를 맺는 공간적·시간적 현상이 정의되고 탐구되는 것인 동시에 과학적 원리를 규명하고 논증하는 단초가 된다. 이 같은 순환을 통해 '생기' 자체가 특정 물질로 개념화될 수 있다면 과학적 차원의 보편적 가치가 뒷받침되는 것이다.

셋째, 한국에서 풍수는 이미 실생활에 많이 녹아있다. 논란이 많은 음택을 제외하더라도 양택 및 양기풍수 측면에서 실용적 활용이 활발해지고 있다. 민간영역에서는 주로 건축과 인테리어 분야, 공공영역에서는 도시계획, 경관계획, 생태복원, 지구 단위 개발, 전통 테마파크 개발 등이 활발하다. 이는 풍수의 실제적 가치를 경험적으로 확인할 수 있는 기회가 된다.

생기는 오감으로 존재를 확인할 수 없기 때문에 실존 여부와 관계없이 인식해야 한다. 물론 존재와 인식 간의 명료성 규명의 문제가 남더라도 이러한 문제의식은 생기의 실재 여부를 떠나 혈처를 찾고 정하는 행위에는 별 영향이 없다. 생기가 실제 존재하든, 그 존재가 있는 것으로 인식되든 생기 본질은 효력 유효성 여부가 더 큰 관심 대상이며 중요하다는 뜻이다.

환경생태학에서 밝혀낸 물의 순환과정과 풍수 고전에서 묘사된 생기의 전개(순환)과정은 절묘하게 같은 사이클이다. 금낭경에서 묘사된 생기의 순환과정을 요약해보면 바람이 되었다가 구름이 되고, 이어서 비로 내려 땅으로 왔다가 땅속으로 스며들어 생기가 된다. 그 생기는 바람을 만나면 흩어지고(수증기가되어 다시 하늘로 올라가고) 물을 만나면 머물러 있게 된다. 지표에서 만들어진 수증기는 바람을 타고 올라가 구름이 되었다가 비로 변하여 땅으로 내려오고 지하수나 지표수가 되어 계곡수와 강을 거쳐 바다로 다시 흘러간다. 여기서의 수증기, 즉 물의 반복적인 일생과 절묘하게 같다.

고전이 만들어질 당시 과학적인 지식이 부족해 물의 순환구조를 정확히 파악할 수 없었을 뿐, 물의 순환구조로 짐작되는 생명 에너지 역할의 그 무엇을 생기라는 개념으로 풀어낸 결과로 추정된다. 대단히 체계적이면서 놀라운 상상력이라 할 수 있다. 여기서 말하는 구름과 바람의 핵심 요소는 당연히 물, H_2O이다. 천둥과 번개도 구름 속 습기가 온도 차에 의해 음과 양전기로 나뉘어 반응하는 현상이다. 마치 공중에서 음양이 만나 요란하게 트림하는 것처럼 비춰지는 것이다. 습기를 많이 머금은 먹구름이 음양을 띠며 큰 트림과 싸움 끝에 지상으로 뿌리는 것이 비가 되는 것은 당연한 이치인 만큼, 금낭경에서 말하는 음양오행을 바탕으로 한기의 발현과 순환과정이 오늘날의 생태순환론과 절묘하게 일치한다는 원리를 누구도 부정하기 힘들다.

일단 물을, 생기를 나르는 매개체, 또는 그 자체를 생기라고 가정하면 풍수지리 이론에서 확인했듯이 모든 물이 모든 지점에서 생기 역할을 하는 것은 아니다. 식물이 뿌리를 통해 흙 속 무기질분이 녹아있는 물을 흡수하게 되는 조건 등이 가능해지는 특정 상태, 그리고 특정 구역에서만 유효해진다. 이는 풍수지리 고전 이론에도 나타난다. 즉 흐르는 물의 빠르기나 물이 모여 있는 형태에 따라 좋은 물과 그렇지 않은 물이 구분된다. 따라서 모든 물을 생기라고 개념화하는 것은 문제가 있다. "특정한 조건에서의 물(H_2O)", 즉 "H_2O in Special Condition(Status)"이라는 개념을 도출해 볼 수 있다. 종합해보면, '특정한 조건의 수분 에너지'가 가장 적절하다. 이는 토양을 지표면에서 가장 안정되고 효과적인 에너지 공급 상태라는 의미를 담는다. '특정'의 의미는 에너지 역할을 해낼 수 있는 조건이나 상태를 가리킨다.

기(氣) 철학의 쇠퇴는 풍수지리 사상의 기반이 흔들리는 불리한 요소임에 틀림없다. 결국 철학적 요소는 차츰 희석되거나 대체되어 갈 것이고 과학적 요소를 중심으로 남겨지는 과정이 될 것이다. 풍수지리의 명당 요건이 북서풍을 막아주는 장소 확보, 비옥한 토지 환경의 형성과 획득, 적절한 습도와 쾌적한 장소 조성 등의 살기 좋고 풍요로운 환경조건을 의미한다고 본다면, 이러한 땅의 조건은 이미 현대적 토목, 건축, 과학 기술 등이 인위적으로 만들어낼 수 있다. 우수한 창호 시스템, 식물을 잘 키우는 비료, 쾌적한 조건을 가꾸는 공기청정 및 가습 시스템 등은 매우 일반적인 기술이다. 그렇다면 예전 같은 풍수지리의 활용성은 줄어들게 된다. 대신 별도 차원의 가치와 실용성이 요구될 것이다.

그러나 역설적으로 그렇게 됨으로써 풍수지리 사상의 과학적 원리는 더욱 명료해진다. 현대적 과학, 건축기술이 발달하지 못했던 당시 그것을 환경적으로 대체할 만한 정치한 지식이었다고 평가할 수 있다. 생기라는 개념을 세우고 사람과 땅의 최적 관계를 보편적 원리로 구성해 낸 결과이다. 이것이 한국 풍수지리의 '생기 본질'이다. 즉 전통적으로 전승된 상징적 과학의 가치와 쓸모를 만드는 것은 지금 시대의 과제이며, 그것은 한국 사회의 특수조건 위에 보편적 원리를 구축하는 작업이 된다. 생기가 중국 고전의 기(氣) 철학에서 비롯되었는지 여부는 이제 덜 중요할 것이다. 현대적 관점의 명료한 이론적 배경을 만들어 든든하게 뒤를 받치도록 하면서 우리 사회를 제대로 해석하고 이끌어 갈 만한 미래형 지혜를 담을 수 있도록 다듬는 것이 앞으로의 과제가 될 것이다.

생기 개념의 정립 시도를 통한 '생기 본질'의 탐구가 풍수지리 사상의 학문체계를 보다 명료하게 만드는 데 도움을 주고 나아가 한국의 전통지리로서의 위상 확보에 조금이나마 기여할 수 있을 것이라 기대해 본다.

참고문헌

○ 저서

김교빈 외, (2004), 기학의 모험 I, 들녘.

김두규, (2012), 우리 풍수 이야기, 북하우스.

노병한, (2011), 古典 風水學 原論, 안암문화사.

박시익, (2017), 한국의 풍수지리와 건축, 일빛.

윤용진, (2014), 뉴턴, 음양오행설을 만나다, 지앤유.

윤홍기, (2011), 땅의 마음, 사이언스 북스.

이도원 · 박수진 · 윤홍기 · 최원석, (2013), 전통생태와 풍수지리, 지오북.

최원석, (2018), 사람의 지리 우리 풍수의 인문학, 한길사.

최창조, (2011), 사람의 지리학, 서해문집.

○ 편저

동아시아풍수문화연구회 · 서울대아시아연구소, (2016), 동아시아 풍수의 미래를 읽다, 지오북.

○ 번역서

장립문 주편, (2012), 기의 철학(김교빈 외 역), 예문서원, (1990), 『氣』(中國哲學範疇精髓叢書), 중국
　　　인민대학출판사.

유발 하라리, (2017), 사피엔스(조현욱 역), 김영사, (2011), 『SAPIENS』.

최한기, (2012), 기측체의(한국고전번역원 기획 번역), 사단법인 올재, 『明南樓叢書』 성균관대학교 대
　　　동문화연구원. (중국 북경 정양문 내 인화당에서 간행된 활자본 영인)

○ 학위논문

김계환, (2010), 풍수의 이론체계와 易의 원리 연구, 동방대학원대학교 박사학위 논문.

조원래, (2018), 조선 시대 고택과 근대재벌 총수들의 생가 양택풍수 연구, 원광대학교 동양학대학원
　　　석사학위 논문.

○ 정기간행물 논문

김종의, (2013), 풍수해석의 보편성, 대동철학 64, 21-48.

김태오 · 임병학, (2021), 천문사상과 풍수의 상관성 고찰, 용봉인문논총 59, 87-108.

노관섭, (2003), 도로와 풍수, 대한토목학회지 51(5), 65-70.

박성대, (2014), 풍수의 현대적 해석을 통한 한국형 녹색 도시 조성방안, 한국지역지리학회지 20(1), 70-91.

성동환, (1992), 풍수 지기론에 대한 문헌고증학적 연구, 지리학총론 19, 87-102.

손용택, (2018), 한국의 풍수 설화와 사회과 교육, 사회과 교육 57(2), 115-133.

옥한석, (2014), 고전 풍수와 현대 생활 풍수, 대한지리학회 학술대회 논문집 345-347.

_____, (2007), 도시 이미지 및 경관계획 수립에 있어서 풍수개념의 필요성과 적용의 한계- 혁신도시의 경우, 대한지리학회 컨퍼런스 자료집, 47-58.

_____, (2006), 경관 풍수의 본질과 명당의 선정 기준: 북한강 유역을 중심으로 하여, 문화역사지리 7(1), 22-32.

옥한석 · 정택동. (2013), 풍수지리의 현대적 재해석, 대한지리학회지 48(6), 967-977.

윤홍기, (2001), 왜 풍수는 중요한 연구주제인가?, 대한지리학회지 36(4), 343-355.

○ 단행본 내 논문

권선정, (2016), 풍수 담론의 사회적 구성, 동아시아 풍수의 미래를 읽다, 지오북, 40-58.

박수진, (2016), 인류 보편적 가치로서의 풍수, 동아시아 풍수의 미래를 읽다, 지오북, 278-309.

이현구, (2004), 기와 근대과학의 만남- 혜강 최한기의 기학, 기학의 모험 1, 들녘, 214-243.

이화, (2016), 한국 풍수신앙, 그 경험의 자리, 동아시아 풍수의 미래를 읽다, 지오북, 60-87.

조인철, (2016), 건축과 도시에 대한 현대 풍수의 모색, 동아시아 풍수의 미래를 읽다, 184-221.

천인호, (2016), 한국 풍수의 비보와 일본풍수의 귀문 회피, 동아시아 풍수의 미래를 읽다, 346-383.

3 풍수의 터고르기와 어촌풍수

05

터고르기 시각의 풍수지리; 동서양의 비교관점에서

손용택 · 남상준

본 연구의 목적은 풍수지리의 사상 철학적 원리를 살펴 서양에서 들여온 지리학의 입지론적 시각과 어떠한 유사점과 차이점이 있는지 살피고 현대의 활용면을 고찰하는 데 있다. 연구결과는 첫째, 사신사에서 배산임수의 지형적 조건은 현대(서양) 지리학의 입지선정에서도 중요시되는 조건이다. 둘째, 풍수에서의 북현무, 좌청룡, 우백호, 남주작 등 사신사(四神砂)는 비교적 작은 규모의 입지환경을 조성하는 것에 유의미하며 발복 명당의 중심인 혈(穴)을 둘러싼 산세 조건이다. 셋째, 사신사는 도시와 같은 큰 규모의 양기(陽基)풍수에서 산(북), 하천(동), 도로(서), 연못(남)의 환경으로 대체된다. 대체된 사신사 개념은 도시 계획상의 입지조건으로 응용할 수 있다. 넷째, 풍수지리에서 득수(得水)는 오늘날 물의 활용 측면을 말한다. 전통마을의 식수, 농업용수, 나루터 취락, 오늘날 항구의 공업도시 발달 등은 물 관리와 활용 측면이며 이를 기준으로 하면 성격상 '절대 입지'로 설명할 수 있다. 항구 공업도시는 교통상 적환지, 상대입지이기도 하다. 다섯째, 서양의 입지론은 영리에 초점을 두고 무한 개발을 추구하는 반면, 풍수지리는 인간과 자연이 상생하는 지속가능성과 성장의 한계 및 안정을 추구하는 환경 철학을 담고 있다. 연구결과를 통해 풍수지리 사상과 원리의 온고이지신(溫故而知新)은 인문지리(경제지리의 입지론) 시각에서 유의미한 바가 있으며 인간-자연 관계의 균형점과 지속가능성을 추구하는 내용은 사회과 교육(문화지리, 지리교육)적 함의에 유용성을 지닌다.

1. 서론

자연을 바라보는 관점에서 동서양의 차이가 있다. 서양에서는 자연을 개발 대상으로 보는 데 반해, 동양에서는 인간과 함께 교감하고 대화하는 살아있는 유기체로 의인화하여 대한다. 물아일체 내지 천인동구(天人同構) 사상이 그것이다.[97] 음양오행 사상을 더한 풍수지리는 자연과 교감하고 의인화, 의물화 하며, 동양사상과 철학에 뿌리를 깊이 내린 지리관이며 환경관이다.

풍수지리에서는 산맥의 흐름을 살아있는 용으로 보며 산맥을 따라 생기가 흐른다고 전제한다. 기(氣)가 모이는 좋은 자리를 명당(明堂)이라 하고 그 가운데서도 중심 되는 곳을 혈(穴)이라 하여 찾고자 하는 목표지점이다. 죽은 사람이 이곳에 묻힐 때 음택(陰宅), 산 사람이 이곳에 삶의 터를 잡고자 할 때 양택(陽宅)이라 하는데 혈처에 자리 잡은 대상이 죽은 자(亡者)이든 산 자이든 기를 받아 발복하여 잘 된다고 보는 '기의 흐름' 영역을 논하는 것이 풍수지리이다. 본 연구에서는 풍수지리의 원리와 구성의 논리체계, 인간 생활에서의 활용 등을 고찰하되 주안점을 좋은 장소(합리적 장소)를 찾고자 하는 터 고르기(입지론, 택지술) 관점에 둔다.

---

97 천인동구(天人同構)란 인간 주체의 심리 정감과 외계 사물이 같은 형태와 같은 구조를 지닌 것으로 인식하는 세계관.

풍수지리는 논리적 과학인가에 대한 의문점을 두고 선행된 연구는 없다. 그러나 여러 분야에 걸쳐 과학적 시선으로 접근하고자 시도되고 있다. 풍수지리의 본질이 기(氣)를 다루는 영역이라는 점에서 풍수는 과학이라 단언하지 못해왔지만, 양택(陽宅)과 양기(陽基) 풍수지리는 과학적 입지론과 비교해 설명할 수 있는가에 대해서는 풍수 사신사(四神砂)와 연관 지어 논의해 볼 가치가 있다. 내용의 전개상 첫째, 풍수지리의 사상과 철학적 내용을 살핀 후 둘째, 터 고르기(입지론) 관점에서 풍수 입지요소를 중심으로 고찰하고, 세 번째는 현대에서의 풍수지리 적용 내용을 살피고자 한다. 마지막으로 이러한 제반 내용은 온고이지신(溫故而知新)으로 문화지리 및 지리교육과 사회과교육의 학습 내용으로 될 만한 가치와 함의가 있음을 밝혀 제시하고자 한다.

풍수지리의 본질인 기(氣)에 대한 정의는 아직 정립되지 않았다. 풍수서 고전인 금낭경(錦囊經)에 따르면 음양의 원리에서 만들어진 기(氣)란, 뱉어내면 바람이 되고, 오르면 구름이 되며, 내리면 비가 되고, 땅속으로 흘러들어 돌아다니면 그것이 즉 생기(生氣)가 되는 것이라고 하였다.[98] 이는 오늘날 물의 순환이론과 비슷한 원리를 가진다. 지표와 해수면의 물이 수증기가 되어 위로 올라가 구름이 되고, 기온이 떨어지면 응결하여 물방울이 되며 무거워져 비나 눈이 되어 떨어져 땅속으로 스며드는 순환원리와 유사하다.

기(氣)가 바람을 받으면 흩어지고 물을 만나면 멈춘다고 하였다. 옛사람들은 기가 모이고 흩어지지 않는 곳에, 즉 기가 행하다가 멈춘 곳을 두고 풍수라고 하였다.[99] 그렇다면 풍수에 맞는 지역이란 명당(明堂)이며 길지(吉地)를 의

---

98 "夫陰陽之氣 噫而爲風 升而爲雲 降而爲雨 行乎地中 則而爲生氣".

99 "氣乘風則散 界水則止. 古人聚之使不散, 行之使有止 故謂之風水". 기는 바람을 받으면 흩어진다고 하였는데, 이를 흩어져 없어지는 것으로는 볼 수 없다. 즉, 기는 어디에든 존재하는 것이지만 그것이 모이는 장소를 두고 곧 명당이라 할 수 있다.

미한다. 기의 뿌리는 물로 보는 관점에서 풍수에서 대체로 득수를 먼저치고 장풍을 그다음으로 본다.[100] 득수란 인간 생활에서 물 자원을 활용하는 것을 의미한다. 이로 보아 풍수 입지의 자연적 배경으로는 득수가 가장 중요하다. 물은 생명력의 징표로서 땅이 건강한지 아니면 병들었는지를 말해주는 척도이기 때문이다(최원석, 2002). 풍수지리에서 지기(地氣), 즉 땅에 흐르는 생기(生氣)는 본질이자 근원이다. 그 생기(生氣)는 물을 구하는 곳에 있다.

풍수란 장풍득수(臟風得水), 즉 바람을 잠재우고 물을 구할 수 있는 곳을 찾는 택지술(擇地術)이며, 적합한 장소를 고른다는 의미에서 오늘날의 입지론 원리와도 닮은 바가 있다. 단지 풍수의 택지술에서는 현대 지리학의 입지론처럼 디테일한 요소로 설명하지 않았을 뿐이다. 윤홍기(2001)는 풍수란 배산임수(背山臨水)의 지형적 조건과 좌향(坐向)을 두고 좋은 땅을 찾는 것이라 하였다. 이러한 배산임수의 입지는 그 배치 자체로 과학적인 면이 있다고 할 수 있다. 우리나라는 국토의 70% 이상이 산지로 구성되고 사계절이 뚜렷한 온대 계절풍 기후특성을 가지고 있다. 따라서 물을 구할 수 있는 둘러쳐진 산어귀에 입지를 하되, 바람을 피할 수 있게 산을 등지고, 햇볕을 잘 받을 수 있는 남향으로 앉힌 집 자리가 풍수지리에서 말하는 배산임수의 좋은 터이며, 이는 과거 우리나라 지리환경의 최적화된 보편의 입지형태로 보고 있다. 남향을 바라볼 수 없는 형국에서도 배산임수 지형은 우선적이다. 양택이나 음택이나 주산의 보호를 받는 상징성이 있기 때문이다. 북현무와 남주작을 일직선상에 일치시켜 반드시 남향으로 맞춘 형국은 고르기가 쉽지 않다. 본 연구에서는 풍수의 원리와 특성, 사신사 내용, 배산임수 및 득수(得水) 내용을 자세히 살펴 입지론과 비교, 고찰하고자 한다. 좌향과 관련해서는 제4장의 풍수 현대적용에서 다루도록 한다. 풍

---

100 "風水之法 得水爲上 藏風次之", "氣者水之母 有氣斯有水". 기는 물의 근본이 된다. 기가 있으면 곧 물이 있는 것이라 한다.

수지리에 사용되는 각종 용어는 필요한 장에서 자세히 설명된다.

2. 이론적 배경

1) 선행연구 검토

풍수지리 사상의 형성에 영향을 미친 풍수서 중에서도 특히 중요한 것은 곽박의 『장서(葬書)』이다. 제목에서부터 음택에 관한 내용을 담은 책인 것을 알수 있다. 고전 풍수의 이론을 바탕으로 음택과 양택, 모두 공통으로 나타나고있는 가장 이상적인 명당은 배산임수의 형태이다. 배산임수 지형은 마을입지로서 산을 등져 자리 잡고 물을 쉽게 구할 수 있는 형국의 중요성을 강조한다. 박시익(1987)의 연구에 의하면 풍수지리의 이상적인 공간으로 목적하는 명당은바로 산수(山水)의 기운이 상호 결합하는 장소로, 득수가 중요한 요인이 된다.

이화(2004)에 의하면 중국에서 바람과 물은 그 지형적 조건 때문만이 아니라 바람과 물을 통제함으로써 인류의 행복과 운을 통제할 수 있다는 '신앙'의대상이었다. 일상적인 생활에서 볼 때 풍(風)은 기후 등의 지리적 환경을 나타내고, 수(水)는 인간 생활에 가장 중요한 물을 나타낸다. 풍수지리 이론상 물은모든 생명체의 근본이 된다. 지구도 최초에는 물로부터 발생하였고, 현재도 지표면의 3/4은 물이다. 그러므로 물이 없이는 지구상의 생명체 어느 것도 존재할 수 없다. 박시익(1992)도 물의 상징성은 중국뿐 아니라 한국의 전통적인 사상에서도 나타난다는 것을 확인하였다. 바다에는 해신(海神)이나 용왕신(龍王神)이 있는 것으로 얘기한다. 또한 현대의 일부 종교계에서도 '거듭남', '정화',

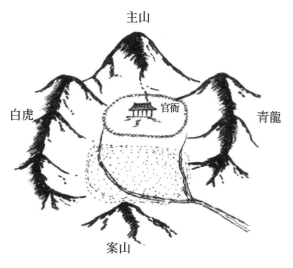

主山

白虎　官衙

青龍

案山

- ⬭ 주거공간: 관아가 있는 지역
  (풍수상 穴에 해당)
- ⬭ 생산공간: 주거공간 앞에 펼쳐진 넓은 터
  (풍수상 명당에 해당)
- 방어공간: 주거공간 및 생산공간을 둘러싸고 있는 사방의 산
  (풍수상 진산, 안산, 백호, 청룡에 해당)

〈그림 1〉 전통마을의 풍수적 공간(김두규, 1999)

'탈속'의 의미로 물의 세례[101]를 종교행사의 중요한 부분으로 인식하고 있다. 즉, 풍수(風水)라는 지리 사상 속에는 토속, 문화, 정치, 철학, 종교, 사상 등의 복합적인 내용이 전부 포함되어 있다.

풍수는 고려 시대 사찰의 입지로도 유행하였다. 최원석(2009)에 의하면 신라 말기인 9세기 무렵, 사회는 정권의 말기적 현상으로 심각한 혼란에 빠져들고 있었다. 정치적 혼란으로 인해 지배층은 반목, 이반하였고, 백성들은 기근과 도탄에 빠져 전국 각지에서 민란이 일어나고 있었다. 이에 한국 자생풍수의 '비조'로 불리는 도선(道詵)의 비보사탑설의 이론이 등장한다. 도참(圖讖), 지기

101　세례(洗禮), 영세(領洗), 관욕(灌浴), 유두욕(流頭浴) 등.

쇠왕설(地氣衰旺說),[102] 지리순역설(地理順逆說), 지덕비보설(地德裨補說) 등은 지기(地氣)가 쇠퇴하는 곳에는 국가의 쇠망을 막기 위한 비보로 사찰과 탑을 세워 지기를 보완해야 하며, 이와 반대로 산천 지세에 어긋나게 하거나 비보를 믿지 않고 사찰이나 탑을 파괴하면 나라가 망하고 백성이 불행하게 된다는 것이 골자이다. 도선의 풍수 비보는 숭유억불 정책을 시행한 조선조에서도 확산돼 다양한 양상으로 발전된다. 여기서 비보란 풍수적으로 허한 부분을 인위적으로 보하여 치유 내지 치료한다는 의미이다.

조선 시대 풍수의 적용은 마을 풍수와 궁궐 풍수에서 확인할 수 있다. 김두규(1999)에 의하면 전통마을에서의 풍수지리적 공간구성은 세 가지 공간으로 나눌 수 있다. 첫째는 혈(穴) 자리에 위치한 주거 및 활동 공간이다. 둘째, 마을을 둘러싼 사신사(四神砂)이다. 이때, 사(砂)는 병풍과 같은 역할로 외적과 천재지변 등으로부터의 방어공간이 된다. 셋째, 생산 공간이다. 주로 논과 밭으로 이용된다. 명당수가 흐르고 햇볕이 잘 드는 터로 명당(明堂)이라 부른다.

풍수원리는 궁궐에서도 반영된다. 김규순(2018)은 경복궁의 풍수요소를 5가지로 압축하여 설명했다. 그 내용은 첫째, 금천이라 불리는 명당수, 둘째는 근정전 앞마당의 명당이다. 셋째, 강녕전과 교태전이 가진 공간적 함의이고, 넷째, 궁궐 내의 핵심 풍수 공간인 아미산, 그리고 비보와 생기(生氣) 그릇의 기능을 가지는 연못 풍수이다. 이들 핵심 풍수요소들은 경복궁 내의 왕기(王氣)를 왕성히 하는 것에 목적을 두고 있다. 이상해(2004)에 의하면 한국의 궁궐과 왕성은 일찍이 고대 국가가 형성·발전하면서 지배계층의 정치, 종교 의식 및 거처의 중심이 되었다.

무라야마 지준(1929)은 그의 저서 조선의 풍수(『朝鮮の風水』)에서 풍수지

---

102 지기(地氣)의 약함과 강함은 항상 변하며, 지기가 왕성할 때에는 왕조나 사람이 흥하지만 쇠퇴할 때에는 멸망한다는 내용.

리를 한국의 문화를 이루는 본질적인 현상의 하나로 보았다. 그는 풍수가 조선 반도 어디를 가더라도 믿지 않은 자가 없을 정도로 널리 보급되었다고 보았다. 삼국시대부터 신라와 고려, 조선을 거쳐 현재까지 오랜 시간 동안 국토 곳곳에 풍수가 영향을 미쳐왔고, 조선을 대표하는 전통문화로서 전통 지리관, 환경관으로 자리했다고 생각한 것이다. 특히 조선의 묘지 풍수에 주목하였다. 풍수에서 땅은 생기(生氣)로서 만물을 키워내며 이 생기의 정도에 따라 인간에게 길흉화복을 미친다고 보았다. 이를 두고 김희영(2009; 329)은 무라야마가 말하는 풍수란 자손의 현실적 번영을 목적으로 둔다고 해석하였다.

풍수지리의 현대적 해석은 다양한 분야에서 시도된 바 있다. 고봉선(2015)은 풍수지리의 이론을 해석하여 주거공간에 대한 환경디자인의 적용을 시도하였다. 지세론, 형체론, 방위론을 근거로 하여 주거공간의 건물의 배치와 형체, 방위와 색채를 접목할 수 있는 요소들을 분석하였다. 아파트의 외부공간 요소로 다양한 측면을 풍수이론을 바탕으로 제시하였고, 양택삼요[103]에 적용된 동·서 사택론을 근거로 내부공간 요소의 분석을 시도하였다. 이승노와 신화경(2012)은 사신사의 의미를 재조명하여 현대 주택의 입지평가에 주요 외부환경 요소로 고찰하였다. 사신사와 혈과의 관계를 서로 영향을 주는 관계로 보았다. 주택이 있는 위치를 혈로 보고 주변에서 주택에 영향을 미치는 중요한 변수들을 사신사의 개념으로 확장하여 현대적 재해석을 시도하였다. 북쪽 영역은 교육요소, 남쪽 영역은 자연과 인공의 환경요소로, 좌측영역은 경제요소로, 우측영역은 교통요소로, 중앙은 주인이 거주하는 주택으로 보았다. 즉, 현대의 주거환성에 영향을 미치는 외부 주거환경을 현내 개념의 사신사로 본 것이다.

지리학자인 옥한석과 정택동(2013)은 건강과 풍수의 관련성에 착안하여 풍

---

103 청나라 조정동이 저술한 陽宅三要, 집터의 중요한 3가지. 문(門), 주(主), 조(灶).

수지리를 현대의 시각으로 재해석하였다. 그들의 주장에 따르면 풍수지리의 생기는 '일정한 온도와 습도가 큰 변동이 없이 유지되며 통풍이 잘되고 일조량도 충분한 조건을 갖춘 곳의 쾌적성'이라고 정의하였다. 이는 온도, 습도, 바람, 일조량 등 기후요소가 적정한 수준으로 어우러져 빚어낸 '쾌적한 환경'에 초점을 맞춘 것이다. 장소와 연결될 수 있으나 구체적인 지형(배산임수의 산세)에 대해 직접 언급은 없다. 득수와 관련해 습도를 얘기했을 뿐이다.

2) 사신사 이론의 적용 : 한양 분지를 사례로

"인걸(人傑)은 지령(地靈)"이라는 금낭경의 말처럼, 풍수지리는 본래부터 자연환경이 사람에게 영향을 미친다는 것을 전제로 하며, 양택과 양기의 중요성을 내포한다.[104] 본 절에서는 풍수원리 중 사신사 이론이 적용된 양기(陽基)풍수의 사례를 두고 고찰하고자 한다.

풍수는 크게 세 가지로 분류할 수 있다. 도읍이나 군현(郡縣), 혹은 마을 등 취락 풍수에 양기(陽基)풍수라는 용어를 쓰고, 개인의 주택에 양택(陽宅)풍수라는 말을 쓰며, 산소의 자리 잡기 등 묘지 풍수에 음택풍수라는 개념과 용어를 쓴다(한국민족문화대백과사전, encykorea.aks.ac.kr). 본 절에서는 음택풍수 내용을 소략하기로 한다. 양기를 양택으로 혼용해서 부르는 경우도 있으나 양택보다 양기가 공간 범위 상으로 큰 개념이다. 양택풍수가 집 자리를 칭한다면, 양기풍수는 도읍지나, 촌락지를 포함한 범위가 넓은 삶의 터의 전반적 총칭이다. 그러나 양기 · 양택과 음택의 풍수 술법은 본질에 있어서는 같다.[105]

---

104 풍수에서는 사람이 태어날 때, 태어난 땅의 지기의 영향을 받게 되는데, 지세가 좋을수록 좋은 생기를 많이 받고 태어나, 길지에서 큰 인물이 많이 나온다고 보았다.

105 설심부(雪心賦)에 말하기를 만약 양택을 말하자면 음궁과 무엇이 다른 것인가 하며, 가장 중요한 것으로 지세가 넓어야 하고 당국(堂局)이 좁으면 마땅치 않다고 하였다. 이는 양택과 음택의 발복의 원

풍수지리에서의 사신사(四神砂)는 혈을 사방에서 보호하는 네 방향의 산세 지형을 말한다. 일반적으로 좌청룡, 우백호, 북현무, 남주작이라 일컫는 것이 그것이다. 이때, 주산(主山)이 없으면 기운을 품어낼 명당도 존재할 수 없고, 주산에서 뻗어 나온 산줄기인 좌청룡, 우백호를 뜻하는 사(砂)도 존재할 수 없다. 수구(水口)인 수(水)도 마찬가지라고 볼 수 있으며, 이 모든 것은 산의 중요성을 강조한다. 『호수경』에서 사(砂)를 논하여 말하기를, "화개성이 양양하게 빛나고, 평평한 곳으로 읍하듯 모여들며, 좌우로 가려주고 막아준다. 산이 중첩되고 언덕이 겹쳐져 청룡은 왼쪽을 감싸고 백호는 오른쪽에 있으며, 주작은 앞에서 춤추고 현무는 뒤에서 진호한다. 내룡은 산가지들을 던진 듯, 내려온 언덕은 양들을 몰 듯, 큰 산이 조아리면 작은 산이 일어난다. 안산(案山)은 궤처럼 길게 누워 있고 생기는 양양하며 세(勢)가 머물고 형(形)이 우뚝하며, 앞에는 물이 흐르고 뒤는 언덕이 받쳐 용머리가 들어 있는 곳이다."라고 하였다.[106] 그림을 보듯 사방의 둘러싼 지세가 그려지는 국면을 설명하고 있다.

자연을 의인화·의물화된 시스템으로 보는 풍수의 자연관은 1975년에 제임스 러브록(James Lovelock)과 그의 동료들이 내놓은 '가이아(Gaia)' 가설과 비교할 만하다. '가이아'란 그리스 신화에 나오는 땅의 여신 이름에서 딴 것이다. 이 가설은 사람을 포함해 지구에 사는 모든 생명체는 마치 신체 각 부위의 세포들이 모여서 한 사람을 형성하고 있는 것과 같이 초대형 지구생명체를 이루고 있다는 가설이다. 러브록은 거대한 지구 시스템은 하나의 살아있는 생명체 같은 행태를 보인다는 견해를 굳히게 되었다. 그리고 이 지구생명체를 소설가 윌리암 골딩(William Golding)의 제안대로 '가이아'라고 명명하였다(윤홍기,

---

리가 다르지 않다는 것을 말한다. "若言陽宅何異陰宮, 最要地勢寬平 不宜堂局逼窄"

106 『狐首經』華蓋昂昂, 朝揖堂堂, 左抱右掩. 疊龍重岡, 靑龍索左, 白虎居右, 朱雀舞前, 玄武鎭後. 几案橫張, 生氣洋洋, 勢止形昂, 前閑後崗, 龍首之藏. 풍수에서는 산을 용(龍)이라 말하며, 용의 중요성을 강조한다.

2011:158-159). 풍수에서는 지구 전체를 하나의 거대한 생명체로 언급하지는 않았다. 그러나 풍수 철학의 가치는 가이아 가설과 크게 다르지 않은 것 같다.

김일권(2001)의 연구에 의하면, 사신(四神)은 해와 달, 4방위 별자리같이 사방(四方)우주론을 구축하는 주요 구성원이며 사신사 체계는 중국 전한 대에서 후한 대로 가면서 널리 알려지게 된 천문 관념으로 보았다. 한대와 고구려의 하늘 세계는 일월(日月), 성상(星狀), 사신(四神) 세 가지 천문요소로 이루어진다. 즉 사신은 일월성수(日月星宿)와 함께 천문우주론적인 맥락을 지향한 천문방위 사상으로 보았다. 사신(四神)은 사령(四靈), 사수(四獸), 사상(四象), 사궁(四宮) 등으로도 불린다.

풍수 사신사를 적용한 도시입지에서 가장 대표적인 예로 한양 분지를 들 수 있다. 한양은 풍수상 장풍과 득수를 고루 갖춘 전형적인 풍수 명당의 지세이다. 현무인 주산은 북악산이고, 청룡은 낙산(駱山), 백호는 인왕산이며, 주작은 두 가지로 나누어지는데 안산은 남산, 조산은 관악산이다. 여기서 안산(案山)이란 앞이 트인 전망의 남쪽 주작(朱雀) 방향에서 식탁 테이블처럼 편안하게 바라볼 수 있는 '밥상머리' 산이고, 조산이란 좀 더 멀리 있어 시야를 넓게 할 초점이 될, 눈만 뜨면 바라볼 수 있는, 산이다. 외수(外水)인 객수(客水)는 한강인데, 안산과 조산 사이를 빠져 흐르며 명당을 크게 감싸 안고 있는 형세를 취하며, 내수(內水)인 명당수는 청계천이다.

한강과 청계천은 그 흐름의 방향을 반대로 하여 내외수류역세(內外水流逆勢)의 형국이다(한국민족문화대백과사전, encykorea.aks.ac.kr). 이러한 형국은 내외 수류가 역세이기 때문에 범람이 일어나더라도 도성 안이 침수되는 것을 방지할 수 있으며, 내수인 청계천이 뚝섬에서 한강과 합류하기 때문에 도성 안의 지표수가 흘러 빠져나갈 수 있는 이점을 가진다. 사신사의 형세로 터를 보호하면서도 사방의 길이 고르게 연결되어 있다. 동시에 가항 하천과 바다 해운 교통을 통해 전국 8도의 중심지 역할을 해내는, 일찍부터 배와 수레가 소통할 수 있는 교통상의 요지이다. 이러한 지리조건은 사신사의 골격을 갖춘 동시에 양기(陽基)풍수와 현대의 입지론에 입각한 장소선택으로 빼어난 작품이다. 즉, 풍수이론에 근거하여 합리주의적인 입지론 바탕의 지리관이 그 배경에 깔린 훌륭한 양기(陽基)풍수의 도읍 터이다. 이처럼 자연적으로 형성된 도시입지에 적합한 형국은 전국팔도에 드물다. 신라의 경주나 고려의 개성은 지연과 혈연 그리고 신화적인 연고가 있는 장소였지만, 한양은 오로지 정치적, 경제적, 지리적, 풍수적 요인으로 왕명을 받들어 무학대사와 정도전에 의해 천거되고 선택된 도읍지이다(김규순, 박현규, 2018: 200).

조선의 한양 천도에는 풍수지리가 영향을 끼쳤고, 궁궐은 풍수지리의 명당이라 불리는 장소에 입지시켰다. 조선 시대의 풍수를 가장 잘 드러내는 장소가 궁궐(宮闕)이라 할 수 있다. 이론(異論)이 없는 것은 아니지만, 조선 시대의 대표적인 궁궐 풍수이자 핵심 공간으로 경복궁을 예로 들 수 있다. 한양에서 경복궁의 정치적 입지는 매우 중요하다. 임금이 거주하는 공간이자 정사를 보는 곳이었기 때문이다. 또한 사신사로 둘러싸인 한양의 풍수형국 안에서 다시 사신사를 구성하여 만들어졌다. 한양의 사신사와 경복궁의 사신사, 그리고 경복궁의 사대문을 사신사로 하여 풍수형국을 겹겹이 배치하였다.

〈표 1〉 사신사의 배치

	좌청룡	우백호	북현무	남주작	조산
경복궁	정독도서관 능선	인왕산(바위)	백악산	남산(목멱산)	관악산
경복궁 사대문	건춘문 (建春門)	영추문 (迎秋門)	신무문 (神武門)	광화문 (光化門)	
서울 사대문	흥인지문 (興仁之門)	돈의문 (敦義門)	숙정문 (肅靖門)	숭례문 (崇禮門)	

자료: 김규순, (2019: 135). 참조하여 필자 정리

경복궁은 좌청룡, 우백호가 확연하며 좌측에 삼청동천(三淸洞川)과 우측의 백운동천이 광화문 사거리에서 만나 백악산의 기운이 개천을 경계로 궁궐터가 완성되었다. 좌청룡, 우백호가 만들어낸 궁궐 공간이 넓어서 유교적 이념을 구현하는 공간을 만드는 데 효율적이다. 삼조삼문(三朝三門)[107]을 일직선으로 배치함으로써 왕권의 위엄과 위계질서를 세우기에 적합하였고, 법궁으로서 왕의 위엄을 과시할 수 있는 공간이었다(김규순, 2019: 135).

경복궁에 적용된 풍수이론은 사대문에서도 찾아볼 수 있다. 서울의 사대문은 각각 오상(伍常)[108]을 적용하여 만들어졌다. 동대문은 흥인지문(興仁之門), 서대문은 돈의문(敦義門), 남대문은 숭례문(崇禮門), 북대문은 숙정문(肅靖門)이 그것이다. 풍수의 음양오행 사상에서 동쪽(東)의 오행은 목(木)이며, 봄을 상징한다. 봄의 따뜻한 기운과 생명을 간직한 부드러운 기상은 어진 의미로 인(仁)으로 해석할 수 있다. 반대편인 서(西)쪽의 오행은 금(金)을 뜻하며 의(義)로 상징된다. 남쪽의 오행은 화(火)를 뜻하며, 오상은 예(禮)를 상징한다. 북의 오행은 수(水)를 뜻하며 오상은 지(智)를 상징한다(문화유산교육센터 궁궐문화원, https://www.gungstory.com). 이처럼 서울의 사대문은 유학과 풍수이론의 영향을 받아 인의예지(仁義禮智)의 4대 덕목을 사대문에 하나씩 넣었고, 도성 한가운데에 보신각(普信閣)을 세워 오상의 마지막 덕목인 신(信)을 비보하였다. 음양오행의 토(土)는 중앙(中)을 뜻하며, 오상은 신(信)을 상징한다. 음양오행의 원리에 따라 중앙에 보신각을 설치한 것이다.[109]

---

107 궁내의 세 영역 외조(外朝), 치조(治朝), 연조(燕朝)로 들어서는 문으로 각각 고문(皐門), 치문(治門), 노문(路門)이라 말한다.

108 사람이 지켜야 할 다섯 가지 도리. 인(仁), 의(義), 예(禮), 지(智), 신(信)을 말한다.

109 음양오행(陰陽伍行)의 방위(方位)와 오상(伍常)은 〈표 3〉. 팔괘의 방위와 음양오행에 정리하였다.

경복궁의 동문인 건춘문(建春門), 서문인 영추문(迎秋門), 남문인 광화문(光化門), 북문인 신무문(神武門)이 있다(서울특별시, https://mediahub.seoul.go.kr/). 광화문의 광(光)은 화(火)를 의미한다. 화(火)는 팔괘의 방위와 음양오행의 남(南)을 뜻한다. 따라서 광화문의 삼문(三門) 천장에는 주작의 그림이 그려져 남주작의 역할을 한다. 마찬가지로 동문인 건춘문에도 청룡 그림이 그려져 있다. 사계절 중 봄(春)에 해당하므로 사신사의 원리로 청룡이 된다. 서문인 영추문도 마찬가지로 가을(秋)과 백호를 의미한다. 북문인 신무문 뒤로는 경복궁의 주산인 백악산이 지켜주고 있으며 역시 천장에는 현무를 뜻하는 거북이 그림이 그려져 있다. 이는 궁궐 풍수의 사신사를 건축으로 중첩시켜 나타낸 것이다.

3. 전통(풍수)지리의 입지요소

1) 배산임수 지형의 수구(水口)

수구(水口)는 전통마을의 입지에서 매우 중요한 입지조건이며 배산임수 입지와 연결된다. 풍수지리를 잘 모르는 사람도 '배산임수(背山臨水)'라는 말을 알 정도로 대표적인 입지형태이다. 예로부터 우리나라 사람들은 산을 등지고 물을 바라보는 곳을 길지(좋은 땅)로 삼았고, 여기에 마을이 형성되었다. 이중환이 택리지에서 말하길 지리를 논할 때 가장 먼저 수구(水口)를 보라고 한 것은, 수구를 그대로 두면 그 물길을 따라 복이 나가고 삿된 것이 들어온다고 생각을 하였기 때문이다. 즉, 지기를 품은 생명의 원천이자 생업과 관련하여 농사에도 중요한 물이 그대로 빠르게 나가버리는 것을 막기 위해 수구에 숲을 조성하거나 장승을 세우는 등의 풍수 비보를 하였다. 이를 '수구막이'라 하는데, 수구막이는 물 자원을 지켜주고 비옥한 농토를 만들어 준다. 수구막이는 마을의 물 빠짐을 막아내고 조절함으로써 토사운반 물질들이 쌓이게 하여 옥토를 보장해 준다. 음양오행(陰陽伍行), 좌향(坐向), 간룡법(看龍法; 산의 흐름세를 보는 법), 배산임수(背山臨水), 길지(吉地), 명당(明堂) 등의 풍수 관련 키워드들을 생각해보면 이 모든 것들은 좋은 땅을 '찾는' 지시어들이다. 즉, 고전적 용어로는 택지술(宅地術)이요, 현대용어로는 입지론의 관점이라 할 수 있다. 현대적 입지론의 입지요소 중 농공상과 수산업을 막론하고 식수, 하천수(담수), 해수는 필수적 요소이다. 여기서 바다는 해운 교통의 바탕이며 수산업의 생활터전이고 일찍이 소금을 만들어내는 원천이다.

전통마을의 입지에서 배산임수 지형은 득수의 중요성을 강조한다. 박시익(1987)에 의하면 풍수지리의 이상적인 공간으로 목적하는 명당은 바로 산과 물의 기운이 서로 결합하는 장소에서만 이루어지는데 이를 음(陰)과 양(陽)의 조화로운 국면으로 말한다. 따라서 명당의 구성조건에 반드시 물이 들어가야 하는 만큼 물이 풍수지리에서 차지하는 비중은 매우 크다.

마을입지에서 득수의 중요성은 과거부터 지금까지 강조되어왔다. 곽박의 『장서』에서 '풍수의 법은 물을 얻는 것이 으뜸이고, 바람을 가두는 것이 그다음이다.'[110]라고 하며 득수의 중요성을 강조한다. '생기는 바람을 만나면 흩어지고, 물을 만나면 곧 멈춘다.'[111]라고 하여 생기를 저장하는 물의 역할을 강조하였다. 이중환은 택리지에서 가거지(可居地)의 조건, 즉 양택지의 조건을 다음과 같이 말하였다. 지리를 논할 때, 먼저 수구를 살피고 들의 형세, 산형, 토색, 수리, 조산 조수를 순차적으로 살피는 것이다.[112] 여기서도 수(水)는 최우선으로 강조될

---

110   "風水之法, 得水爲上, 藏風次之"

111   "風卽氣散 水之卽止"

112   "何以論地理 先看水口 次看野勢 次看山形 次看土色 次看水理 次看朝山朝水"

정도로 전통촌락의 입지에 중요한 역할을 하였다. 이중환은『택리지』복거총론에 말하기를 강 하구와 바다가 만나는 하구 나루터 마을입지는 여러 물산이 모여들고 교역이 이루어지는 곳으로 큰 마을이 이루어질 수 있고 사람이 살 만한 가거지(可居地)로 보았다.[113]

2) 전통마을에서의 득수(得水)

풍수지리의 수(水)는 생기(生氣)를 간직하는 그릇이며, '생산성'을 의미한다고 해석할 수 있다. 하회(河回)하여 알맞게 냉기가 가셔진 물은 농경 마을의 풍

---

113   · 택리지 복거총론 지리 편;

　　之妙然水必來去合理然後方成鍾毓之吉此有堪輿家書姑不具論然基異於陰宅水管財祿故積水之
　　濱多富厚之家名村盛塢雖山中亦有溪潤聚會方爲世代久遠之居凡朝山或有麁惡石峯或有欹斜孤峯

　　무릇 물이 없는 곳은 사람이 살 곳이 못 된다. 산에는 반드시 물이 있어야 한다. 물과 짝한 다음이라야 바야흐로 생성하는 묘함을 다할 수 있다. 그러나 물은 반드시 흘러오고 흘러감이 지리에 합당해야만 비로소 정기를 모아 기르게 된다. 이것은 감여가의 술서에 있으므로, 갖추어 논하지 않겠다. 그러나 집터는 묘터(陰宅)와는 다르다. 물은 재록(財祿)을 맡아 큰 물가에 부유한 집과 유명한 마을이 많다. 비록 산중이라도 또한 시내와 간수(澗水) 물이 모이는 곳이라야 여러 대를 이어 가며 오랫동안 살 수 있는 터가 된다.

　　· 택리지 복거총론 생리 편;

　　江矣江華喬桐二大島處後西江之南繞以江海爲魚鹽所出之鄕二都射利之輩多於此取辦平安道則平

　　강화의 교동은 후서강의 남쪽에 위치하여, 강과 바다가 둘려 있어 생신과 소금을 생산하는 마을이 되었다. 한양과 개성 두 곳의 장사치가 여기에서 많은 이익을 취한다.

　　· 택리지 복거총론 산수 편;

　　所處太遠惟扶餘以下南至恩津西至臨陂多據水爲村處三南中心且距京不遠野近則土頗沃可以耕耘
　　粳稻苧麻魚蟹之利受南北委輸爲江海舟船之湊集漢水以外惟此可居鴨綠豆滿不論
　　諺曰溪居不如江居江居不如海居此以通貨財取魚鹽而論耳其實則海上多風人面易黑又多脚氣水腫

　　오직 부여에서 남쪽으로 은진까지, 서쪽으로 임피까지는 문가에 위치한 마을이 많은데, 이 마을들은 삼남의 중심이고, 또 서울과의 거리도 멀지 않다. 들이 가깝고 땅이 제법 기름져 농사를 지을 만하다. 벼, 모시, 삼, 생선, 소금, 게의 이익이 있고, 또 이런 것들을 남쪽, 북쪽으로 운송하는 것을 위탁받아, 강과 바다의 배들이 모여드는 곳이 되었다. 한강 이외에는 오직 여기가 살 만하며, 압록강과 두만강은 논하지 않는다.

　　속담에 "시냇가에 사는 것이 강가에 사는 것보다 못하고, 강가에 사는 것이 바닷가에 사는 것보다 못하다" 한다. 이것은 다만 화물을 통할 수 있고, 생선과 소금을 채취하는 이익이 있는 것만 가지고 논한 것이다.

요로운 '생명성'의 의미로도 볼 수 있다. 냉기가 가셔지기 위해서는 물의 흐름이 완만한 곡류라야 한다. 토사운반 물질의 충적 역시 곡류하천이 유리하다. 곡류하는 물은 자정작용에 유리해 오·폐물을 정화시킨다. 배산임수의 원리에서 산은 혈처를 품는 주산이다. 여기서 주산(主山), 즉 어머니 산은 혈처를 보듬어 감싸는, 신앙적인 의미로 생각되는 반면, 물은 농업을 기반으로 한 경제적 생산력을 상징할 수 있다. 이는 단순히 농업용수를 구할 수 있는 데에서 오는 경제적 생산력뿐만 아니라, 풍수에서의 생명성의 의미로도 작용한다. 정리하자면 전통마을의 입지에서 득수는 다음과 같은 기능을 가진다. 첫째, 식수로서 인간 생활의 영위에 중요한 역할을 한다. 둘째, 과거에는 농경사회가 주를 이루므로 농업용수, 즉 관개용수로 쓰이는 데에 중요했다. 셋째, 사람들이 살아가면서 배출하는 오·폐물을 정화하는 역할로서 중요하다. 넷째, 각종 유기질을 함유한 비옥한 토사운반 물질을 만들어 충적시키는 역할을 했다. 마지막으로 쾌적한 기후환경으로서 습도를 유지해 주므로 삶터로서 입지에 중요한 역할을 하였다.

한자 동(洞)은 마을 단위를 나타내는 행정용어이다. 동(洞) 자를 파자해보면, 물(水)을 함께(同) 먹고 사는 곳을 말한다(환경부 환경유역환경청, https://www.me.go.kr). 동네는 같은 곳 물을 먹고 사는 사람들의 집합을 뜻한다. 즉, 단순한 지리적 관계로서의 동네가 아니라 서로 이어져 있는 생명공동체를 의미한다. 또 이 말에는 물 자원의 분배와 관리 책임을 마을 주민들이 함께한다는 의미가 담겨 있다. 사신사 지형 내부에서 하회(河回)하여 흐르는 물은 이 같은 철학적 의미를 지닌다.

사신사 지형과 득수 환경과는 매우 밀접한 관련성을 지닌다. 마을을 좌우로 감싸는 좌청룡 우백호의 산줄기가 교차하여 마을을 감싸주지 않으면 비록 마을에 물이 많이 흐른다고 하여도 앞서 말한 다섯 가지 조건의 기능을 다할 수 없게 된다. 양쪽의 산줄기가 교차하며 마을을 감싸게 되면 자연스럽게 마을 앞을 빠져나가는 물들이 하나로 합쳐져 좁은 수구 지형을 형성한다. 마을을 흐르는 물이 곡류하면서 마을이 배출하는 오·폐물을 정화할 때, 직강(直江)보다는 하회(河回)하는 강이 정화 작용에 효과적임은 잘 알려진 사실이다. 만약에 마을을 좌청룡 우백호의 산줄기가 감싸지 않고, 수구가 넓다면, 그 마을을 흐르는 물이 곧장 직류하여 빠져나가게 될 것이다. 당연히 논밭을 윤택하게 할 수 없을 뿐 아니라, 벌어진 두 산줄기 사이로 곡풍이 마을 안으로 들어와 쉽게 건조한 조건을 만들게 된다. 그러므로 자연조건에만 의지하여 농사를 짓던 농경사회에는 특히 물길의 흐름과 유속을 좌우하는 수구 지형을 몹시 중시해야만 했다. 만약 수구가 좁아 거의 보이지 않을 만큼 조여 있다면 별 문제가 없겠지만 자연적으로 형성된 그러한 땅은 전국팔도를 뒤져도 찾아보기 힘들 것이다. 즉, 사신사로 둘러싸인 전통마을은 크기에 따른 성장의 한계를 설정할 수 있고 '지속가능성'을 추구하는 환경을 지닌다고 보는 것이다. 이러한 사신사로 둘러싸인 지형과 수구 지형을 갖춘 곳을 골라내는 안목의 기술이 택지술이란 개념이고, 현대의 마을 입지론 개념으로 이어질 가능성을 보인다. 사신사로 둘러싸인 명당은 곡류하는 하천을 끼고 발달한 '분지' 개념으로 설명할 수 있다. 만일 이와 같은 사신사로 둘러싸인 분지가 산간지역에서 고도와 관계없이 형성된 곳이라면 이름하여 '이상향'일 수 있다. 산간에 숨겨진, 사방이 산세로 둘러싸인 옥토 분지이기 때문이다.

3) 사신사 입지의 변형, 산천도택(山川道澤)

사신사 입지의 국지적인 예이며 대표적인 배산임수 형태의 명당자리로 서울의 용산을 볼 수 있다. 정확히는 한남동이다. 한남동의 북쪽에 북현무(주산)가 되는 남산은 차가운 북서 계절풍을 막아주며, 남주작에 흐르는 한강은 물을 구

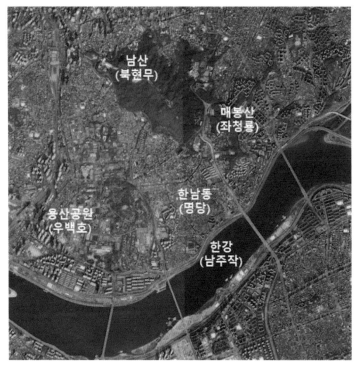

〈그림 2〉 서울시 용산구 한남동의 배산임수
자료: Google Earth, https://www.google.co.kr/intl/ko/earth

하기에 안성맞춤이다. 동쪽의 좌청룡에는 매봉산이 감싸고, 서쪽에 미군기지가 이전하여 용산공원으로 대체되어 녹지를 만들어 우백호의 역할을 하는 배산임수의 형태이다.

천인호(2020)의 연구에 의하면 사신사의 현대적 적용으로 산천도택(山川道澤)의 사신사를 살필 수 있다. 『택경』과 『유설』, 『양택십서』와 『산림경제』 등의 기록을 보면 양택 사신사를 산천도택으로, 기존의 음택 사신사와는 다르게 보았다. 음택 사신사가 혈을 중심으로 네 개의 산체로 둘러싸인 폐쇄적 공간이라면, 양택 사신사는 남쪽이 연못, 들판 등으로 개방된 공간이라는 차이점이 있다. 또한 청룡의 강은 수상교통, 백호의 도로는 육상교통, 남쪽의 평야와 밭, 그리고 연못 등은 생활공간 확보와 관련이 있으며 이는 도시계획의 입지조건과도 밀접한 연관성을 지닌다.

음택의 사신사는 산세가 발복의 기준이 되는 데 반해, 양택의 사신사는 산천도택(山川道澤)으로 확장 대체되어 양기풍수에 적합하다. 양기(陽基)로서의 입지는 전통마을이든, 현대적인 마을이든 사람이 사는 곳에는 접근성이 좋아야 하므로 마을을 드나드는 길목이 있어야 한다. 마을이나 도시를 가로지르는 간선도로를 근접마을에서는 서쪽의 우백호로 볼 수 있다. 이때 호랑이는 잘 달리는 속성을 가진 상징 외에 깊은 숲에서 산다는 의미로 '백호' 자리는 숲으로 상징되기도 한다. 결국, 음택에서의 망자(죽은 사람)를 거두는 자리와 양택, 특히 마을이나 궁궐, 도시가 들어서는 양기에서의 사신사는 그 의미와 나타나는 형상이 다르게 해석된다. 장풍득수에서의 '득수'는 양기에 있어서 좌청룡과 남주작이 그 기능을 확대 적용하게 되는 것이다. 이러한 양택 사신사의 산천도택은 간선도로, 환경 에코 터널로서의 하천, 북쪽 구릉으로서의 주산(현무), 남쪽이 트인 조망권에서의 연못이나 호수 등 도시환경과 접근성을 양호하게 하여 편리한 도회지 환경을 만들어내므로 경제적 입지이론과 연관성을 지닌다. 넓고 잔잔한 한강 물은 호수로도 상징화 된다(예: 금호, 약수). 시원하게 트인 전망을 중시하는 입장에서 남주작은 '주작대로'로도 의미가 확장될 수 있다. 서울의 세종로는 경복궁의 주작대로에 해당하는 셈이다. 양기풍수는 곧 현대의 도시입지론에 적용될 가능성을 충분히 열어놓고 있다.

4. 풍수지리와 서양 입지론의 비교, 현대적용

1) 풍수지리와 서양의 입지이론

풍수는 기(氣)의 영역을 제외하면 서구의 Geography 이론과 비교하여 설명할 가치를 지닌다. 단순히 미신적인, 비과학적인, 민속 사상이라는 기존의 인식을 넘어서, 풍수지리가 가진 과학적 근거들에 대한 관심과 현대적 적용의 연구를 통해 재조명하려는 시도가 더욱 필요하다. 본 절에서는 풍수지리와 서양의 입지이론의 비교를 통해 터 고르기 관점의 풍수를 고찰해보고자 한다.

과거 우리나라 집들의 형태를 보면 대부분 땅을 깊게 파서 기초를 튼튼히 하기보다 집에 물이 들어오는 것을 막으려고 흙을 돋아 기단을 높이고 주춧돌을 놓고, 기둥을 세우고 지붕에 흙을 올려 지붕 무게로 집을 지지하는 구조였다. 지붕에 바람의 영향을 없애는 것이 중요한 문제였고 다층건물을 지을 수 없었으므로 산어귀 남쪽에 햇볕이 잘 들고 바람이 지붕 위로 흘러서 부드럽게 넘어가도록 하는, 자연에 따르는 집 자리가 많았던 것으로 보인다. 이렇듯 배산임수의 마을입지는 우리나라가 국토의 70% 이상이 산지를 이룬다는 자연지리적 배경과 사계절이 뚜렷한 기후특성 속에 가장 살기 좋은 가거지를 구하는 조건이며 나아가 건축, 토목 관점에서도 유리한 입지라는 해석이 가능하다. 우리나라의 환경조건에서는 이러한 자리가 가장 사람이 살기 좋은 풍수 자리였던 것이다. 반면 서양의 건물은 대부분 돌로 만들어져 있고, 바람의 영향을 고려할 필요가 적었기 때문에, 주로 경치 좋고 전망 좋은 곳에 어디든지 위치할 수 있었다. 돌을 많이 사용하는 관계로 땅을 깊이 파서 기초를 튼튼히 하기 때문에 땅을 돋아 올려 그 위에 집을 지었던 우리와는 양식이 많이 다르다. 한국식의 풍수지리 이론은 없었고, 근대 말에 튀넨의 고립국 이론이나 베버의 공업입지론,

크리스탈러의 중심지이론 등의 입지론이 등장했다. 서양에서는 튀넨과 같이 처음에는 농업과 관련한 입지론으로 시작했으나, 점차 상업입지론이나 공업입지론, 도시입지론(중심지이론)으로 확대 발전하였으며, 우리나라의 풍수지리와 같이 개인적, 마을 공동체적 길흉화복과 관련한 입지라기보다는 농업, 공업, 상업과 같은 경제적 수익을 극대화 시키려는 입지이론이 발전하였다. 특히 동양에서는 길흉화복을 중시한 데 반해 서양 입지론은 비용 절감과 영리추구의 관점이므로 개념적, 가치 측면의 철학적 차이는 분명히 존재한다. 우리나라의 경우 배산임수의 농가를 중심위치에 놓고 문전옥답을 가장 비옥한 땅으로 만들어냈던 것은 튀넨의 고립국 이론 스케일 사례에서 농가를 중심으로 한 권구조와 무관하지 않다. 우리 선조들이 비용을 따졌다기보다는 동선을 짧게 해 효율을 따졌던 것이다. 가축 배설물이나 거름을 가장 가까운 채전에 효과적으로 신속히 시비할 수 있었기 때문이다. 그러나 동양 사회에서도 산업화 도시화를 거치는 과정에 서양의 비용이론 중시의 상황으로 변한 것은 사실이다. 어느 사회, 어느 국가에서나 "시간은 금이요 효율은 생명인 것"은 정해진 이치이기 때문이다. 급속히 산업화, 도시화 되는 사회일수록 이러한 개념 적용이 빨라진다.

〈표 2〉는 동양의 풍수지리와 서양의 고전 입지론을 표로 만들어 비교해 본 것이다. 서양의 고전적 입지론의 특징은 인간은 자연환경을 개발대상으로 삼아 물리적 거리 극복을 통한 최소생산비를 지향하여 이윤의 극대화를 꾀하고자 한다. 노동비, 원료비, 공업 집적지의 요인들을 가미하여 치밀한 계량화 과정을 통해 정확한 결과를 도출하려는 특성이 있다. 이에 반해 행주(行舟, 떠나가는 배)형국에서 상정하듯이 배 안에 짐(가구 수)을 가득 싣거나, 우물을 파내어 배의 밑창을 뚫는 일을 금기시했듯, 우리의 풍수지리 원리에는 인간과 자연이 더불어 상생하기 위한 성장의 한계 개념을 통해 안정을 꾀하거나 지속가능성을 추구하는 철학이 들어있다. 인간과 자연을 동떨어진 객체나

이름	기원지	주요 개념	스케일	지향점(결과)	특성(비고)
풍수 지리	동양	배산임수, 사신사, 산천도택, 득수	민가, 마을, 도읍	지-인 상생, 지속 가능한 환경 (개발성장의 한계)	천지인 합일, 천인동구, 환경결정론적 사고 음양오행의 동양철학 함의
고립국 이론	서양	운반비용, 시장가격, 영농 권구조	농가, 농장, 마을, 국가, 대륙	최소운송비, 최대수익	중농주의, 운송 거리 마찰, 농업경영 배열, 물리적 효율성
공업 입지론	서양	운송비, 노동비, 집적 이익, 최소생산비	지역, 국가, 대륙	이윤의 극대화	중상주의, 계량화, 최소생산비 지점 추구, 영리이윤 추구
중심지 이론	서양	최소 요구치, 재화 도달 범위, 육각형 구조	지역, 국가, 대륙	도시 분포의 원리, 계층성	도시 분포의 질서, 법칙, k값(k=3, 4, 7)

개발대상으로 보지 않고 함께 가야 할 동반자로서의 일체감을 내포한다. 따라서 치밀한 계량화를 추구하기보다 상생 공존의 균형을 유지하려 하며 지-인 합일의 철학적 가치를 중요시한다. 환경이 품을 수 있는 한계를 넘지 않고 더불어 살아가야 한다는 지속가능성을 추구하는 점에서 의미가 있다. 풍수지리의 택지술(宅地術)과 경제적 가치를 추구하는 입지론은 적합한 장소를 고른다는 점에서 유사점을 보인다.

오늘날 환경관리 측면에서 공감하는 화두는 '건전하고 지속 가능한 개발'을 유지해야 한다는 점이다. 이런 면에서 동양의 풍수지리에 내재한 택지기술의 철학적 가치를 성장의 '한계' 내지 '지속가능성'에 두고 있는 점으로 보아 현대인들에게 시사하는 바가 크다.

2) 풍수의 현대적용

최근 풍수의 현대적용 가능성을 보이며 유행하는 것이 풍수 인테리어다. 풍수 인테리어는 비단 동양에서뿐 아니라 서양에서까지 성행하고 있다. 현대에 풍수 인테리어 적용을 위해 양택삼요(陽宅三要)[114]의 내부구성을 논해볼 필요가 있다. 양택삼요인 대문, 안방, 부엌은 각각 동서 사택의 한 방위에 있어야 길하다고 보는 풍수이론이 동서 사택 이론이다.

이들 동서 사택은 각 4개, 총 8개의 방위를 가진다. 기본적인 배경은 주역의 팔괘의 개념에 둔다.

삼요에서의 동서 사택의 판단 기준은 삼요(門, 主, 灶)가 감(坎:水), 진(震:

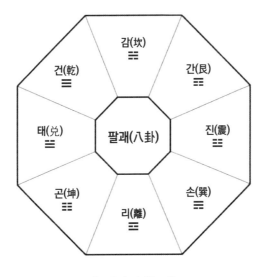

〈그림 3〉 팔괘(八卦)

자료: 주역(周易)

<hr />

114 陽宅三要란 문(門), 주(主), 조(灶)를 말한다. 주택 내부에서 가장 중요하게 여겨지는 위치이므로 3요라 칭한다.

木), 손(巽:木), 리(離:火)에 속하면 동사택으로 분류하고, 간(艮:土), 곤(坤:土), 태(兌:金), 건(乾:金)의 방위에 속하면 서사택으로 분류한다. 이에 관한 기준은 양택삼요와 민택삼요 모두 공통으로 "대문과 주(안방, 고대방)는 상생해야 길한 것이고, 상극하면 흉한 것인데 이것은 필수적인 이치이다."라고 하였다.

다시 말해 동서사택론에서 문(門), 주(主), 조(灶)는 서로 혼합되어서는 안된다. 집의 중심을 기준으로 북쪽, 남쪽, 동쪽, 동남쪽에 문·주·조가 배치되면 동사택이며, 서쪽, 북동쪽, 북서쪽, 남서쪽의 네 방위 안에 전부 배치되면 서사택에 해당한다. 여기에 오행상생을 적용하여 음양의 조화를 이루는 것이 동서사택론의 논리이다. 동서 사택 이론은 '팔택이론'으로도 불리며, 한국의 전통주택뿐 아니라 외국에도 알려져 유통되고 있다. 이유는 길흉판단의 근거와 실증적 결과의 유무를 떠나 삼요를 비교적 간단하게 측정할 수 있으며, 어느 공간이라도 비교적 쉽게 적용할 수 있기 때문이다(유창남, 천인호, 2009: 503-517).

예컨대, 집의 좌향이 남향인 경우에 주(主)는 북쪽이 된다. 주(主)가 북쪽이

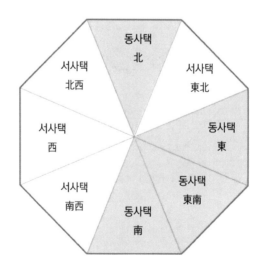

〈그림 4〉 동사택, 서사택의 방위

므로 동사택이 된다. 그러면 문(門)이 들어서야 길한 위치는 북쪽, 동쪽, 동남쪽, 남쪽 4방위로 좁혀지게 된다. 이때 적용되는 이론이 음양오행 이론이다. 오행의 상생 관계를 적용할 수 있다. 북쪽을 주로 하는 동사택의 경우 북은 감(坎) 괘로 오행의 수(水)에 해당한다. 수와 상생을 이루는 오행은 금(金)과 목(木)이 된다. 따라서 목(木)의 방위인 동쪽과 동남쪽의 진(震) 괘와 손(巽) 괘 중에서 문의 위치를 고르는 것이 최선이 된다. 즉, 양택삼요를 통한 풍수 인테리어의 목적은 거주공간에 음양오행과 주역 팔괘의 이치를 적용하여 외부공간 내부공간의 환경을 연결하고, 양택 내부의 공간과 가구의 배치, 비보 등을 활용하여 내부로 들어오는 기(氣)를 순환하게 만드는 것이다.

현대에 적용할 수 있는 인테리어 풍수의 사례는 다음과 같다. 삼요의 첫째는 문(門)이다. 풍수 인테리어에서 문(門)은 기(氣)가 들어오는 입구라고 해서 기구(氣口)라고도 한다(김미영, 2010: 53). 따라서 현관문을 열 때, 문이 밖으로 열리게 되어 있으면 기가 들어오지 못하고 빠져나가는 것으로 본다. 현관은 기를 잘 통할 수 있도록 해야 하며, 좋은 기가 들어올 수 있도록 기의 이동을 방해

〈표 3〉 팔괘의 방위와 음양오행

이름	표상	자연	후천 방위	오행	오상
건(乾)	☰	하늘(天)	서북(西北)	금(金)	
곤(坤)	☷	땅(地)	서남(西南)	흙(土)	
진(震)	☳	번개(雷)	동(東)	나무(木)	인(仁)
손(巽)	☴	바람(風)	동남(東南)	나무(木)	
감(坎)	☵	물(水)	북(北)	물(水)	지(智)
이(離)	☲	불(火)	남(南)	불(火)	예(禮)
간(艮)	☶	산(山)	동북(東北)	흙(土)	
태(兌)	☱	늪(澤)	서(西)	금(金)	의(義)

하는 요소를 없앤다. 예컨대, 현관에 물건들을 적재해 놓지 않도록 해야 하고, 젖은 우산을 세워둬 음기로 인해 양기를 막지 않도록 하며, 정면으로 보이는 벽에 거울을 걸어 생기가 반사되어 돌아나가지 않도록 하는 것들이 항간에 유행하는 사례이다.

두 번째는 주(主)이다. 즉, 주인이 기거하는 안방이다. 주에서 가장 중요한 것은 침대의 방위라 할 수 있다. 일반적으로 남쪽과 동쪽, 남동쪽의 3방위를 주침 방향으로 정하는 것이 좋다. 침대의 옆면을 벽에 바짝 붙이는 것보다 약간 떼어서 기의 흐름을 통하게 하는 것이 좋고, 방문을 열었을 때에 일직선으로 보이는 위치는 가급적 피하는 것이 좋다(서석민, 김명태, 2012: 248). 방의 문을 통하여 외부의 기(氣)가 들어오기 때문에 문의 정면에 침대를 두면 흘러들어오는 기운을 정면으로 받게 된다. 그렇게 되면 편안한 휴식을 취할 수 없게 된다. 따라서 침대는 문에서 대각선 방향에 두는 것이 좋다. 그리고 주방에서 멀리 떨어질수록 좋다. 주방의 강한 화기로부터 생기를 보호하기 위함이다.

세 번째는 조(灶: 부엌, 주방)이다. 조의 일반적인 방위로는 햇빛이 잘 비치는 동쪽이 가장 좋다. 서쪽이나 남쪽에 주방이 있는 경우에는 환풍 시설이 중요하다. 음식과 조리기구 등은 모두 화기(火氣)이므로 창문 가까이 위치해야 하며 거실과 마주 보지 않는 것이 좋다. 가전제품에서 나오는 전자파를 화분으로 흡수시키도록 하는 것이 좋으며, 맑은 기운을 만들어내는 초록색이 좋다(차혜연, 이진희, 2002: 42). 조리기구(火)와 냉장고(水)의 양극이 공존하지 않도록 거리를 두는 것이 좋다. 사이에 작은 화분을 두어 목(木)의 기운으로 중화시키는 방법도 있다.

5. 결론

본 연구에서는 풍수지리의 원리, 사상, 철학을 살펴 풍수의 택지술을 서양의 입지론과 비교함으로써 그 차이점과 유사점 등 비교할 만한 점들을 밝혀보려는 데 있다. 구체적으로는 사신사 형국과 득수 내용이 현대의 입지론 해석과 어떠한 연관성이 있는지 고찰하여 풍수지리의 현대적용 가능성을 밝혀보는 데 목적을 두었다. 또한 풍수지리의 다양한 가치를 두고, 그것이 어떠한 문화생태로 연결이 되는지에 대해 고찰하였다. 이러한 작업은 전통지리의 현대적 적용 차원에서 온고이지신(溫故而知新)으로 조상들의 지혜를 현실 적용하는 길인 동시에 전통문화의 사회과교육 학습 내용으로 그 가능성을 제언할 수 있다. 더욱이 본 연구에서 다루는 터 고르기 시각의 풍수 사신사 내용과 배산임수 및 득수 내용의 현실적용은 문화지리 및 생활지리와 직결되며 전통지리의 현실적용이라는 차원에서 더욱 의의가 깊다.

풍수지리는 산과 물, 방위 등의 자연현상과 인간과의 관계를 다루며 다양한 문화를 만들어내었다. 동아시아의 대표적인 지리관이자 환경관으로 자리 잡은 풍수지리는 중요한 문화 현상 중 하나로 여러 가능성을 가지고 연구를 시도해 볼 가치가 있다. 지리학의 주요 개념인 '인간과 자연과의 관계'를 풍수지리는 진솔하게 이루어 내고 있다. 출발의 장소(동·서양)와 시기를 달리할 뿐 그 원리와 가치 면에서 서양의 입지론보다 앞서는 면을 확인할 수 있다.

풍수지리의 본질이란 바로 생기(生氣)이다. 생기란 땅에 흘러 다니는 기운을 말하는데, 어떤 땅에는 좋은 기가 흐르고, 어떤 자리에는 기가 부족하거나, 나쁜 기가 흐른다고 보는 것이다. 여기서 기의 좋고 나쁨을 나누는 조건은 풍수 이론에 적합한 조건들을 충족하였는가의 문제이다.

좋은 조건을 갖춘 명당이란, 결국에 생기가 사신사의 보호 아래 감싸 흘러 모이게 되는 터를 이루는 장소를 말한다. 이른바 풍수의 '택지술'은 사신사 형국이 잘 갖추어진 장소를 물색해 내는 기술이라 할 수 있다. 현대 지리학의 입지론이 계량화된 '최소비용론'을 대체로 지향하는 데 비해 생기를 모을 수 있는 터를 골라내는 소박하고 단순한 국면(Setting) 같지만 '길흉화복'이 일어날 수 있는 '장소의 선별'이라는 최종 목적을 지향하므로, 신비하고 미신 같기도 하지만 영(靈)의 문제를 다루어 종교철학적 가치부여의 가능성을 지닌다. 그러나 신비스러운 면, 비과학적인 면을 음택풍수에서 떨쳐내기란 쉽지 않다.

과학적으로 주목할 만한 점은 양택풍수와 양기풍수 내용이다. 양택풍수는 집터와 마을입지, 양기(陽基)풍수는 도시의 입지까지 영향을 미치는 것으로 발전하였다. 그중 전통마을의 입지와 생활환경에 가장 중요시되었던 것이 바로 사신사 형국의 배산임수 입지와 득수(得水)이다. 사신사는 음택 사신사와 양택 사신사로 구분되는데 양택 사신사 특히 양기 사신사는 산천도택(山川道澤)으로 발전, 해석된다.

산천도택의 사신사는 좌청룡을 남쪽으로 흐르는 물로, 우백호를 남쪽으로 가는 큰 도로로, 북현무를 산이나 구릉으로 보고, 남주작을 연못, 들판 등으로 본다. 음택 사신사가 폐쇄적인 공간으로 볼 수 있다면, 산천도택의 양기풍수 사신사는 개방적인 넓은 공간으로서 도시 및 아파트 단지 조성 등의 건축과 관련한 경제적 물리적 입지이론에서 쾌적하고 편리한 이로움을 설계할 수 있어 현대 도시계획 입지론과 유사한 점이 있고, 비교 설명의 가능성과 설득력을 지닌다.

사신사 명당의 대표적인 형국이 바로 배산임수의 형태이다. 배산임수의 마을입지는 우리나라의 국토가 70% 이상이 산지를 이룬다는 자연지리적 배경과 사계절이 뚜렷한 기후특성에 맞추어 가장 살기 좋은 장소를 구하는 조건이라고 볼 수 있다. 오늘날에도 배산임수의 입지는 현대인에게 주목을 받는다. 완만한 경사의 산록 완사면은 단독이나 빌라, 또는 저층 아파트 단지가 들어서려는 선망의 입지로 인기가 높다. 완사면 지반에 기반암이 깔려있다면 더욱 선호되는 입지가 되는데 그것은 현대인들이 좋아하는 자연의 샘을 식수로 얻기 좋은 조건을 만들어내며 자연의 단단한 기초공사를 이미 어느 정도 달성한 셈이고 조망권이 확보되기 때문이다. 이처럼 배산임수의 터는 고금을 통해 인기 있는 선망의 입지이다.

이렇듯 풍수지리의 택지술(宅地術)은 현대에서 다방면에 적용할 수 있다. 주로 도읍, 마을, 집터, 수맥, 인테리어 등 현대의 생활과 밀접하게 연결되며, 도시의 입지선정과 모자람을 인위적 시설로 보완한다는 측면에서 능동적 풍수 비보 적용이 가능하다. 풍수 비보의 원리는 아주 작은 부분만을 치유 내지 치료하기 위한 보조 방편이므로 지나친 자연훼손은 금물이다. 풍수에는 "부서지기 쉬운 자연"과 함께 깨뜨리지 않고 치유하며 교감하면서 상생해야 한다는 철학이 내재한다.

풍수지리에서 생기에 이어 중요한 것이 바람과 득수(得水)이다. 생기를 실어 나르는 것이 지상에서는 바람이고, 가시적으로 구현된 것이 흐르는 지표수라고 볼 수 있다. 즉, 생기란 도처에 존재할 수 있는 특정한 조건의 수분 에너지로 볼 수 있기 때문이다. 땅속을 흐르는 수분 에너지는 만물을 성장시키는 근원이며 '생기'로 표현된다. 득수는 전통마을의 가장 중요한 절대적 입지조건임과 동시에 마을 사람들의 삶과 생활환경에 필수 요소인 것은 분명하다.

즉, 풍수 사상을 바탕으로 한 택지 원리는 현대 지리학 입지론의 관점에서 보았을 때 마을입지와 생활에 큰 영향을 미치는 중요한 원리임을 알 수 있다. 인간과 자연의 관계에서 균형과 성장의 한계를 암시하고 안정을 꾀하며, '지속가능성'의 중요한 원리가 내재하는데 이 역할의 중심에 물(水)이 있다.

현대 지리학 입지론에서 볼 때, 식수의 기본적 공급은 물론이고 규모와 차원을 달리해 항구지역에 공업시설이나 공업단지가 조성되는 것은 간접적 의미의 물길(수로)을 얻는 득수 조건이라 볼 수 있다. 물론, 바닷가 임해 지역의 공단설립에 있어서 공업용수로 사용할 담수공급이 필수적이므로 반드시 하천이 흐르는 지역을 끼고 발달한다. 전통 풍수지리에서의 득수는 소박한 스케일의 식수와 농업용수를 얻기 위한 것이라고 본다면 현대적 의미의 득수는 스케일이 국가적, 대륙적, 글로벌 환경으로 확대해석이 가능하다. '가이아' 가설에서 말하는 것처럼, 지구인으로서의 우리는 지구생명체의 일원이며 지구가 생명체인 것을 가능케 한 요인은 득수에 성공한 행성이기 때문이다. '가이아' 가설만큼 지구생명체 전체를 논하지 않지만 풍수에서 지향하는 가치철학은 닮은 바가 있다. 많은 지표수와 바다, 호수, 소택지가 없는 지구는 상상할 수 없다. 여기서 '생기'의 원천이 물이라는 것을 쉽게 상상해 볼 수 있다. 조선 후기의 실학자 이중환은 그의 저서 택리지 복거총론에 이르기를, 강 하구와 바다가 만나는 나루터 마을입지는 여러 물산이 모여들고 교역이 이루어지는 곳으로 큰 마을이 이루어질 수 있고 사람이 살 만한 가거지(可居地)로 보았다. 금강하구와 바다가 만나는 지역을 한강 하구 다음으로 삼남에서 살 만한 곳으로 기술하고 있다. 오늘날 육수인 강의 수운과 바다의 선박 교통의 기착 지점들인 바닷가 항구도시는 현대 입지론에서 도시발달과 공업 발달지점으로 자타가 이해할 수 있는 대단위 득수 입지 장소이다. 이는 곧 풍수에서 말하는 득수 여건의 확장에 다름없다. 가이아 가설과 풍수지리가 지향하는 가치 측면의 지구생명체(유기체) 의미는 스케일에 관계없이 동일한 것으로 봐야 하지 않을까 생각한다.

오늘날 풍수지리를 적용할 수 있는 분야는 다양하다. 국토이용, 지역관리, 도시입지 및 마을입지, 주택과 인테리어 등 땅에 관한 분야와 종교와 철학, 사상 등의 분야, 사회와 문화, 경제, 정치 등의 분야까지 가능성을 가진다. 풍수지리는 곧 우리나라의 전통지리 사상인 동시에 문화지리이다. 풍수지리는 환경학, 생활지리학으로서 학문의 가치를 부여해 볼 수 있다. 특히 양택풍수와 양기풍수에서는 과학적 원리 접근과 설명에 큰 무리가 없다. 풍수가 과학의 영역에 완전히 녹아들지 못한 것은 사실이다. 풍수가 가진 가능성에 대한 다양한 해석과 논리적인 이해를 통해 현대에 적용하고자 하는 능동적이고 적극적인 시도가 필요하다. 나아가 전통사상으로서, 문화 현상으로서 그리고 환경생태학이며 환경 경관학으로서 조상들의 지혜가 녹아있는 풍수지리를 현대 지리학에 적용해 입지론 측면으로 해석하여 보는 것은 문화지리교육의 차원, 경제지리학의 입지론적 차원에서도 의미 있는 시도로 볼 수 있다.

참고문헌

고봉선 (2015), 풍수지리 이론을 적용한 주거공간의 실내 환경디자인 연구, 동북아시아문화학회 국제
　　학술대회 발표 자료집, 278-285.

김규순, 박현규 (2018), 경복궁의 풍수 지형과 풍수요소에 관한 고찰, 한국지리학회지, 7(2), 199-214.

김규순 (2019), 조선 궁궐 입지선정의 기준과 지형에 대한 연구 -경복궁과 창덕궁을 중심으로-, 문화
　　재, 52(3), 130-145.

김두규 (1999), 전통 읍 (邑)의 풍수적 공간구성, 국토, 56-60.

＿＿＿ (2000), [특별강연] 실내공간에서 생태적 환경 조성을 위한 풍수의 개념과 적용, 실내조경, 2(2), 1-8.

김미영 (2010), 풍수인테리어의 주술적 요소와 생활지침적 속성, 실천민속학연구, 15, 47-79.

김은주, 류호창 (2002), 풍수지리사상적 관점에서 본 전통 주거 공간구성의 생태학적 특성, 기초조형
　　학연구, 3(1), 1-9.

김일권 (2001), 四神圖 형식의 성립 과정과 漢代의 天文星宿圖 고찰, 고구려발해연구, 11, 109-155.

김호동 (2012), 고려 시대 풍수지리설의 특성과 그 원인, 대구사학회, 19, 37-70.

김희영 (2009), 무라야마 지준(村山智順)의 조선 인식, 일본문화학보, 43, 323-341.

문화유산교육센터 궁궐문화원, 서울의 4대문, https://gungstory.com:9008/03_qualification/03sub_05_03_
　　view.asp?idx=1833에서 2월 10일 인출.

박시익 (1987), 風水地理說 發生背景에 關한 分析研究. 국내 박사학위 논문 高麗大學校, 서울.

＿＿＿ (1992), 특집 - 물과 건축 : 주역에 의한 물의 상징적 분석(Symbolism of Water in Iching), 건축,
　　36(2), 32-35.

박정해 (2015), 풍수 혈의 형상과 이론의 역사적 전개, 한국학연구, 55, 213-243.

박종덕 (2017), 羅末麗初 풍수지리 사상의 기반과 형성, 한국민족문화, 64, 77-110.

서석민, 김명태 (2012), 풍수와 실내-가구 코디네이션, 한국가구학회지, 23(3), 242-251.

서울특별시, 더 편해진 경복궁 나들이… 영추문 43년 만에 개방, https://mediahub.seoul.go.kr/
　　archives/1202968에서 2월 10일 인출.

송대선, 안옥희, 고봉선 (2012), 현대 주택의 풍수이론 적용 사례연구, 한국주거학회 학술대회논문집,
　　225-230.

옥한석, 정택동 (2013), 풍수지리의 현대적 재해석, 대한지리학회지, 48(6), 967-977.

위키백과, 숭정문, https://ko.wikipedia.org/wiki/%EC%88%99%EC%A0%95%EB%AC%B8에서 2월 10일 인출.

유창남, 천인호 (2009), 한국(韓國)의 문화(文化) : 전통 양택의 삼요(三要) 적용에 관한 연구 -전라남도 문화재급 양택을 중심으로-, 한국사상과 문화, 49, 495-520.

윤홍기 (2001), 왜 풍수는 중요한 연구주제인가? (Why is Geomancy an Important Research Topic for the Korean Geographers?), 대한지리학회지, 36(4), 344.

_____ (2011), 땅의 마음, 사이언스북스.

이상해 (2004), 궁궐, 유교건축, 솔.

이승노, 신화경 (2012), 외부 주거환경에 대한 전통 풍수론에 관한 연구, 대한지리학회 학술대회논문집, 166-167.

이화 (2004),『葬書』: 그 맥락과 의미, 종교와 문화, 10, 187-205.

장성규, 김혜정 (2010), "호수경(狐首經)"의 문헌적 연구, 건축역사연구 : 한국건축역사학회논문집, 19(1), 51-70.

조정동 저, 김경훈 역 (2003), 양택삼요, 자연과 삶.

차혜연, 이진희 (2002), 풍수인테리어를 적용한 실내조경계획, 실내조경, 4(2), 37-44.

천인호 (2018), 풍수 사신사, 한국학(구 정신문화연구), 41(4), 183-211.

_____ (2020), 양택풍수의 택지론과 현대적 의미, 한국민족문화, 77, 437-468.

최원석 (2009), 한국에서 전개된 풍수와 불교의 교섭, 대한지리학회지, 44(1), 77-88.

_____ (2015), 한국 풍수론 전개의 양상과 특색, 대한지리학회지, 50(6), 695-715.

최창조 (2016), 한국 자생풍수의 기원 도선, 민음사.

한국민족문화대백과사전 풍수, http://encykorea.aks.ac.kr/Contents/Item/E0060401에서 2021년 2월 09일 인출.

허태광, 서정렬 (2016), 풍수 특성이 주거 생활 안정에 미치는 영향 연구, 주거환경, 14(2), 67-79.

환경부 한강유역환경청, 옛 조상들의 물 섬기기

https://www.me.go.kr/hg/web/board/read.do;jsessionid=mstSUTk3kPAu+ff5etUUCc7Lmehome1?pagerOffset=350&maxPageItems=10&maxIndexPages=10&searchKey=&searchValue=&menuId=978&orgCd=&boardMasterId=137&boardCategoryId=&boardId=277024&decorator= 에서 2월 09일 인출.

Google Earth. https://www.google.co.kr/intl/ko/earth/에서 2월 10일 인출.

『錦囊經』

『黃帝宅經』

『雪心賦』

『狐首經』

『靑烏經』

『擇里志』

06

전통 어촌의 풍수경관; 보성군 득량면 '강골'을 사례로

손용택 · Le Thi Thuy Van

풍수(風水)는 산과 물 혹은 장풍(藏風)과 득수(得水)의 원리를 중시한다. 배산임수(背山臨水) 지형과 사신사(四神砂)는 한국 전통마을의 이상적인 입지 조건에 해당한다. 부족한 부분은 풍수비보(風水裨補)를 통해 보완하기도 한다. 그러나 어촌은 일반 풍수원리를 그대로 적용하기 어려워 그에 맞는 해석이 필요하다. 내륙의 마을과 달리 어촌은 배산임해(背山臨海)의 형태로 입지하는 경우가 많다. 사신사 중에서 주작(朱雀)에 해당하는 안산(案山)이나 조산(朝山)이 존재하지 않고 대신 갯벌이나 바다가 펼쳐진다. 어촌은 바다를 끼고 있으므로 조수국(潮水局)으로 간주할 수 있다. 사례지역 강골은 전라남도 보성군(寶城郡) 득량면(得粮面) 오봉4리에 속하고 동쪽은 바다에 임했으며 서 · 남 · 북 3면은 구릉지로 둘러싸인 입지이다. 마을 앞은 푸른 대숲으로 가려지고 경전선(慶全線) 철도가 지난다. 조선후기 양기풍수(陽基風水)에 나타나기 시작한 산천도택(山川道澤)의 사신사 응용의 방식으로 해석 가능하다. 즉 대숲은 호랑이의 거처로, 철도 길은 달리는 호랑이로 형상을 이미지화할 수 있다. 마을 앞 간척지 논은 해안 생태서식처에서 농경지로 변모하여 내륙풍수의 주작에 해당하는 기능으로 설명할 수 있다.

1. 서론

1) 연구 배경 및 목적

풍수(風水)는 옛날부터 한국 사람의 생활과 사고방식에 영향을 끼치는 요인으로 자리매김해 왔다. 촌락의 형성과정에서 사람들이 모여들어 정착할 때 좋은 장소가 어디일지 입지조건을 고려하게 된다. 이때 전통촌락에서 풍수 조건은 가장 먼저 생각된다. 촌락은 지형, 지질, 기후, 식생 등의 자연조건이나 경제, 교통, 정치, 사회, 문화 등 인문 조건을 따져 형성되지만 이 가운데 산과 물은 전통촌락 형성의 중요한 입지조건이었다. 후면에 용맥(산맥)이 활기 있게 이어져 있는 산과 앞면에 완사면 경사지를 구불구불 감싸면서 흐르는 물의 조건을 갖추고 있는 마을이면 그 곳은 명당(明堂)이라고 말한다. 특히 촌락에서 물의 흐름이 중요시된다. 이러한 조건들은 바로 '배산임수(背山臨水)'라는 풍수 특징에 해당한다. 배산임수 지형은 산을 등지고 앞쪽은 트여 하천이 흐르는 지역에, 즉 산기슭의 완경사 면에 마을이 위치한다는 특징이 있다. 동부 아시아 지역에서 좌향(坐向)이 남향일 때 마을의 뒤쪽은 산을 등지므로 겨울에 불어오는 차가운 북서풍을 막아주고 연료로 쓸 땔감을 쉽게 얻을 수 있다. 게다가, 마을 앞쪽 구불구불 흐르는 하천에서 생활에 필요한 물을 쉽게 얻을 수가 있고, 사질 양토가 퇴적된 완만한 경사의 평야가 있어 의식주(衣食住)를 충족시킬 수 있기 때문에 배산임수는 풍수지리에 이상적인 입지조건으로 본다.

산과 물 외에도 풍수지리는 마을의 방위(方位)를 중시하기도 한다. 마을의 입구가 남쪽으로 향하면 햇빛을 잘 받으므로 또한 중요한 입지조건이 된다. 뿐만 아니라 교통과 방어조건 등도 역시 촌락의 입지에 큰 영향을 미친다. 교통이 편리한 곳에 유통이 활발하기 때문에 사람들이 모여들어 촌락이 보다 크게 발달하게 된다.

조상의 시신(屍身)을 매장하기 위한 좋은 못자리를 찾을 때 음택풍수가 적용되고 촌락이나 집터의 위치를 선정할 때 양기풍수(陽基風水) 혹은 양택풍수가 적용된다. 풍수에서 명당을 둘러싼 네 방향의 산줄기로 지칭하는 '사신사(四神砂)'와 흉한 집터나 건물의 배치를 고쳐서 복을 받도록 하는 '풍수비보(風水裨補)'는 중요하다. 명당을 둘러싸고 있는 4개의 산줄기 사신사는 산의 위치에 따라 청룡(靑龍), 백호(白虎), 주작(朱雀), 그리고 현무(玄武)라고 명한다. 그러나 사면이 산으로 에워싸여 있고 앞쪽으로는 물길이 흘러가는 이상적인 명당은 사실 많지 않고 심지어 마을이 흉한 땅에 형성되는 경우도 있다. 이러한 땅의 결점(缺點)을 보완하여 '명당화(明堂化)'하기 위해 풍수비보가 행해지고 풍수비보는 오늘날 건축물과 도시 경관의 조성에 많이 활용되고 있다.

배산임수, 사신사, 비보풍수(裨補風水) 등 조건들은 한국 전통마을의 이상적인 입지조건에 해당한다. 이러한 풍수지리 조건을 바탕으로 전통마을이 형성되었다. 하지만 내륙과 도서의 자연 특징은 차이가 있기 때문에 어촌은 내륙의 전통마을과 달리 경제활동과 유통 판로의 조건을 위주로 차별화된 풍수 환경에서 형성될 확률이 많다. 특히 규모가 큰 어촌에서 그러하다. 어촌의 입지에 있어서 전형적인 배산임수의 풍수 입지조건을 갖추고 있는 터를 찾기가 어렵기는 하지만 불리한 환경을 보완하기 위해 풍수비보의 상징물을 조성하거나 지명을 바꾸기도 한다.

현재까지 내륙의 전통 취락을 대상으로 한 연구를 많이 살필 수 있다. 대체로 풍수 경관을 논하는 것은 내륙 지역의 산맥 흐름과 물의 흐름을 살펴 인간 삶의 적절한 터를 고르거나 조상을 모실 터를 고르는 논리이다. 마을의 입지(양기풍수)에 대하여 내륙의 풍수 경관 연구는 비교적 많이 축적된 편이나 3면이 바다인 한반도 지형에서 해안지방 및 도서지방의 풍수 경관 연구는 상대적으로 적어, 연구자는 늘 호기심을 갖고 이들 지역을 어떻게 적용, 해석할 것인가 고민해 왔다. 따라서 본 연구는 풍수지리의 논리 구조를 파악하는 것부터 출발했고, 이를 기준으로 전통 어촌의 풍수 입지조건과 특징을 고찰하는 절차로 진행된다. 강골을 사례로 분석하여 내륙 마을과의 차이점을 밝히고 적용과 해석을 어떻게 할 것인가 규명하는 것을 목적으로 한다.

연구방법(절차)은 다음과 같다. 첫째, 일반적 풍수원리와 논리를 밝혀 비교설명의 준거로 삼는다. 둘째, 직접적인 비교설명의 기준은 고전적 사신사와 산천도택(山川道澤) 양기풍수의 사신사를 준거로 한다. 셋째, 사례지역(강골)에 대해 사전 문헌 조사를 행한다. 넷째, 현장답사를 통해 사전조사의 내용과 새로운 사실들을 확인한다. 확인절차는 면담, 사진 촬영, 현장 관찰 등이다. 다섯째, 이상의 사실들을 종합 정리하여 적용, 해석을 통해 결론을 도출한다.

본 연구는 4개 장으로 구성되어 있다. 제1장에서는 연구의 배경과 목적을 제시하고, 연구주제와 관련된 선행연구를 검토한다. 제2장에서는 풍수의 이론적 고찰로 풍수의 기원과 특징, 풍수의 사신사, 그리고 풍수비보의 내용을 파악한다. 제3장은 본 연구의 실제 사례지역으로 전라남도 보성군의 강골을 중심으로 마을의 산줄기, 물길, 혈(穴), 풍수비보 등 풍수 입지조건과 특징을 밝힌다. 제4장은 위에 알아본 내용을 요약 정리하여 결론으로 맺는다.

풍수지리 해석은 주관적 요소가 개입된다. 본 논문 역시 필자들의 주관적 판단으로 입지분석 및 해명이 이루어졌을 가능성이 있음을 연구의 제한점으로 미리 밝혀두는 바이다.

2) 선행연구 검토

전통 어촌의 풍수지리에 관한 연구를 진행하기 위해 다음의 내용을 사전지식으로 숙지하여야 한다.

풍수의 사신사(四神砂)를 중심으로 하는 연구 사례로 천인호(2018), 박수진 외(2014), 손용택·남상준(2022)을 들 수 있다. 천인호(2018)는, 사신사는 음택 사신사(陰宅四神砂)와 양택 사신사(陽宅四神砂)로 구분하여 풍수이론은 다양한 방향으로 발전되고 전개되어 왔음을 밝혔다. 구체적으로, 양택 사신사의 본질과 구성 이유 및 논리를 분석했다. 고전적으로는 용맥(산맥)의 끝머리에 북현무(주산), 좌청룡, 우백호, 남주작의 네 방향 산세(구릉이나 언덕)를 바탕으로 사신사를 이루는 형국을 고르는 것이 일반적이었으나 조선후기에 들어온 양택 사신사는 현무를 산(山), 주작을 연못(澤), 청룡을 강(川), 백호를 도로(道)로 해석한다. 박수진(2014)은 풍수에서 명당을 찾는 방법 중 가장 잘 알려진 것이 사신사라고 강조하였다. 사신사 지형을 갖추고 있는 땅은 전면이 남쪽 방향으로 트이고 나머지 세 방향이 산이나 언덕으로 에워싸인 곳이다. 손용택·남상준(2022)은 서울의 용산구 한남동을 연구 사례로 전통입지와 현대입지를 비교함으로써 풍수지리의 입지(立地)를 자세히 분석하였다. 풍수지리에서의 사신사는 주산(主山)의 역할을 중시하고 주산이 없으면 명당과 주산에서 뻗어 나온 산줄기인 좌청룡과 우백호도 존재하지 않음을 강조하였다. 사신사는 명당을 에워싸고 있어 생기를 감싸 둘러 보호해준다. 배산임수 입지와 득수는 전통마을의 입지와 생활환경에 가장 중요한 영향을 끼친다. 배산임수 지형은 북현무와 남주작에 주목한 지형 모습이다.

풍수비보(風水裨補)에 초점을 맞추는 연구로서 김의숙(2003), 김려중(2017), 권용무 외(2017)를 들 수 있다. 김의숙(2003)은 명당의 조건을 갖추지 못한 땅을 비보(裨補)하여 명당화하는 사례를 통해 지명 변경형, 지형 변경형, 수계 변경형, 보완장치형, 행위형, 사찰 건립형, 안산(案山) 설정형 등 비보풍수의 유형을 살폈다. 명당(明堂)이라는 곳은 장풍과 득수의 조건을 충족시켜야 한다. 김려중(2017)은 비보풍수가 인간의 심리에 어떠한 영향을 미쳤는지 모색하였다.

비보풍수는 음택풍수뿐만 아니라 현대 인테리어까지도 적용될 수 있다. 권용무 외(2017)는 국내 사찰을 대상으로 문헌 조사 및 현장조사를 실시하여 사찰 비보풍수에 대해 실증적인 적용수단과 적용방식을 확인하였다. 사찰은 도선(道詵)의 비보풍수가 가장 먼저 적용된 공간이며 누각, 비보 숲, 조산(造山), 탑과 석등, 계담(溪潭)과 못 등을 통해 비보풍수가 잘 나타난다.

어촌의 풍수 입지조건과 공간구조의 특징 등을 위주로 하는 연구 사례로 박보빈(2021), 허영훈·천인호(2015), 허영훈(2017)을 들 수 있다. 박보빈(2021)은 용세론(龍勢論), 혈세론(穴勢論), 사세론(砂勢論), 수세론(水勢論) 등 풍수지리의 이론적 고찰을 시도했다. 마을의 입지 및 공간구성을 풍수의 관점에서 살펴보고, 숲 비보(林裨補)·수구비보(水口裨補)·숲 및 수구비보의 혼합형·돌(벽수) 비보·정자 비보 등을 통해 비보풍수의 유형을 고찰하였다. 허영훈·천인호(2015)는 동해안 삼척지역의 어촌에 적용된 비보풍수를 사례로 하여 육지와 어촌지역의 공통점과 차이점을 규명하고 어촌 비보풍수의 특수성을 밝혔다. 허영훈(2017)은 강원도 동해안의 남애리 어촌의 풍수 입지분석을 통해 육지와 비교하여 바닷가에서만 적용 가능한 새로운 풍수이론을 제시하였다. 남애리 어촌은 동해안 득수국 어촌의 입지 유형을 나타내는 자연 지형을 갖추고 있고 마을의 지명을 통해 어촌의 입지유형별 거주민 선호성 인식을 확인하였다.

전라남도 보성군의 강골을 대상으로 한 연구 사례로 보성군(2006), 김규원 외(2008), 김도형 외(2007a, b), 전봉희(1998a, b), 박응식(2002)을 들 수 있다. 보성군의 보고서(2006)에서는 이준회(李駿會) 고택을 중심으로 보성의 연혁, 강골의 입지, 이준회 고택의 입지와 기와집의 구조 등을 연구하였다. 김규원 외(2008)는 보성군 강골의 입지와 연혁, 중요민속자료로 지정된 한옥(李錦載 家屋, 李容郁 家屋, 李湜來 家屋 등)과 정자(열화정, 悅話亭), 기후·동선체계·수 체계에 의한 경관특성 등을 분석하였다. 김도형 외(2007a, b)는 토지이용,

기후적용, 생태체계, 물길 등을 검토하였다. 전봉희(1998a, b)는 강골의 정주 형태에 초점을 맞추고 시간별로 주거지의 형성과정과 가옥의 형태에 대한 연구를 진행했다. 박응식(2002)은 강골의 토지이용방식 · 녹지체계 · 수 체계 · 자원순환과 에너지 시스템 등의 분석을 통해 마을의 지속가능성을 고찰하였다. 박응식은 마을의 일반적인 형태, 즉 배후지, 주거지, 경작지 등에 대한 이상적인 풍수적 특징을 분석함으로써 강골은 동쪽으로는 득량만 간척지를 향하여 시야가 탁 트이고 나머지 3면은 완만한 구릉지로 둘러싸여 있어 명당을 이루고 있으며, 생활재료, 땔감, 수원 등 자연자원의 획득이 용이하고 겨울철의 북서풍을 막아주는 배후지를 가지고 있다고 주장했다. 강골의 주거지 내부가 주변부보다 지형이 낮아 방풍과 에너지 측면에서 유리한 면을 갖고 있다. 마을 서쪽의 선형의 대나무 숲은 완만한 구릉지에 식재가 되어 있어 외부의 시선과 여름철의 바람을 광역적으로 차단하는 역할을 하고 일정하게 벌목이 가능하기 때문에 수입원의 역할도 한다. 그리고 마을 주거지로 관입하는 주산의 골짜기에서부터 마을의 물길은 시작하고 안길과 평행을 이룬다. 강골의 물은 풍부하다. 강골의 수 공간은 소수의 공동우물과 3개의 연못으로 구성이 되어 있다.

이상의 선행연구 검토 내용은 사례지역(강골)의 풍수 경관을 이해하고 분석하기 위한 선지식 내용이라 볼 수 있다.

2. 풍수지리의 이론적 고찰

1) 풍수(風水)의 기원과 본질

윤홍기(1995)는, 풍수지리는 고대 중국의 황토고원(黃土高原) 지대에서 굴

집터 잡기와 굴집 만들기로부터 시작되었음을 강조하였다. 풍수지리설은 언제부터 어떻게 중국에서 한국으로 전파되었는지 정확한 근거가 없지만 역사의 흔적을 통해 확인할 수 있다. 한국의 풍수는 신라 시대에 전래되었으며 동양 전통의 천부지모(天父地母) 사상과 음양오행설(陰陽伍行說)을 기반으로 하고 있다. 풍수설(風水說)은 이미 700년대에는 왕실과 절 사이에서 명당 쟁탈전이 일어났던 기록에서 나타났고 도읍과 마을을 정하거나 산 사람의 집이나 죽은 자의 묫자리를 잡는 결정에 큰 영향을 미쳤다고 밝혔다(윤홍기, 2011, 85-98).

"풍수원리는 한국에서 자생한 것이 아니고 중국에서 온 것으로 보는 것이 타당하다(윤홍기, 2011)."라는 윤홍기의 견해를 최창조(1997)는 반박했고 본인이 제시한 자생풍수설(自生風水說)로 풍수지리의 기원을 설명하였다. 자생풍수설에 따르면 한국 풍수의 기원은 역사상 풍수(風水) 용어가 쓰이기 시작한 시점보다 풍수의 본질인 지기(地氣)를 느끼기 시작한 시점으로 보고 중국의 풍수가 유입되기 이전에 한국에 사상적으로 풍수와 유사한 또는 원시적인 지리적 인식과 태도, 땅에 대한 사고관념이 존재했다는 것을 언급하였다. 한국의 자연환경과 사회문화 풍토에서의 본격적인 자생풍수는 도선(道詵)으로부터 시작된다. 최창조는 또한 자생풍수의 특징을 주관성, 비보성, 정치성, 현재성, 불명성, 편의성, 개연성, 적응성, 자애성, 상보성 등 열 가지로 정리하기도 했다(최창조, 1997).

한국에서 논하는 풍수의 전형적인 특징은 명당 발복론(明堂發福論), 풍수 비보론(風水裨補論), 시기 쇠왕설(地氣衰旺說) 등 대략 세 가지가 있다. 좋은 땅에 조상의 묘를 쓰면 자손들이 복을 받고, 나쁜 땅에 묘를 쓰면 재앙과 흉사가 후손들에게 미친다는 것은 풍수지리설의 근본 신앙인 명당 발복론(明堂發福論)의 요지이다. 풍수 비보론(風水裨補論)은 풍수적으로 약한 땅의 허점(虛點)을 보완하거나 지나친 지세(地勢)를 인공적으로 수정하고 명당화하는 경우에 적용된다. 옛사람은 하늘 · 땅 · 사람, 즉 천지인(天地人)을 한 몸으로 보고 상징물을 조성함으로써 자연과 인간을 화합하도록 하는 경향이 있었다. 그리고 지기 쇠왕설(地氣衰旺說)은 명당의 기운이 때에 따라 변함으로써 발복이 끊기고 그 땅을 사용하고 있는 사람을 망하게 할 수도 있다는 주장이다(윤홍기, 2011, 85-98).

풍수의 원리는 보국(保局)의 범위가 음택, 양택, 양기풍수에 따라 다르게 나타난다. 동기감응론(同氣感應論)과 효사상을 바탕으로 하는 음택풍수는 죽은 자를 좋은 곳에 묻는 것을 중시하고 이들의 묘지는 후손의 발복에 영향을 미치는 것으로 본다. 양기풍수는 마을이나 도시의 입지를 고민할 때 적용되는 방법이다. 옛사람들이 죽은 사람의 주거지, 즉 못자리를 산 사람의 생활에 비추어서 상상했기 때문에 풍수의 기본 택지 법칙은 양택풍수로부터 출발했다고 할 수 있다(윤홍기, 1995, 231). 보국의 범위가 달라서 혈장의 범위는 차이가 있지만 양택풍수와 양기풍수는 청룡(靑龍) · 백호(白虎) · 수구(水口) · 안산(案山) · 조산(朝山) 등을 본질적으로 비슷하게 여긴다.

풍수의 핵심 요소로 생기(生氣)는 풍수지리 모든 원리의 원천으로 보고 있다. 생기는 무엇인지 아직 정확하게 밝힌 정의가 없지만 일반적으로 생기는 눈에 보이지 않는 물질이다. 생기는『장서(葬書)』에서 구체적으로 설명하였는데, 음양(陰陽)의 기(氣)가 내뿜어져 바람이 되고, 위로 올라 구름이 되고, 격해지면 우레가 되며, 떨어져 비가 되고, 땅속을 흘러 생기가 된다고 하였다. 즉 생기란 음양이고, 바람이고, 구름이고, 비라는 것이다(윤홍기, 2011).『명산론(明山論)』에서는 산과 물이 서로 만나면 음양으로 모이게 되고, 음양이 모이면 생기가 되는데, 생기가 모이는 터는 명당이라고 보았다.

명당(明堂) 혹은 혈(穴), 즉 좋은 땅을 찾기 위해 산줄기, 물길, 방위, 방풍(防風), 지세 등 풍수지리의 입지조건을 적용하고 이를 풍수설의 형식논리로 보는 것은 바로 간룡법(看龍法), 장풍법(藏風法), 득수법(得水法), 정혈법(定穴法), 좌향론(坐向論), 형국론(形局論), 소주길흉론(所主吉凶論) 등이다(박수진 외, 2014, 4). 풍수지리에서 용(龍)은 바로 산을 지칭하기 때문에 사람의 맥(脈)을 보아 건강상태를 진단하는 것처럼 간룡법은 근본적으로 용(龍)의 맥(脈) 혹은 산세(山勢)를 살펴야 길흉(吉凶)을 판단할 수 있다고 보는 것이다. 명당 주위의 지세에 관한 풍수이론으로 장풍법(藏風法)은 좌청룡·우백호·북현무·남주작이라는 4개 산, 즉 사신사의 지형을 살핀다. 명당이라는 곳은 산의 기운과 물의 기운이 상호 결합하는 장소로 여기기 때문에 배산임수의 지형과 함께 득수법(得水法)은 풍수지리에서 중요한 역할을 한다. 물은 음양의 관계에서 설명하는 것 외에 오행, 방위, 수적 상징, 시간성, 색, 팔괘(八卦), 오상(伍常), 혈, 신비성과 연결할 수도 있다(박시익, 1992). 혈 또는 명당을 찾는 방법은 정혈법(定穴法)이라고 한다. 혈은 풍수지리에서 생기가 집중적으로 모여 있는 지점(地點)이기 때문에 발복하기 위한 생기를 받으려면 혈을 제대로 잡아야 한다. 방위에 관계된 술법은 좌향론(坐向論)이라 한다. 좌향(坐向)을 언급할 때 혈처(穴處)의 방향뿐만 아니라 보다 넓은 범위로 해석 가능하다. 혈을 중심으로 보면 좌(坐)는 혈의 뒤쪽 방위이고 향(向)은 바로 혈의 정면이다. 산의 모양을 동물이나 식물 등 물체에 비유하여 혈을 찾거나 설명하는 것은 형국론(形局論)이다. 산세는 주로 사람 또는 동·식물과 비유하고 보는 사람의 주관에 따라 산의 형국(形局)은 차이가 있다. 사람과의 비유로 장군대좌형(將軍臺座形), 선인독서형(仙人讀書形), 옥녀개화형(玉女開花形), 옥녀세발형(玉女洗髮形), 옥녀단장형(玉女端粧形), 삼태기형 등이 있다. 동물과의 비유로 복호형(伏虎形), 기린형(麒麟形), 와우형(臥牛形), 생사출림형(生蛇出林形), 노서하전형(老鼠下田形), 갈마음수형(渴馬飮水形), 봉황포란형(鳳凰抱卵形), 금계포란형(金鷄抱卵形) 등 여러 가지 예를 들 수 있다. 그 밖에도 행주형(行舟形), 물자형

(勿字形), 야자형(也字形), 잠두형(蠶頭形), 금환낙지형(金環落地形) 등도 있다. 소주길흉론(所主吉凶論)은 땅을 쓸 사람의 사주팔자(四柱八字)가 그 땅의 오행과 상생되는가를 따진다. 이 가운데 오행설(伍行說)은 금(金), 수(水), 목(木), 화(火), 토(土)의 다섯 가지가 음양의 원리에 따라 행함으로써 우주의 만물이 생성되고 소멸하게 된다는 것이다.

2) 사신사(四神砂)와 비보풍수(裨補風水)

(1) 사신사(四神砂)

풍수의 명당을 찾는 방법 중에서 가장 잘 알려진 것은 사신사(四神砂)를 확인하는 것이다. 사신사는 혈을 중심으로 주위를 호위하는 4개 산 청룡 · 백호 · 주작 · 현무를 의미한다. 사신사는 중국의 진대에 곽박(郭璞, 273-324)에 의해 논의되었다. 혈을 대응하는 위치에 청룡과 백호가 있으며 내청룡(內靑龍) · 내백호(內白虎) 또는 외청룡(外靑龍) · 외백호(外白虎)로 구분된다. 구체적으로, 혈에 가까운 산줄기를 내청룡 혹은 내백호, 그리고 그 바깥쪽에 위치한 산줄기를 외청룡 혹은 외백호로 명명한다.

음택풍수와 양택풍수를 기반으로 사신사 역시 음택 사신사(陰宅四神砂)와 양택 사신사(陽宅四神砂)로 구분하기도 한다. 음택 사신사(陰宅四神砂)란 혈을 호위하고 생기를 모아 보전해주는 4가지의 산을 지칭하는 것이다. 양택 사신사는 조선 후기에 등장했고 북현무를 산(山), 남주작을 연못 · 밭(田) · 평야(平野)로, 좌청룡을 강(川) · 유수(流水)로, 우백호를 도로(道) · 숲(林)으로 보는 산천도택(山川道澤)을 의미한다(천인호, 2018, 198).

(2) 비보풍수(裨補風水)

장풍과 득수의 입지조건을 잘 갖추고 있는 명당은 사실 그리 많지 않고 만나기도 어렵기 때문에 이런 경우에 땅의 결점을 보완하기 위한 '비보풍수(裨補風水)'의 원리가 필요하다. 비보풍수는 신라 말엽부터 한국 풍수사의 '조종'인 도선(道詵, 827-898)에 의해 전파되기 시작하였다. 사찰은 도선이 가장 먼저 비보풍수를 적용했던 공간이었다(최원석, 2003).

비보풍수의 유형이 다양한데, 지명 변경형 · 지형 변경형 · 수계 변경형 · 보완장치형 · 행위형 · 사찰 건립형 · 안산(案山) 설정형 등 크게 7가지로 분류된다(김의숙, 2003, 111). 지명 변경형은 땅의 명칭이 부적합하여 그곳에 불상사(不祥事)가 유발하는 것으로 믿어 이름을 바꿈으로써 조화를 성취하려는 방법이다. 땅에 풍수적인 결함이 있으므로 땅의 형태를 변형시켜 축성(築城), 조산(造山), 조림(造林), 고개 조성, 연못 등의 조성 방법으로 비보할 때는 지형 변경형이 적용된다. 강이나 하천의 흐름을 바꾸는 것은 수계 변경형이다. 부족한 곳을 보충하거나 거센 기운을 눌러 조화를 유지하기 위해 석탑, 돌탑 등 보조 장치나 제어 장치를 설치함으로써 비보하는 것은 보완장치형이다. 이는 비보풍수에서 가장 많이 나타나는 유형이다. 이 경우에는 동물상을 조성하거나 탑, 장승, 석주, 솟대, 당간, 비석, 불상 등을 조성하여 안치한다. 땅의 기를 보완하기 위해 의도적인 행위를 취하는 것이 행위형이다. 허결한 땅을 보완하기 위해 불교직 신성 공간인 사찰을 건립하는 것은 사찰 건립형이다. 나라와 마을의 평안 유지를 위해 명당의 사신사 외에 안산(案山)을 살 실정하는 경우는 안산 설정형이다. 안산(案山)은 대체로 도읍지를 비보하는 장치에 해당한다(김의숙, 2003, 138).

용맥비보(龍脈裨補), 장풍비보(藏風裨補), 득수비보(得水裨補), 형국비보

(形局裨補) 등은 비보풍수론(裨補風水論)의 대표적인 이론으로 보인다(권용무외, 2017, 106). 용맥비보는 용맥(龍脈)이 약한 경우 흙을 퍼서 새로 만들어 기운을 조절하거나 산기가 쇠할 경우 보토나 조산(造山)을 하거나 비보 숲을 조성함으로써 이상적인 생기를 갖추도록 하는 방법이다. 풍수상 장풍 조건을 보완하는 장풍비보는 바람이 좌우로 세게 잘 통하는 지형을 억제하기 위해 인위적으로 청룡·백호 등 조산(造山)을 하여 명당 사방의 산수가 감싸고 있는 이상적 지형을 보완하도록 추구하는 것이다. 화(火)기를 방어하고, 수(水)기를 보완하여 물을 얻어 자연의 기운을 득하는 것은 득수비보이다. 물은 생명의 기원이고 생기 취득을 위해서 반드시 물이 있어야 한다(이진삼, 조성제, 2011, 27-60). 풍수설에서 장풍보다 득수가 보다 중요한 역할을 한다. 물길의 방향이 흉하다면 그 자체를 좋게 변형시키도록 한다. 사찰의 비보풍수에서는 못이나 샘을 통해서 득수를 한다. 지형의 나쁜 기운을 막고 길지로 바꾸기 위해 형국비보를 적용하게 된다. 거북 형국의 지형을 가진 곳에서 거북 머리 부분에 물이 없을 경우, 못을 만들어 거북 형국을 충족시키도록 하는 것은 그 예이다. 또는, 절을 건립하거나 탑을 쌓을 때도 형국비보 방법을 동원하기도 하였다.

땅의 결점을 보완하기 위한 비보 상징물이 많은데 이 가운데 한국의 사찰에서 나타나는 전형적인 비보풍수의 수단은 건물, 숲, 석등과 석탑, 계담, 조산(造山), 못, 누각(樓閣) 등이다. 비보 숲은 주로 계류가 흘러내려 가는 곳에 지세가 약해지는 것을 막기 위해 조성된다. 비보 숲은 땅을 보호해주고 그 터에 사는 사람들의 심리적 안정에도 크게 영향을 미쳤다(김려중, 2017, 124). 비보 숲의 기능에 있어서 바람과 추위 및 외부의 침입을 막아주고 외부에서 잘 보이지 않는 은신처로서의 안전한 곳, 동식물의 서식처, 야생동물 등의 이동로, 먼지나 꽃가루 등의 소멸처 등을 제공한다. 탑은 비보풍수의 요체라고 할 수 있다. 비보 탑은 자연석을 기단으로 하여 이형석탑(異形石塔)이 많은데, 경우에 따라서는 사천왕상, 십이지상(十二支像)[115] 등 비보적 문양이 표시되기도 한다(권용무, 2016, 68-69). 누각은 안산(案山)이 부재하거나 관쇄(關鎖)되지 않은 남주작의 기운을 비보하는 수단으로 여긴다. 누각은 마당을 중심으로 법당의 건너편에 건축하게 되므로 법당의 공간이 부족할 경우 이곳을 사용하기도 하고, 공동작업공간이 되기도 하며, 불전 사물을 보관하는 장소로 사용되기도 하는 등 다목적 기능을 가진다(권용무, 2016, 40). 풍수에서는 득수로 기운을 모으고 보할 수 있으므로, 득수는 가장 중요한 요소로 보았다. 계담이나 못은 사찰에서 가장 요긴한 요소로 보아 계류가 흘러 빠져나가며 약해지는 기운을 막기 위해 조성하였으며 교량이 있는 경우 교량을 흘러 지나쳐 물이 모이도록 조성되었다. 이외에도 계담과 화장실 앞 연못들은 건물을 다른 공간과 분리하여 화재 발생 시 화재의 전이를 막는 역할도 수행한다(권용무 외, 2017, 109). 조산(造山)은 산세가 허함을 채워주는 실질적인 비보 형식이다. 조산은 좌청룡과 우백호가 낮고 짧아 전면부의 기운이 새어나가는 것을 막아주기 위해 조성된다.

3. 강골의 경관과 풍수 입지

한국의 전통 풍수지리는 내륙 마을에 적용하는 경우가 대부분이다. 본 장에서 다루는 강골은 전통 어촌 마을이다. 마을 앞까지 바닷물이 들어왔던 곳이고 서·남·북의 나머지 세 방향은 구릉으로 둘러싸인 곳이다. 본 장의 전개순서와 연구기술 방법은 다음과 같다.

첫째, 마을 개관을 살펴 마을의 현 상황을 파악한다.

---

115 십이지를 상징하며 각각 방향과 시간을 맡아 지키고 보호하는 열두 가지 동물의 상(像).

둘째, 강골이 풍수 입지의 마을임을 증명하기 위해 표준이 되는 사신사 모델(〈그림 8-A〉)과 강골의 마을 입지를 비교 · 설명하여 무엇이 닮았고 무엇이 다른지 살핀다.

셋째, 조선후기에 등장한 양기풍수의 산천도택(山川道澤) 사신사 모델(〈그림 8-B〉)과의 비교를 통해 닮은 점과 차이점을 규명한다.

넷째, 두 번째와 세 번째의 비교를 통해 강골의 풍수 입지의 특징을 종합적으로 규명하여 과연 풍수 명당의 마을이 될 수 있는 것인지를 설명하여 결론으로 맺는다.

1) 마을 개관

강골은 행정구역상 전라남도 보성군 득량면(得粮面) 오봉4리에 속한 지역이다. 보성군과 득량면에 대해 파악하는 것은 강골의 연구에 전제조건과도 같다.

지리적으로, 보성군은 전라남도의 남부 중앙에 위치하며 동쪽은 순천시, 서쪽은 장흥군, 북쪽은 화순시, 남쪽은 득량만(得粮灣)과 고흥군에 각각 접한다. 수리적으로는 동경 126°58′~127°29′으로, 북위 30°59′~34°46′에 있다. '북고남저(北高南低)'형으로 보성군의 지형은 북서쪽은 산지가 발달하고 남쪽으로는 회천, 득량, 조성, 벌교가 바다와 접해 있어 내륙과 해안의 특징을 모두 갖추고 있다. 주변 지역보다 보성군은 고지대에 위치하며, 연평균 기온 13℃ 이상으로 기후가 온화하고 풍부한 강수량으로 바닷가에 접한 평지는 온화하여 이모작이 가능하다. 회천면은 바다에 접한 해안선이 길고 면 지역 전체가 해안평야와 같은 지역으로 이모작이 행해지는 가장 대표적인 곳이다. 안개가 많아 차의 수분 공급에 적합한 조건을 갖추고 있어 보성군 차밭의 면적은 전국적으로 약 33%(약 1,097ha)를 차지하고 있다. 또한, 보성 벌교 갯벌은 벌교천과 바다가

<그림 1> 보성군의 행정구역

자료: Doopedia(https://doopedia.co.kr)

만나 생물의 다양성이 풍부한 천혜의 자연유산으로, 국토교통부는 2003년 이
일대를 습지보호 구역으로 지정하였다(김병인 외, 2015, 472-473).[116] 보성군은
바다[117] · 산[118] · 호수[119]의 3경(三景)과 3보향(三寶鄉)[120]의 고장으로 알려져 있다.

---

116   벌교지역 사람들은 벌교천을 민물과 바닷물이 교차하며 만나는 곳이라 하여 '도루강'이라 부르기도
       한다.

117   득량만(得糧灣)과 여자만(汝自灣). 여자만은 부근 해상의 섬 여자도에서 비롯한 이름이다.

118   제암산(帝巖山), 존제산(尊帝山), 제석산(帝釋山)

119   보성강과 주암호의 경치

120   예향(禮鄉), 의향(義鄉), 다향(茶鄉)

득량면(得粮面)은 보성군의 동남쪽 8.6km 지점에 위치하며 면적 73.95km²로 면 소재지는 오봉리이다. 득량면은 9개 법정리, 37개 행정리, 77개 반, 그리고 67개 자연마을로 구성되어 있다(득량면지편찬위원회, 2011, 34). 지리적으로 득량의 동쪽은 조성면, 서북쪽은 보성읍과 미력면, 서남쪽은 회천면에, 남쪽은 고흥군 두원면과 바다 가운데서 경계를 이루고, 북쪽은 겸백면과 접해 있다. 득량면은 오각형에 가까운 복주머니 형국을 하고 있다.[121] 산과 하천, 그리고 바다가 적절히 조화를 이루어 형성되고 수산자원이 가득한 남해안의 갯벌과 바다, 그리고 보성강발전소에서 흘러내린 풍부한 수자원과 드넓은 평야를 갖고 있다. 득량 평야에서 생산된 예당쌀은 미질이 좋아 70~80년대까지만 해도 "예당쌀"의 명성이 자자했다고 한다. '득량(得粮)'이라는 지명은 이순신(李舜臣) 장군과 관련해서 비롯된다.[122]

강골은 득량면 오봉4리에 속한 작은 마을이다. 면 소재지에서 약 2km 정도

---

[121] 보성군 12개 읍면 중 벌교읍 다음으로 넓으며, 보성군 전체 면적의 11.1%를 차지한다. 득량면의 총 면적 73.95km² 가운데 임야가 43.87km², 논이 16.08km², 밭이 4.51km², 대지 1.50km², 그리고 과수원, 목장용지 등으로 구성되어 있다(득량면지편찬위원회, 2011).

[122] 임진왜란 때 이순신 장군이 비봉리 선소 앞섬에서 왜군과 대치하던 중 군량미가 떨어지자 선소에서 식량을 조달한 데에서 유래했다. 이 외에도 이순신 장군이 산풀을 베어 만든 마름을 엮어 산꼭대기에 곡식처럼 쌓아 왜군들이 이를 군량미로 오인하게 했다 하여 부르게 되었다는 설도 있다.
조선 시대(영조 1759년)에는 이 지역이 《여지도서(輿地圖書, 1757~1765)》에 최초로 송곡면(松谷面)과 도촌면(道村面)의 명칭으로 나타난다. 『대동지지(大東地志, 1861~1866)』와 〈보성군(寶城郡)〉, 《해동지도(海東地圖, 1750)》, 〈보성군지도(寶城郡地圖, 1872)〉, 〈보성군(寶城郡)〉, 《광여도(廣輿圖)》 등 다른 지리지에서도 '도촌면(道村面)'과 '송곡면(松谷面)'으로 기록하고 있다. 일제강점기인 1914년 대대적인 행정구역 개편으로 도촌면(道村面)과 송곡면(松谷面)이 통합되어 '득량면(得粮面)'으로 개칭되었다.
득량역 인근 지역에 이순신(李舜臣) 장군의 벽화가 그려져 있다. 마을주민들은 이순신 장군의 활약상과 영웅담을 잘 알고 있다. 2022년 8월 5일 오후, 마을주민인 황○ 씨(50대 중반)의 이야기를 통해 이를 확인할 수 있다. 황○ 씨의 고향 강골은 예부터 훌륭한 인물들을 많이 배출하였으므로 마을의 자랑이라 한다. 그에 따르면 일제강점기에 마을 앞까지 바닷물이 들어왔지만 일본은 농사를 대대적으로 짓게 할 목적으로 동쪽에 있는 득량만(得粮灣)에 방조제를 만들고 간척지를 개발하였다. 농산물은 경전선(慶全線)을 통해 연결되는 주요 항구를 경유해 일본으로 반출하여 주민들이 고생을 겪었다고 한다.

남쪽에 있으며 마을 앞으로 경전선(慶全線) 철도가 지나고 있다. 마을 안 곳곳에 울창한 대나무와 숲이 잘 정리되어 우거져 있고 방조제가 생기기 전 바닷물이 이곳까지 들어와 백로가 서식하고 맑은 물이 득량천, 예당천을 흐른다고 하여 강동(江洞)이라 하였다. 강골이라는 명칭은 원래 마을의 속칭인 강동(江洞)에서 유래된 것으로 보인다. 과거 득량마을로 부르기도 했다. 전남 순천에서 차를 이용하면 약 1시간 이내 소요되며 기차로는 20여 분 거리이다. 강골 동쪽으로는 득량만 간척지를 향하고 나머지 3면은 완만한 구릉지로 둘러싸여 있다. 마을의 출입구는 2군데가 있는데 과거에는 서쪽 출입구의 폭이 약 3m 정도의 육답에서 진입하였지만 득량만 간척사업 이후로 새로운 농지가 확보됨에 따라 동쪽 출입구가 자동차의 통행이 가능하므로 주 출입구가 되었다.[123]

이 마을은 경기도 광주이씨(廣州李氏)의 집성촌이다.[124] 득량면지편찬위원회의 보고서『득량면지』(득량면지편찬위원회, 2011)에 따르면 총 63명의 주민 중에 28명은 남성이고 35명은 여성으로, 여성이 많은 여초 지역이다. 한반도 남부 해안지역과 도서 지역이 대체로 여성이 많은 여초 지역이며 강골 역시 이 추세를 따르는 지역임을 알 수 있다.

마을주민들은 주로 농사를 짓고 겨울철 농한기 때는 조청과 쌀눈엿을 만들어 농가 소득을 올리기도 한다. 이 마을의 전통가옥들은 대부분 19세기 이후

---

123 현장답사 시(2022년 8월 5일), 필자는 서쪽에 있는 마을의 구 출입구로 진입해봤다. 동구 앞 오봉교를 지나 득량천이 흐르고 있어 이곳에 규모 큰 육답이 펼쳐져 있다. 마을 동쪽의 현 출입구보다 구 출입구의 폭이 좁아 이용하는 사람이 많지 않았다. 마을 안은 인적이 드물었고 강골 회관에 노착해서야 마을주민을 만날 수 있었다. 주민들 말에 의하면 관광객을 끌 수 있는 마을 관광 프로그램이 없기 때문에, 마을을 방문하는 관광객들은 주로 자가용으로 중요민속자료로 지정된 고택들과 열화정을 관람하고 돌아나간다고 하였다.

124 강골의 역사를 보면, 11세기 중엽 전주이씨(全州李氏)가 정착하여 마을이 형성되었으며, 그 뒤 죽산안씨(竹山安氏)를 거쳐 16세기 말엽 광주이씨(廣州李氏)가 정착하여 오늘에 이르고 있다(득량면지편찬위원회, 2011, 670).

〈그림 2〉 득량천
(2022/08/05 오후 3:00 필자 촬영)

〈그림 3〉 간척지 논
(2022/08/05 오후 4:51 필자 촬영)

〈그림 4〉 동쪽의 주 진입도로
(2022/08/05 오후 3:59 필자 촬영)

〈그림 5〉 마을 앞을 지나는 경전선 철도
(2022/08/05 오후 4:49 필자 촬영)

광주이씨(廣州李氏) 집안에서 건축한 것이다.[125] 집들 상당수가 지은 지 100년 안팎 되는 고택들이다. 이 때문에 인근 지역 주민들은 강골에 관광 목적으로 방

---

125 강골의 가옥 가운데 이정래 고택(李井來古宅, 중요민속자료 제157호), 이준회 고택(李駿會古宅, 중요민속자료 제160호), 이진래 고택(李進來古宅, 중요민속자료 제159호), 열화정(悅話亭, 중요민속자료 제162호) 등 3개의 가옥과 1개의 정자가 중요민속자료로 지정되었다.
    헌종 11년(1845)에 이진만(李鎭晩: 1795~?)이 후진 양성을 목적으로 건립한 열화정(悅話亭)은 마을 뒤 깊숙한 숲 가운데 자리하고 있다. 이곳에서 수많은 인재를 배출하였다고 한다. 마당 앞에는 아담한 대문과 연못 그리고 정원 한편에 심어진 동백나무 등이 주변의 숲과 어울려 아름다운 공간을 연출한다.

문하기도 한다.

마을의 경관은 곳곳에 벚나무, 목련, 석류나무 등이 고목으로 마을을 지키는 느낌을 준다. 가옥마다 생울타리를 만들어 가옥 간의 경계로 차단하였다. 골목 길이 구불구불해서 신비감을 준다. 이는 옛날에 왜구의 침입을 막아주는 기능 도 했었다. 집과 집 사이에는 담쟁이덩굴과 대나무로 뒤덮인 돌담길이 이어져 전형적인 한국 옛 마을의 정취를 제대로 간직하고 있다.

규모가 작은 어촌이었던 강골은 일제강점기 때인 1937년 득량만 방조제와 경전선 철도부설로 인해 총 1,460ha의 농지를 새로 확보하게 되어 농촌으로 변 모되었다.[126] 일본은 경전선을 통해 국방 및 경비 강화, 농림·수산자원·광물 개발 과 반출, 일본인 이주 촉진, 만주-한반도-일본을 잇는 교통로 확충을 달성하기 위함이었다. 역사상 강골의 간척지 형성과 함께 득량면으로 지나가는 경전선의

〈그림 6〉 득량만(得粮灣)   〈그림 7〉 득량만 방조제
(2022/08/05 오후 4:58 필자 촬영)   (2022/08/05 오후 5:03 필자 촬영)

---

126 경전선은 1927년 8월 조선총독부에서 조선 철도 12년 계획을 바탕으로 1927년부터 1938년에 걸쳐
국유철도 5개 노선을 확충하는 계획 중 한반도 남단을 횡단하여 경상도와 전라도를 잇는 경전선 노
선이 등장한다. 경전선(慶全線)은 경상남도 밀양시 경부선 삼랑진역과 광주광역시 광산구 호남선광
주송정역을 잇는 한국철도공사의 간선철도 노선이다. 이 노선은 마산선, 진주선, 광주선이 통합된 철
도 노선으로 경상도, 전라도를 연결한 철도라는 뜻에서 경전선(慶全線)이라고 명명하였다. 하루 한
번 서울 용산역까지 운행하던 경전선은 이용 고객이 적어 광주광역시 송정역을 경유하여 목포까지
이어지는 노선으로 조정, 운행되고 있다.

개통은 이 지역을 변화시키는 문명의 새 바람이었다.

2) 강골의 풍수입지 해석

(1) 간룡법에 의한 관찰

풍수에서 '생기'는 용맥을 통해서 내려오고 용맥을 보는 간룡법을 통해 산을 살아있는 생명체인 용의 건강상태와 활동상태를 살피며 취락의 기운을 판단한다. 따라서 풍수에서는 사신사 구성도 중요하지만 혈처를 직접 연결하는 용맥을 가장 우선시하고 있다(허영훈, 2017, 154). 이렇게 보는 관점은 고전적 사신

(A) 표준 사신사

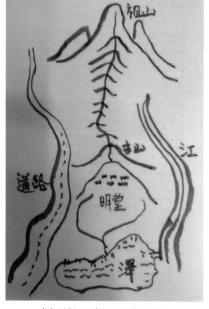
(B) 산천도택(山川道澤) 사신사

〈그림 8〉 표준 사신사와 산천도택(山川道澤) 사신사 개념도

사와 산천도택 사신사에서 공히 강조되는 부분이다.[127] 〈그림 9〉의 강골 풍수 입지 그림을 보면 조산(祖山)에서 주산으로 이어지는 산맥(용맥)의 능선은 매우 뚜렷하여 육안으로 확인이 가능하다.

(B) 전통 강골마을 지적도
자료: 네이버 지도

(A) 전통 강골 마을의 명당 약도
자료: 남도일보
(https://www.namdonews.com)

(C) 전통 강골 마을 위성사진
자료: 네이버 지도

〈그림 9〉 전통 강골 마을

---

127 연구자는 고전적 사신사를 표준 사신사(〈그림 8-A〉)로, 조선후기의 양기풍수에 나타나는 사신사를 산천도택 사신사(〈그림 8-B〉)로 제시하고 강골의 풍수 입지 〈그림 9〉와 비교 관찰하기로 한다.

(2) 장풍국과 득수국의 사신사 관찰

강골의 풍수 입지 〈그림 9〉는 〈그림 8-A〉의 표준 사신사 모델과 비교해 보면, 주산과 진산, 우백호는 매우 훌륭하게 갖추어져 있고, 조산(朝山)도 진산(鎭山)인 방장산(538.1m)의 지맥과 주산의 오봉산 지맥(枝脈)이 끊길 듯 흘러 연결되어 나름대로 마을 앞까지 이르러 모습을 갖추었다. 안산의 기능은 만휴정 정자로 비보되었음을 알 수 있다. 그러나 강골의 동쪽 좌청룡은 상대적으로 약한 형국이다. 원래 강골의 동쪽 청룡이 있어야 할 곳은 임해 지역으로, 과거에는 바닷물이 마을 근처까지 들어왔고, 현재는 간척지화되어 농경지로 변모하였다. 득수국을 살펴보면, 임해의 바닷물과 예당천, 득량천 등을 꼽을 수 있지만 내륙풍수의 모델을 상정한 표준 사신사 모델(〈그림 8-A〉)의 주산을 배산으로 한 임수는 농경에 적합한 담수여야 하므로 득량천, 예당천 등 담수하천이 있어 풍부한 생활용수와 관개용수 확보가 용이한 곳이며 강골의 옛 지명인 '강동(江洞)'과 현 지명인 '강골'이 여기서 비롯되었음을 짐작하게 한다. 풍수에서 중요시되는 것은 사신사 형국과 그를 살아있는 생명체로 완성시키는 득수국이야말로 매우 중요한 요소이기 때문에 강골이라는 지명은 풍수적 유의미성을 지닌다. 마을의 식수원인 소리샘(큰샘), 작은샘, 들샘 등 우물을 파 식수원으로 활용했었다. 상수도가 들어오면서 그 기능이 약화되어 흔적만 남아 있거나 폐쇄되었다.

요약하건대 강골의 사신사 형국에서 좌청룡이 우백호에 비해 비교적 약한 편이고 우백호는 뚜렷하다. 진산이면서 조산(祖山) 역할의 방장산(535.9m)에서부터 흘러내린 산맥(용맥)의 능선은 주산인 오봉산(127.5m)의 진호를 받으며 강골 터를 만들어냈다. 방장산의 세력은 지맥으로 외백호를 형성하면서 흘러내려 마을 앞 조산(朝山)으로서의 오봉산(264.2m)은 뚜렷이 봉우리를 이루어 존재한다. 득량천의 지류는 강골의 명당과 내백호 및 외백호 사이를 흐르고 내청룡 밖에서도 흘러내려 와 본류와 합쳐져 득량만으로 흘러든다. 곡류하는 득량천은 명당을 기름지게 만들어내는 훌륭한 기재인 동시에 마을 앞 간척지 농경지를 비옥하게 만드는 관개용수로 쓰인다. 마을 안 명당에서 여러 지류로 흘러나오는 물의 흐름은 마을의 오폐수 정화기능을 담당하기도 한다. 이러한 정황들을 종합해 보면 장풍국과 득수국이 만들어내는 사신사 형국은 대체로 양호한 명당을 빚어낸 풍수 입지라고 할 수 있다.

(3) 산천도택(山川道澤) 사신사 관찰

강골의 풍수 입지(〈그림 9〉)를 산천도택 사신사 모델(〈그림 8-B〉)과 비교해 보자. 산천도택 사신사의 모델이란 양기풍수에 적용하는 사신사 모델로서 강골의 현황을 대입해 해석할 때 유의미한 면이 있다. 즉 사신사를 산과 도로와 강과 연못 또는 들판으로 해석하는 산천도택의 사신사 모델을 적용할 경우 주산인 오봉산은 뚜렷이 육안으로도 확인할 수 있고 예당천은 청룡을 이루는 하천이다. 방향이 정확하게 맞아떨어진 것은 아니지만 마을 앞을 지나는 경전선은 호랑이가 달리는 도로(道)이며, 동구 앞 대나무 숲은 명당수인 득량천 지류의 흐름 속도를 줄이는 수구막이 기능인 동시에 마을이 훤히 들여다보이는 것을 막기 위해 비보된 것이다. 풍수적으로는 호랑이의 은신처 내지 거처로서의 기능을 하게 된 비보 숲으로 볼 수 있다. 대나무 숲에 은신(거처)하는 호랑이는 마을을 보호하기도 하고 포효하며 질주하는 기차와 기찻길(철도)로 형상화된다. 우백호 호랑이가 달리는 길이 철도로 형상화되어 비교했을 때 도(道)의 기능 즉 우백호의 역할을 다하는 동시에 달리면서 마을을 들여다볼 수 있는 외부의 유일한 시선이 된다.

기찻길 바깥쪽에 펼쳐진 간척지 들판은 좌향으로 보았을 때 빗나간 남주작이 된다. 이론상의 사신사를 현실에 적용할 때 모든 조건을 일치시킨 길지를 찾아내기는 어려운 일이다. 강골의 남주작에 해당하는 간척지 들판 역시 예외가 아니다. 남향이 아닌 동향에 펼쳐진 들판과 그 너머 바다는 경제활동이 펼쳐지는 남주작 기능으로 해석할 수 있다. 말하자면 간척지 들판과 그 외곽의 펼쳐진 바다는 택(澤)의 역할로 정서적 환경을 제공하는 동시에 의식주를 해결해주는 경제활동 공간으로서 조건을 갖춘 곳이다.

발전적인 산천도택 사신사의 모델에 대입해 해석해 본 강골 풍수 입지는, 진산 및 주산과 예당천, 철도 길과 진입도로, 바다와 간척지 들판으로 둘러싸인 산천도택 사신사의 형국을 나름 갖춘 입지임을 알 수 있다.

(4) 좌향(坐向)에 대한 고찰

주택이나 마을의 좌향은 이론상으로는 남향, 남동향, 남서향 등 남향계열의 향이 선호되는 편이지만 대로변의 가옥이나 마을은 대로변 양측에서 대로를 향해 좌향을 잡을 수밖에 없다. 임해 지역에서는 육지(배산)를 등지고 바다를 향해 집이나 마을을 배치하는 것이 상식이다. 이는 곧, 양택 내지 양기풍수에서의 입지는 지형(지세)을 먼저 따르고 여건이 허락하는 범위 내에서 향을 고려함이 순서가 된다. 이러한 입지 원리는 현대 지리학의 입지론에서도 마찬가지이다. 불리한 좌향일지언정 우선 지형의 형국을 따를 수밖에 없다. 평지가 많은 중국의 남쪽에서는 방위를 위주로 한 이기론(理氣論)이 우세하나, 산지가 많은 한반도에서는 배산임수의 지형(지세)을 위주로 한 형세론 위주의 장풍국과 득수국이 발달했기 때문이기도 하다.

어촌은 바람을 잠재우는 장풍 조건에서 매우 불리함을 안을 수밖에 없다. 풍수는 산과 물, 즉 장풍과 득수를 중심으로 하여, 강한 바람을 막아주고 물길을 찾아주는 술법을 중시하는데, 어촌은 한 면이 바다와 면해 있어 이미 득수국의 성격을 갖고 있다고 생각되지만 장풍의 기능이 약할 수밖에 없다. 바다를 향해 한쪽 면이 열려 있기 때문이다. 강골의 마을 앞을 대나무 숲으로 비보한 이유이다. 수구막이 역할을 하는 동시에 항시 불어닥칠 수 있는 강한 바닷바람을 차단하는 효과가 있다.

(5) 임해거(臨海居)의 입지 관점

지형 특성상 어촌의 한쪽 방면은 바다를 끼고 있고, 바닷가의 기후는 내륙보다 항상 변화무쌍하다. 기후 요소 중에 바람과 습도는 어촌 주민 생활에 중요하다. 바닷가 바람의 경우 낮에는 바다에서 육지 쪽으로 해풍이 불고, 밤에는 반대로 육지에서 바다 쪽으로 육풍이 분다. 강풍이 불어서 파랑(波浪)을 동반하게 되는데 이것은 어촌의 촌락입지와 어로 활동, 그리고 식물 성장 등에 큰 영향을 미친다. 이와 관련하여 이중환(李重煥)의 『택리지(擇里志)』에서는 "바닷가는 바람이 많아 사람의 낮이 검기 쉽고, 각종 질병이 많다. 그리고 샘물이 모자라고 땅 또한 갯벌이라 바닷가에 사는 것은 시냇가나 강가에 사는 것보다 못하다."(이중환 저, 이익성 역(2012), 택리지, 복거총론, 을유문화사, 209)라고 기록되어 있다. 그러나 오늘날 바닷가의 어촌은 수운 교통과 상업의 측면에서 매우 유리하므로 과거의 시가과는 달리 보아야 한다. 다만, 자연의 영향이 크기 때문에 이상적인 주거지로 볼 수 없는 측면이 있다. 이중환이 활동한 조선후기만 하려라도 바다는 두려운 존재였고 개발의 대상이 아니었을 것이다. 그러나 오늘날 아시아는 물론 전 세계의 주요 도시발달과 문화, 문명이 꽃피는 지역은 수변(水邊) 문명임을 부인하기 힘들다. 따라서 임해 지역의 도시발달과 어촌에 대한 풍수해석은 새로운 해석을 시도해야만 적용의 가능성과 활용성을 높일 수 있다.

3면이 바다인 한반도의 동해안과 남·서해안은 풍수 적용에서도 분명한 차이가 있다. 즉 남·서해안은 해안선이 복잡하고 섬이 밀집된 다도해를 이루고 있어 내륙 풍수이론의 거시적 적용이 가능하지만 동해안은 해안선이 단조롭고 열악한 지리적 환경 등으로 상황이 다르므로 해석이 달라진다. 해풍이 불 때 사빈의 모래와 파랑을 동반하고 용맥을 파괴하는 침식작용도 동시에 일어나기 때문이다(허영훈, 2017, 152). 내륙에서는 장풍이 중요하지만 바닷가 풍수에서는 파랑을 막고 바닷물을 잠잠하게 하는 방파법(防波法)이 보다 중시된다. 방파법에서 해중사(海中砂)는 풍수적으로 용맥의 연장선이자 석량(石梁, 돌다리) 기능, 방파 기능을 하고 있으며, 경제적 측면에서는 어패류의 서식처이자 산란장 등의 장소를 제공하게 되어 중요한 역할을 하기 때문이다(허영훈, 2017, 165).

어촌은 바다를 끼고 있으므로 득수국으로 간주할 수 있지만 바닷물 자체는 그 흐름이나 성분 등이 육지의 물과 완전히 다른 특성을 보유하고 있으므로 바닷가 지역은 득수국이 아니라 엄밀한 의미에서 조수국(潮水局)이다(허영훈 외, 2015, 319). 조수국의 유형은 크게 만입형, 사구형, 사빈형 등으로 분류할 수 있다. 방파제 축조기술이나 장비가 없었던 근대이전의 어촌은 더욱이 항만이용에 유리한 만입형이 선호되었을 것으로 추정한다.

(6) 형국론(形局論) 관점

지형 지세(地形地勢)를 보면, 강골은 '也' 자의 형국을 취하고 있으며 '북고남저(北高南低)'의 지형을 갖추고 있다. 강골의 산세는 날개를 펴고 날아가는 기러기에 비교한다. 부부 금실, 다산, 평화로움 등을 상징하는 동물인 기러기처럼 마을의 안녕과 건강을 기원하기 위해 마을주민들은 연못을 만들어 비보하기도 했다. 상징적으로는 그러하지만 간척지 등에 날아드는 조류는 현실적으로 간혹 눈에 띄는 갈매기 등이다.

가옥의 방향은 대부분 중심축 좌향인 서남향을 바라보지 않고 남향 혹은 득량만을 향하여 열려 있는 동남쪽을 취하고 있다. 이○○ 가옥은 강골에서 가장 아름다우며 마을 중앙에 있는데, 집 앞에 연못이 조성되어 있었다. 못 가운데 조그만 섬이 있으며 능수 버드나무가 하나 있었다. 이 연못의 기능은 기를 모아 머물게 하려는 비보 못의 역할이었다. 하지만, 지금은 연못이 메워져 밭으로 바뀌었고, 버드나무만 흔적으로 남아 있다. 아름다운 이○○ 가옥은 마을 중앙에 위치하며 혈(穴)처 느낌을 준다. 마을의 종택 입지로도 적합하다. 마을주민들의 정서상으로도 그러한 입지로 간주하고 있는 듯하다.

결론적으로, 현대의 어촌풍수는 재해석이 요구될 수밖에 없다. 과거에 내륙지역에서 표준적인 풍수환경과 이론이 발전했던 것은 당시 사람들이 큰 강이나 호수, 바다 지형에 대한 접근이 불가능했기 때문이다. 그러나 현대에 풍수원리와 이론을 적용하려면 임해 지역의 어촌풍수는 다양한 각도로 재해석해야 할 시점에 있다. 현재까지 풍수와 관련한 많은 연구결과가 발표되었지만 어촌의 풍수 입지를 분석하기 위한 연구는 아직 미진한 편이다.

본 장에서 살핀 강골의 풍수 입지해석은 이런 의미에서 가치와 의미를 더할 수 있다.

4. 결론

장풍득수(藏風得水) 혹은 풍수(風水)란 '바람을 갈무리하고 물을 얻는다'라는 뜻으로 땅의 기운을 살피는 동아시아의 고유 사상이다. 풍수지리의 기원을 논할 때 윤홍기와 최창조의 견해가 언급된다. 윤홍기(1995)에 따르면 풍수지리는 고대 중국 사람들이 주변 자연환경을 고려하여 좋은 주거지를 찾는 것에서 비롯한다. 그러나 최창조(1997)는 윤홍기와 달리 본인이 제시한 자생풍수설(自生風水說)을 통해 한국 풍수의 기원은 중국의 풍수가 유입되기 이전에도 한국에 사상적으로 풍수와 유사한 또는 원시적인 지리적 인식과 태도, 땅에 대한 사고관념이 존재했다는 것으로 설명했다. 풍수에서는 땅 혹은 자연은 신비스럽고 주술적인 힘을 가진 것으로 본다.

좋은 땅, 즉 명당(明堂) 혹은 혈(穴)을 찾기 위해 산줄기, 물길, 방위, 방풍(防風) 등을 논하고 이들을 바탕으로 해당하는 풍수설의 형식논리에 맞추어 풍수를 설명한다. 간룡법(看龍法), 장풍법(藏風法), 득수법(得水法), 정혈법(定穴法), 좌향론(坐向論), 형국론(形局論), 소주길흉론(所主吉凶論) 등이 그것이다. 산 사람의 집터를 찾을 때 양택풍수, 죽은 사람의 묫자리를 찾을 때 음택풍수가 적용된다. 조상의 묘를 좋은 길지(吉地)에 쓰면 자손들이 복을 받고, 나쁜 땅에 묘를 쓰면 재앙과 흉사(凶事)가 후손들에게 미친다고 믿는다.

풍수의 명당을 찾는 방법 중에서 가장 잘 알려진 것은 사신사(四神砂)를 확인하는 것이다. 사신사(四神砂)는 청룡(靑龍) · 백호(白虎) · 주작(朱雀) · 현무(玄武)라는 명칭으로 논의되었다. 전통적인 풍수설에서 사신사는 음택 사신사(陰宅四神砂)와 양택 사신사(陽宅四神砂)로 나뉠 수 있고 조선 후기에는 산천도택(山川道澤)이라는 사신사 개념이 등장했다. 이에 따라 북현무를 산(山), 남주작을 연못 · 밭(田) · 평야(平野)로, 좌청룡을 강(川) · 유수(流水)로, 우백호를 도로(道) · 숲(林)으로 본다.

그러나 배산임수 또는 장풍(藏風)과 득수(得水)의 입지조건을 잘 갖추고 있는 명당은 사실 그리 많지 않다. 풍수적으로 미흡하거나 지나친 지세를 인공적으로 수정하고 땅의 결점을 보완하기 위하여 '비보풍수(裨補風水)'의 원리가 적용된다. 비보풍수의 유형이 다양한데, 지명 변경형 · 지형 변경형 · 수계 변경형 · 보완장치형 · 행위형 · 사찰 건립형 · 안산(案山) 설정형 등 크게 7가지로 분류될 수 있다. 명당은 사신사, 배산임수, 장풍득수 등의 원리를 바탕으로 결정된다.

사례 연구 마을인 강골은 전남 보성의 득량면 오봉4리에 속한 작은 마을이다. 죽송이 울창하고 방조제가 생기기 전에 바닷물이 마을 앞까지 들어와 백로가 서식하였으며, 송곡천과 예당천, 득량천이 흘러 강동(江洞)이라 불렸었다. 전남 순천시에서 차로 1시간 이내 소요된다. 강골 동쪽은 득량만 간척지를 향하고 나머지 3면은 완만한 구릉지로 둘러싸여 있다. 마을의 출입구는 두 군데가 있는데 과거에는 서쪽 육답에서 진입하였지만 득량만 간척사업 이후로 새로운 농지가 확보됨에 따라 동쪽 출입구가 주 출입구가 되었다. 이 마을은 경기도 광주이씨(廣州李氏)의 집성촌으로 현재 28가구에 63명의 주민들이 살고 있다.

풍수상 강골은 동쪽을 제외한 3면을 구릉이 둘러싸고 있는 안정적인 곳에 입지한 배산임수 지형이다. 단, 임수는 담수 하천들과 바다를 바라본다. 강골은, 뒤로는 산에 둘러싸이고 앞으로는 푸른 대나무 숲이 조성되어 마을을 가려주기 때문에 득량만의 해변에서 불어오는 강한 바람을 막아주기도 한다. 마을의 동쪽은 득량만 간척사업으로 생긴 넓은 평야가 펼쳐져 있어서 좌청룡의 존재는 우백호에 비해 뚜렷한 편은 아니다. 기능상 남주작 개활지로서의 생태 환경은 넉넉한 편이다. 서쪽 부근의 우백호가 크게 마을을 감싸고 있어 명당을 이루고 있다. 대나무 숲 외에도 마을 여기저기에는 이미 고목이 된 벚나무, 목련, 석류나무 등이 마을을 지키고 있다. 고전적 사신사 형국을 논할 때 삼태기 모양의 산세가 마을을 감싸 안았고 동쪽으로 트인 득량만 간척지와 달리는 경전선 철도는 유일하게 마을을 들여다볼 수 있는 곳이다. 달리는 호랑이가 마을을 들여다보는 격으로 생각할 수 있다. '也' 자 형의 마을 강산은 고전적 사신사로서의 마을을 둘러싼 삼태기 구릉과 도택(道澤)의 철도와 임해지로서, 응용 풍수국(風水局)이 결합한 형태의 마을이라 할 수 있다. 풍수적인 해석뿐만 아니라 현대 지리적인 입지해석에 있어서도, 사례 마을 강골은 배산임수의 양호한 조건과 개발 이전의 시골길을 통한 농경지로의 접근성이 확보되어 농경 활동이 가능했다. 이러한 환경은 일찍이 동족 부락 집촌 형성이 용이했을 것으로 보인다. 품앗이 등 농촌 경제적 상호협동 사회를 이룬 농어촌의 예가 될 수 있다. 산록 완사면의 사질양토가 쌓여 배수가 잘되고 일찍이 밭으로 경작되었으며 북서쪽이 산지로 둘러있으므로 겨울철 북서풍을 차단할 수 있었고 땔감 등 연료를 쉽게 구할 수 있는 마을이었다. 전통 어촌의 기능은 현대화의 과정인 간척사업과 철도망 통과를 거치며 전통과 현대가 공존하는 아름다운 마을로 보전되고 있다.

참고문헌

김규원 (2008), 전통마을의 생태 · 문화경관 해석, 고려대학교 대학원 석사학위 논문.

김규원 외 (2008), 보성 강골 마을의 공간적 특성과 생태, 문화경관, 한국전통조경학회지, 26(3), 54-
65.

김도형 외 (2007a), 보성 강골 마을의 친환경 건축 계획요소 적용실태에 관한 연구, 한국건축친환경설
비학회 학술발표대회 논문집, 198-203.

_____ (2007b), 전통마을의 친환경 건축 계획요소 적용실태에 관한 연구 - 보성 강골 마을을 중심으
로, 대한건축학회지회연합회 학술발표대회 논문집, 348-353.

김려중 (2017), 비보풍수가 인간의 심리에 미치는 영향에 대한 과학적 근거, 한국사진지리학회지,
27(1), 119-132.

김병인 외 (2015), (한국지리지) 전라남도, 서울: 진한엠앤비.

김의숙 (2003), 비보풍수(裨補風水) 연구, 강원민속학, 17, 103-144.

김흥식, 김도형 (2010), 전통마을 친환경 건축 계획요소 분류체계설정에 따른 보성 강골 마을 적용실
태 분석, 한국생활환경학회지, 17(6), 712-730.

김해경 (2017), 보성군 선소 해안 일대의 지형 · 지질특성과 교육적 활용방안, 한국도서연구, 29(4),
183-197.

권선정 (2003), 비보풍수와 민간신앙 -금산의 돌탑 경관을 중심으로-, 국토지리학회지, 37(4), 427-
441.

권용무 (2016), 한국사찰의 비보풍수에 관한 연구, 동국대학교 대학원 석사학위 논문.

권용무 외 (2017), 한국사찰의 비보풍수에 관한 사례 연구, 한국정원디자인학회지, 3(2), 103-109.

득량면지편찬위원회 (2011), 득량면지, 광주: 정솔문화인쇄.

박보빈 (2021), 전통마을의 풍수적 해석과 비보 유형, 동방문화대학원대학교 박사학위 논문.

박성대, 김병우 (2017), 풍수 논리의 현대적 재해석, 한국학연구, 61, 149-185.

박수진 외 (2014), 풍수 사신사(四神砂)의 지형 발달사적 해석, 문화역사지리, 26(3), 1-19.

박시익 (1992), 특집 - 물과 건축: 주역에 의한 물의 상징적 분석(Symbolism of Water in Iching), 건축,
36(2), 32-35.

박응식 (2002), 강골 마을의 지속성에 관한 일고찰, 아주대학교 대학원 석사학위 논문.

박정해 (2015a), 풍수 논리 속의 물(水), 민족문화논총, 60, 91-117.

_____ (2015b), 양택풍수와 음택풍수 논리 구성의 특징 비교 분석, 국토연구, 95-109.

보성군 (2006), 한국의 전통가옥 기록화 보고서 - 보성 이준회 고택, 보성군: 보성군청.

서종원 (2013), 어촌지역에서의 산의 기능과 역할, 아시아강원민속, 27, 89-111.

서해숙 (2014), 지역 전설의 문학적 판타지와 문화 읽기-전남 보성군의 사례를 중심으로-, 국학연구
    론총, 14, 150-179.

손용택 (2018), 한국의 풍수 설화와 사회과교육, 사회과교육, 57(2), 115-133.

손용택, 남상준 (2022), 입지론 시각의 풍수지리: 전통입지와 현대입지의 비교관점에서, 사회과교육,
    61(1), 191-210.

양승목 (2022), 조선후기 살 곳 찾기 현상의 동인과 다층성 -십승지와 『택리지』 그리고 그 주변-, 한
    국한문학연구, 84, 127-161.

유종덕 외 (2009), 농촌 마을의 향토자원과 비보(裨補) 경관과의 관계 -강원 영동지역을 중심으로-,
    농촌건축: 한국농촌건축학회 논문집, 11(2), 45-52.

윤홍기 (1995), 풍수지리의 기원과 한반도로의 도입 시기를 어떻게 볼 것인가?, 한국학보, 21(2),
    2229-2239.

_____ (2011), 땅의 마음, 서울: 사이언스북스.

이진삼, 조성제 (2011), 일반논문: 불교사찰(佛敎寺刹)에 적용된 비보풍수(裨補風水) 사례(事例) 연구
    (硏究), 한국사상사학, (39), 27-60.

전봉희 (1998a), 보성 강골 마을의 정주 형태에 대한 조사 연구, 대한건축학회 논문집 - 계획계,
    14(4), 165-175.

_____ (1998b), 전남 보성 지역의 요자형 주거에 관한 연구, 대한건축학회 논문집 - 계획계, 14(8),
    163-174.

정정래, 서종민 (2022), 경남지역 경전선(慶全線) 철도의 형성과정에 관한 연구, 한국도시철도학회논
    문집, 10(1), 1195-1207.

조재욱, 우명제 (2014), 고속철도 개통이 지역경제 및 균형발전에 미치는 영향, 국토계획, 49(5), 263-
    278.

천인호 (2018), 풍수 사신사: 음ㆍ양택적 의미의 재해석, 한국학, 41(4), 183-211.

최원석 (2003), 비보에 관한 문화 지리학적 고찰-경기도 취락의 비보 경관을 중심으로-, 문화역사지리,
    15(1), 77-98.

_____ (2015), 한국 풍수론 전개의 양상과 특색, 대한지리학회지, 50(6), 695-715.

최창조 (1997), 한국의 자생풍수, 서울: 민음사.

허영훈 (2015), 동해안 어촌의 풍수지리적 특성 연구, 동방문화대학원대학교 박사학위 논문.

_____ (2017), 강원도 남애리 어촌의 입지분석을 통해 본 바닷가 풍수, 동방문화와 사상, 2, 139-178.

허영훈, 천인호 (2014), 강원도 어촌입지의 풍수지리적 특성 연구, 한국학연구, 51, 313-347.

_____ (2015), 어촌지역의 비보풍수에 대한 연구-강원도 삼척지역을 중심으로-, 문화역사지리, 27(1), 48-68.

남도일보 (2007), [풍수 기행] 박실 · 강골 마을 수많은 인재 배출한 양택 명당, https://www.namdonews. com/news/articleView.html?idxno=196038에서 2007년 04월 09일 인출.

4 사찰의 비보풍수와 풍수설화 다문화교육

07

한국사찰의 비보풍수; 화기제압 비보풍수를 중심으로

도안 티 투이(DOAN THI THUY)

1. 서론

불교는 한반도에 도입된 이후 1,600여 년이란 세월 동안 한국인의 문화·예술 및 사상형성의 근간을 이루어 왔다. 사찰은 불교라는 종교의 중심 인프라로서 부처의 진리를 설파하고 부처의 가르침을 실천하는 도량이다.

풍수지리와 불교는 기본원리는 물론 탄생 배경까지 관련성이 없다고 할 수 있지만 민중 사회에서는 풍수와 불교가 서로 어울려서 쓰여진 면이 두드러지게 나타나면서[128] 많은 문화유산을 남겼다. 풍수지리와 불교의 관계는 불교 사탑이 건립된 터를 통하여 분명히 나타난다. 조선시대나 그 이전에 지은 절로서 지금 현존하고 있는 불교사찰은 거의 모두가 풍수적으로 명당이거나 풍수 비보적인 면에서 중요한 곳에 위치하고 있다. 풍수지리 신앙이 풍수적인 목적을 달성하기 위하여 즉, 명당 길지의 약점을 보완하거나 그곳의 지나치게 강한 기운을 제압하기 위하여 불교의 사찰을 수용하였기 때문에 비보 사찰은 풍수지리설에 영

---

128   윤홍기, 「한국 풍수지리설과 불교신앙과의 관계」, 『역사민속학』, 제13호, 2001, 126쪽.

향을 준 것이 분명하다.[129] 한편으로 불교에서 절을 세울 때 적극적으로 전국 산천의 명당지를 풍수 관점에서 찾아 지은 것은 풍수지리설이 불교에 영향을 준 근거가 된다.[130] 풍수와 불교는 이렇게 긴밀한 관계를 갖고 있기 때문에 불교 사찰의 풍수 요소를 연구하는 것은 바로 풍수지리와 불교의 관련성을 파악할 수 있는 하나의 방법이 된다.

비보풍수란 풍수에서 중요하게 생각하는 장풍(藏風)과 득수(得水)가 원만히 이루어지도록 지형과 물의 부족한 부분을 채우는 방법이다. 한국에서 이러한 비보풍수가 적용된 사례는 매우 다양하게 나타나고 있어, 비보풍수가 한국의 자생풍수(自生風水)로 크게 기여하였음을 알 수 있다. 비보의 유형에 대하여 최원석은 최창조의 풍수 구성 체계인 간룡(看龍)법, 장풍(藏風)법, 득수(得水)법, 형국(形局)론, 정혈(正穴)법, 좌향(坐向)론을 토대로 용맥(龍脈)비보, 장풍(藏風)비보, 득수(得水)비보, 형국(形局)비보, 흉상차폐(凶相遮蔽), 화기방어(火氣防禦)로 분류하였다. 또한 비보에 대한 형태적 분류는 사탑, 조형물, 조산(造山), 숲, 못 등으로 나뉜다.[131] 사찰의 경우에는 도선의 비보풍수가 가장 먼저 적용된 공간이며, 사찰의 비보풍수는 여타 공간과는 다른 독특한 적용방식을 보이고 있어, 일반적인 풍수법과는 또 다른 수단과 적용방식이 있다는 것을 알 수 있다.[132] 사찰 건축물을 보호하기 위한 비보로 불상, 조산, 사탑 외에 조선왕조실록 등 문헌에 의하면, 소방시설이 없었던 시대에 화재를 진압하는 방법으로 여러 가지 비보를 하였다는 기록이 전해 내려온다. 사찰에서 화기진압의 기

---

129   윤홍기, 2001, 앞 논문, 142쪽.

130   윤홍기, 2001, 위 논문, 145쪽.

131   최원석, 「한국의 비보풍수에 관한 시론」, 『탐라문화』, 제22호, 제주대학교 탐라문화연구소, 2002(b), 215쪽.

132   권용무 · 홍광표 · 이혁재, 「한국사찰의 비보풍수에 관한 사례 연구」, 한국정원디자인학회지, 3(2), 2017, 103~109쪽.

능을 수행하는 직접적인 비보로서 우선 연못을 들 수 있고, 그 밖에는 소금항아리, 조각, 해태상, 돼지상, 거북이, 용, 게, 운판 주련(柱聯)과 같은 각종 조형물이 적용된 것이 특징이라 할 수 있다.

본 연구는 사찰에서 이루어진 비보풍수에 대한 연구의 성과 및 유형을 확인하기 위하여 선행연구를 살펴 정리하고자 함에 목적을 둔다. 또한 문헌 조사를 중심으로 한국 사찰에 나타나는 비보풍수 중 화기제압 비보가 어떠한 수단 형태로 이루어졌고, 그것의 적용 방법과 원리는 어떠했는가 규명해보는 데 주목하고자 한다. 이것은 지금까지 막연하게 생각해 왔던 한국 사찰의 화기제압 비보에 대한 구체적이고 실증적인 적용 수단과 적용 방식 원리를 실사례를 통해 실체를 확인하는 데 도움이 될 것이다.

2. 이론적 배경

1) 선행 연구 고찰

불교와 풍수지리는 상호 밀접한 관계를 가지면서 발전해 왔는데 선행 연구 중 민중사회에서 불교와 풍수지리의 연관성에 대하여 윤홍기는 불교가 풍수지리에 영향을 미쳤고 풍수지리 또한 불교에 영향을 미쳐 서로 상부상조하는 관계로 발전하였다고 보고 있다.[133] 또 최원석은, 불교는 풍수의 확산에 기여하였고 풍수는 사찰의 입지와 사찰 터 택지 방법에 영향을 주어 상호 상보적인 교섭 양상을 보였다고 밝혔다.[134] 김정문은 조계산 송광사의 공간 구성 원리에 대한 연

---

133   윤홍기, 2001, 앞 논문, 125~158쪽.

134   최원석, 「한국에서 전개된 풍수와 불교의 교섭」, 『대한지리학회지』, 제44권, 2009, 77~88쪽.

구에서 송광사의 공간구성에서 풍수의 전통사상이 나타나고 있음을 밝히는 등[135] 불교와 풍수의 관련성을 연구하였다.

최원석은 호국불교적인 진호사탑과 풍수사상이 결합된 풍수적 비보 사탑에 관한 연구를 통하여 불교적인 비보에 풍수지리적 사상이 결합된 비보사탑에 관하여 연구를 하였고,[136] 이병돈은 비보를 불교적 비보와 풍수적 비보로 분류하고 불교적 비보가 풍수적 비보를 포함하고 있으며 불교적 비보나 풍수적 비보의 근원은 밀교에 있음을 밝혔다.[137]

비보사찰에 대하여 한기문[138]과 황인규[139]는 도선의 비보사탑설에 그 근거를 두고 있으며 국가와 왕실의 안녕을 기원하는 의례를 주된 기능으로 국가사원으로 관리되었다는 연구가 있다. 사찰 연못에 관한 연구로 양상현은 사찰의 연못이나 물막이 등에 나타난 전통사찰에 수용된 물의 의미에 대하여 두 영역의 경계와 함께 불국토를 실현하기 위한 종교적인 의미를 내포하고 있다는 연구를 하였으며[140] 연못을 조경학적인 측면에서 분석한 연구도 있다. 하재호는 한국전통사찰에 조성된 연못(池)에 관한 연구를 진행했으며,[141] 심우경과 강훈은 한국

---

135 김정문,「조계산(曹溪山) 송광사(松廣寺)의 공간구성원리에 관한 연구」, 한국전통조경학회지, 23(1), 2005, 39~54쪽.

136 최원식,「영남지방의 비보사탑에 관한 高麗 裨補寺社의 設定과 寺莊運營 고찰」,『한국사상사학회』, 제17권, 2001(a), 169~204쪽.
    최원석,「나말여초의 비보사탑 연구」,『구산논집』, 2권, 2000, 163~226쪽.
    최원석, 2002(b), 위 논문, 211~244쪽.

137 이병돈,「한국불교와 풍수의 비보에 관한 연구: 불교의 비보를 중심으로」, 동방대학원대학교 박사학위 졸업논문, 2009, 3쪽.

138 한기문,「고려시대 비보사사의 성립과 운용」,『한국중세사연구』, 제21권, 한국중세사학회, 2006, 255~292쪽.

139 황인규,「高麗 裨補寺社의 設定과 寺莊運營」,『동국역사교육』, 제6호, 동국대학교, 1998, 47~78쪽.

140 양상현,「한국 전통사찰에 수용된 물의 의미 해석」,『산업기술연구』, 10(2), 순천향대학교, 2004, 507쪽.

141 하재호,「한국전통사찰에 조성된 지(池)에 관한 연구」,『사찰조경연구』, 제10집, 동국대학교사찰조

고대 사찰에 있어서 영지(影池)의 상징적 의미와 수경적 가치에 대해 밝혔다.[142]

사찰에 적용된 비보조형물에 관한 연구로는 불국사 극락전 현판 뒤에 있는 황금 돼지상에 대한 연구가 있다.[143] 권용무 · 홍광표 · 이혁재는 비보수단을 누각, 비보숲, 조산(造山), 탑과 석등, 계담(溪潭)과 못으로 정리하고, 이들이 연구대상 사찰에 각각 어떻게 적용되는가를 밝히는 데 주목했다.[144]

종래의 불교와 관련된 풍수지리 연구들은 사찰의 풍수적 입지나 조경학적인 측면, 비보사찰의 의의, 한국 비보의 종조라 할 수 있는 도선에 관한 연구들이 대부분이며, 비보와 관련된 선행연구들 또한 산천이나 취락지를 대상으로 한 국토 강역비보, 국도(國都)비보, 마을비보 등에 관한 연구들로서, 주로 지력(地力) 비보에 관련되어 있다.

본 연구는 선행연구에서 많이 다루지 않았던 건축물을 보호하기 위한 화기 진압 비보에 대하여 사찰을 중심으로 분석하고자 한다.

2) 비보풍수의 원리 및 형태

한국의 비보풍수는 도읍과 마을의 위치와 구조를 결정하고, 집터를 잡고, 죽은 이들이 묻히는 곳을 정하는 하나의 중요한 비결로 자리 잡아 왔다. 특히 신라 말 고려 초에 도선이 설파한 바 있는 비보풍수는 자연환경의 부족한 부분을 보완하고 좋지 않은 부분을 조정하는 과학적인 환경계획의 한 방법으로서, 중

경연구소, 2005, 61~77쪽.

142 심우경 · 강훈, 「한국 고대 사찰에 있어서 영지(影池)의 상징적 의미와 수경적 가치」, 한국정원학, 제7호, 1989, 249~276쪽.

143 이영숙, 「문화원형의 현대적 변용에 관한 연구: 불국사극락전 '황금돼지'의 시각화를 중심으로」, 한국멀티미디어학, 19(2), 2016, 487~494쪽.

144 권용무 · 홍광표 · 이혁재, 앞 논문, 2017, 103~109쪽.

국의 풍수와는 다른 한국의 고유한 풍수법이라고 할 수 있다. 이는 신라 말엽 이후 한국 풍수의 근간을 이루며 발전되어 왔다.[145]

음양오행(陰陽伍行)은 풍수지리의 사상적 기반이며, 음양론의 조화 원리와 오행론의 상생(相生), 상극(相剋) 원리는 비보풍수의 논리적 근거를 이룬다.[146] 비보론의 기능적 구성요소에는 비보 압승(壓勝)이 있는데 이를 생극(生剋)의 논리로 표현하면 자연적으로 부족한 부분을 비보로써 보충 보완하는 것은 상생적인 작용기제이며, 지나침을 견제하는 압승적인 방식은 상극적인 작용기제로 두 원리의 적절한 운용을 통해 자연과 사람 간의 환경적 상보력을 증진하고 조율하는 것이다. 이렇듯 비보 압승은 기능상 상보적 평형력을 유지하는 조정자 역할을 하고 상보관계를 유지하는 중간적 매개의 위상을 지닌다고 할 수 있다.[147]

비보의 유형에 대하여 최원석은 최창조의 풍수 구성체계인 간룡(看龍)법, 장풍(藏風)법, 득수(得水)법, 형국(形局)론, 정혈(定穴)법, 좌향(坐向)론을 토대로 용맥(龍脈)비보, 장풍비보, 득수비보, 형국비보, 흉상차폐, 화기방어로 분류하였다. 비보풍수론 중에 대표적인 용맥비보, 장풍비보, 득수비보, 형국비보를 풍수 원전인 『靑烏經』, 『錦囊經』에 근거하여 유형별 수단과 기능을 살펴보면 다음과 같다.

145 권용무, 「한국사찰의 비보풍수에 관한 연구」, 동국대학교 석사학위 졸업논문, 2017, 1쪽.

146 최원석, 「비보의 개념과 원리」, 『민족문화연구』, 제34호, 고려대학교 민족문화연구원, 2001(b), 165쪽.

147 최원석, 「한국의 비보풍수론」, 대한지리학회지, 37권, 164쪽.

<표 1> 비보의 유형별 수단과 풍수적 기능

비보유형	비보수단	기능 및 목적
용맥비보	조산, 숲, 다리, 사탑	기맥연결, 형국보완, 산세진정
장풍비보	조산, 숲	형국(사신사) 보완, 방풍, 결국(結局) 차폐
득수비보	연못, 인공수로, 수조, 석지(石池)	명당수 확보, 수구막이 화기진압, 사기(邪氣)방어
형국비보	식목, 석, 연못, 당간, 장승, 지명개명	명당혈 조성, 형국 보완, 결국(結局)

출처: 최원석, 한국의 비보풍수에 대한 시론 논문(214~217쪽) 활용, 필자 재구성

또한 비보에 대한 형태적 분류는 사탑, 조형물, 조산, 숲, 못 등으로 분류하였는데 형태별 기능은 다음과 같다.

<표 2> 비보 형태와 기능

비보 형태	구성요소와 형태	기능
사탑	절, 불상, 탑, 당간	산세진정, 보허(補虛), 득수비보, 형국보완, 흉상차폐, 방위비보, 음기진압, 수구막이
조형물	장생표, 선돌, 솟대, 장승, 남근석, 돌거북, 돌자라	마을수호, 형국보완, 방위비보, 수구막이, 흉상진압, 화기방어, 산세비보, 음풍방어
조산(造山)	흙무지형, 돌무지형, 임수(林藪)형, 혼합형, 고분 및 유적 전용형, 천연산 호칭형	보허(補虛), 수구막이
숲	조산숲, 비보숲	보허, 장풍, 수구막이, 지기배양, 용맥비보, 수해방지, 흉상차폐
못	-	지기정유(地氣停留), 화기방어, 흉상소세(消洗), 형국보완, 상충되는 지세의 격절
지명 및 놀이	쇠머리대기, 줄다리기	산살(山煞)풀이, 신기진압, 용맥견인, 화기진압, 형국보완

출처: 최원석, 한국의 비보풍수에 대한 시론 논문(224~230쪽), 필자 재구성

또한 비보에 대한 공간 단위별 분류로 산천비보(山川裨補), 취락비보(聚落裨補), 주택비보(住宅裨補), 묘지비보(墓地裨補) 등으로 분류하였다.[148]

3. 사찰의 화기제압 비보 형태

전통사찰이 가지는 특징 중 하나는 목조건물로 이루어졌다는 것인데 이는 화재의 위험에 항상 노출되어 있는 약점을 가진다. 오행 중 불(火)은 수극화가 되어 물로써 제압하게 되는 바, 사찰에서 화기제압을 위한 비보의 형태에는 연못과 같이 물을 끌어들이는 직접적인 비보, 용, 거북, 운판, 게, 돼지상, 탱화나 벽화 그림, 조각, 소금단지, 주련 글씨 및 이름과 같이 의미를 부여한 간접적인 비보 등으로 나누기도 한다. 그러나 본 장에서는 편의상 이들을 생물형 비보와 무생물형 비보로 나누어 정리하고자 한다.

1) 생물형 비보

① 거북

거북은 실제로 바다에 사는 생물이고 장수하는 동물이며 인간에게 피해를 주는 일도 없기 때문에 수신으로 모시고 있다. 사실 거북은 종류도 다양해서 물에서 사는 것도 있고 육지에서 사는 것도 있지만 거북은 대다수 물에서 살기 때문에 수신으로 모셔져 왔다. 또 중국 전설 속에 영주산, 방장산, 봉래산이라는 삼신산이 있는데, 이 세 신산을 각각 등에 지고 있는 것도 거대한 거북이라는

---

148   최원석, 2001(b), 앞의 논문, 132쪽.

기록이 「열자」에 나타나 있다.[149]

용의 아홉 아들 중 첫째 비희가 거북의 몸에 용의 얼굴을 하고 무거운 것 지는 것을 좋아한다고 했는데, 수신이면서도 무거운 것을 잘 지고 있는 거북이의 모습은 절집 안에도 곳곳에 숨어 있다. 한국의 전통 사찰 건물은 대부분 목조여서 화재에 취약하다. 게다가 임진왜란 중에 승군의 활약에 곤욕을 치른 일본군은 대부분 사찰을 소각하였다. 그래서 왜란이 끝난 후 사찰을 재건하며 다시는 화재를 겪고 싶지 않은 염원의 뜻으로 절집 건물에 자주 등장하게 된 동물 중의 하나가 거북이다. 주춧돌에도 새겨지고, 축대에도 새겨지며, 법당 안에는 나무로 조각되어 천장에 부착된다. 심지어 스님의 승탑에도 새겨진 경우가 있다. 특히 법당의 축대 양쪽 아래에 마치 법당을 지고 있는 듯 두 마리 거북을 배치한 사찰도 있다.

거북이 물에서 사는 동물이기 때문에 수극화 논리에서 보면 사찰의 거북이는 화기제압 비보라 할 수 있다.

〈표 3〉 거북비보에 관한 사례

1. 경상북도 불영사 대웅보전 앞 거북이다(좌우에 한 기씩 있다). (사찰 자료에 따르면 불영사가 있는 자리가 화산이라 불의 기운을 누르기 위해 비보책으로 물의 신인 거북을 모신 것이라 한다.)[150]

---

149   노승대, 『사찰에는 도깨비도 살고 삼신할미도 산다』, 불광출판사, 2019, 18쪽.

150   영남일보, [山寺미학 31] 불영사 대웅보전 기단 거북, 2020년 6월 4일, 제18면.

2. 청도 운문사 관음전 수미단 하단 중앙에는 용이, 좌우에는 거북이 보인다. '물에 사는 거북을 이렇게 배치함으로써 화재로부터 법당을 보호한다'.[151]

3. 경주 황룡사 당간지주 사이에 거북이 자리 잡고 있다.

4.1. 하동 쌍계사 진감선사 탑비(좌)
4.2. 영남 도갑사 도선국사 수미선사비(우)

5.1. 전남 미황사 대웅전 주춧돌에 새겨진 거북
5.2. 미황사의 승탑에는 다양한 동물상이 새겨져 있다(게, 물고기, 거북).

---

151 문화콘텐츠닷컴, 수미단이야기, 청도 인문사, https://www.culturecontent.com/main.do

② 용

용(龍)은 고대 중국에서 기린, 봉황, 거북과 함께 사령으로 불린 신령한 동물이지만 물과 비, 구름을 관장하는 상징성 때문에 만물 생성의 근원이며 모든 생명체의 근본이 된다고 믿어졌다. 근본인 물이 없으면 만물이 없으니 정치상의 군주인 황제와 연관 지어 황제의 상징이 되었다. 아시아의 사원이나 왕궁에서 수많은 용을 볼 수 있는 것도 이 때문이다.

오행이 유행하면서 사방의 수호신 격으로 청룡, 백호, 주작, 현무가 나타나고, 그중에 청룡은 동방을 수호하는 신성한 동물로 봄날 해가 동쪽에서 떠올라 나무를 푸르게 하듯이 만물의 성장을 책임지는 의미를 가진다. 오행 사상이 더 발전하면서 아예 오방룡이 등장하게 되고 황룡이 다섯 용 중에 가장 우두머리라는 주장도 나온다. 동방의 청룡, 남방의 적룡, 서방의 백룡, 북방의 흑룡이 사방의 용이고 중앙은 대지를 상징하는 황토색의 황룡으로, 이 황룡이 오행의 중심이 된다. 사찰의 용이 가지는 다양한 의미 가운데 가장 뚜렷한 상징성은 무소불위의 절대적인 권위라고 할 수 있고, 그에 못지않게 목조 건축물은 화재에 취약하기 때문에 그 예방이 가장 중요했으며 비보책으로 자연스레 물을 관장하는 용이 사찰의 전각에 많이 등장한다. 오룡 중에서도 가장 의미 있는 청룡과 황룡이 법당 내외부에 들어오게 된다.[152] 그래서 고찰 법당 안의 수미단 양쪽 기둥에는 청룡 황룡을 그렸고 대들보 위에 걸쳐진 충량에도 청룡 황룡을 그리거나 조각해서 설치했다. 법당 밖으로는 전각 현판 좌우에 청룡 황룡을 조각하거나 목판에 전면 얼굴만을 새겨 현판 좌우에 부착하기도 했다. 용마루 양쪽 끝에도 간단히 용두를 설치하기도 하지만 아예 용의 몸까지 다 만들어 얹은 용마루도 나

---

152   노승대, 2019, 앞의 책, 64쪽.

타난다. 그래도 미진하면 법당 건물 추녀 밑 네 귀퉁이에 또 용을 조각하는 등 법당은 갖가지 사연의 용들이 집합하는 일종의 용의 천국이 되었다.

이외에도 용의 아홉 아들 중에 이문(螭吻)이 있어 높은 곳에 올라 먼 곳을 바라보는 것을 좋아하며 불을 끄는 데 탁월한 능력이 있다고 했다. 이문은 당연히 궁궐이나 사찰의 용마루 양쪽 끝에 앉아서 화재를 누르고 재앙을 피하는 업무를 맡게 되었다.[153]

또한 사찰에서는 물고기를 물고 있는 용을 많이 볼 수 있다. 용이 여의주가 아닌 물고기를 물고 있는 것에 대해서는 여러 가지 주장이 있다. 용은 비, 번개, 우뢰를 관장하고 물속을 자유롭게 왕래하기 때문에 화재 방지 차원에서 설치하였다는 주장도 있다. 수룡이 사는 법당은 불이 날 수 없다는 의미로 법당 천장에 물고기, 게, 연꽃 등을 조각해 설치함으로써 물속에 사는 중생들이 부처님의 법문도 듣고 화재로부터 법당을 지키는 상징으로 활용되고 있다. 또 다른 주장은 '영기(靈氣)화생론'인데 '만물의 근원은 물이며, 물이 모든 물질의 본질'이라는 관점에서 출발한 이론이다. 영기(靈氣)로 이루어진 용이니 그 입에서 나오는 것도 물과 관련이 있는 데다, 물고기는 바로 물에서 나온다는 것을 의미한다고 해석할 수 있다.[154] 이와 같은 주장들을 바탕으로 판단하면 풍수적인 보완 기능 요소를 중시하여 왔음을 알 수 있다.

153   노승대, 2019, 위의 책, 71쪽.

154   노승대, 2019, 위의 책, 85쪽.

〈표 4〉 용비보에 관한 사례

1. 경상북도 직지사 천왕문 청룡(우) 및 황룡(좌)

2. 경기도 염불사 대웅전 청룡 및 황룡, 해남 대흥사 대웅보전 청룡 및 황룡

3. 경기도 봉선사 청룡 및 황룡

4.1. 오대산 월정사 이문
4.2. 영남 도갑사 이문

물고기를 물고 있는 용두
5.1. 사명산 상운사(좌)
5.2. 마곡사 대광보전(우)

③ 게

게는 수중생물이다. 갯벌에서도 살 수 있지만 주무대는 역시 물속이다. 모습은 둔해 보이지만 물속에서는 대단히 빠르다. 갯벌의 게도 얼마나 빠른지 두 발로 쫓아가도 재빨리 숨어버려 잡을 수가 없다.

「본생담」에는 게에 관한 이야기가 있다. 석가모니 부처가 죽림정사에 계실 때 아난다 존자가 부처님을 위하여 몸을 버린 전생 이야기를 했다. 이처럼 게가 부처님과 인연이 있음으로 해서 법당에 나타날 수 있게 된다.

또한 조선 후기에 법당을 지으면서 가장 근심되는 것은 화재였다. 목조건물이기에 화재에 취약했고, 여러 번의 전쟁을 겪으면서 실제 고통이 너무 심했기 때문에 찾아낸 고육지책이 수중생물을 법당 안에 살도록 한 것이다. 법당 안에 살면서 부처님 법문도 듣고 불이 나지 않도록 잘 지키라는 임무를 준 것이다. 천장에다 연꽃과 함께 각종의 수중생물을 조각해서 안치한 법당은 이렇게 해서 출현한 것이다.[155] 더욱이 게는 용감하고 기개 있는 장수이며 수미단과 문살에 거북, 물고기 등과 함께 새겨져 화재 방지의 임무까지 띠었으니 더욱 의미가 깊다.

---

155   노승대, 앞의 책, 2019, 128~129쪽.

〈표 5〉게 비보에 관한 사례

	 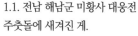	1.1. 전남 해남군 미황사 대웅전 주춧돌에 새겨진 게. 1.2. 미황사의 승탑에는 다양한 동물상이 새겨져 있다(게, 물고기, 거북).
		2.1. 완주 송광사 대웅전 천장의 게, 물고기, 자라, 토끼(좌) 2.2. 청도 대적사 극락전 기단의 게와 거북(우)

④ 해태

해태는 왕실에서 민간에 이르기까지 수호의 상징으로 여겨졌다. 해태는 궁궐이나 사찰에 석상과 벽화로 장식되었는데, 물의 신수(神獸)로서 화재를 막아주고 벽사의 상징으로 재앙을 막아준다고 여겼기 때문이다. 또한 설화에 따르면 해태는 물에 사는 짐승이기 때문에 오행설(伍行說)에 따라 불에 강한 동물로 믿어졌다.[156] 해태 그림을 그려서 불을 다루는 곳이나, 새해 초에 판화로 찍는 세화로 만들어 문 주변에 붙여 사용하였다.[157] 이것은 단지 화재뿐 아니라 온갖 나쁜 기운을 막아주고, 행운을 가져다주는 의미까지도 담겨있다고 볼 수 있다. 청도 운문사 비로전 앞에는 화재를 막기 위해 벽사의 의미로 세워 놓은 해태상이 있는데 좌우에 암수 두 마리가 있다. 또한 성주사 대웅전 터가 화기가 강하기 때문에 계단에 해태석상을 두 마리 배치하여 불을 제압하고자 하였다.[158]

---

156   정자경, 한국문화재재단, 법과 정의의 상징 해태, 2013년 1월 7일 재인용,
https://m.blog.naver.com/fpcp2010/110155604860

157   미라클코리아, 상상의 동물-재앙을 막는 벽사의 상징 "해태"(2012. 11. 19)
https://ncms.nculture.org/stonecraft/story/5323?jsi=

158   성주사 터가 화기가 강하다는 것을 비유하여 뱀이 많다, 앞산이 같다고 비유한 것에서 그렇게 전해온다.

〈표 6〉 해태상 비보에 관한 사례

1. 청도 운문사 비로전 앞의 해태상

2.1. 서울 조계사 해태상(좌)
2.2. 남양주 수종사 해태상(가운데)
2.3. 경상남도 성주사 해태상(우)

⑤ 돼지

돼지는 한국 역사 속에서 다양한 의미와 상징을 가지고 전래되어 왔다. 천제의 제물로 올리는 동물, 영험을 보이는 상서로운 동물, 복과 재물을 부르는 재물신이자 건물을 지키는 수호신으로 지붕에도 올라간 동물로 인식되어 왔고 화기를 억누르는 이로운 동물이다.[159] 오행으로 따지면 뱀은 화이고, 돼지는 수이다. 수극화, 곧 물은 불을 이기니 돼지를 설치해 뱀을 물리치려 한 것이다. 실제로 돼지는 뱀이 물어도 비계층이 두터워 독을 타지 않을 뿐만 아니라 뱀을 잘 잡아먹기도 한다. 또 지금의 절터도 화기가 강하고 앞산의 형세도 화기가 강해

---

159 노승대, 앞의 책, 2019, 197쪽.

서 물을 뜻하는 돼지 석상을 세웠다고도 하고, 새 절에 뱀이 많아서 세웠다고도 한다.[160] 한마디로 화기를 억눌러야 한다는 것인데 그러한 이유로 성주사에는 화기를 물리치기 위한 목적으로 입구에 한 쌍이 있다.

2) 무생물형 비보

① 연못

비보 연못의 일반적인 기능은 지기를 머무르게 하는 것이며, 장풍 조건 보완 역할도 한다. 또한 득수 비보의 기능으로 빠져나가는 물의 유속을 누그러뜨리기도 한다. 그러나 선암사의 경우 화재의 상처가 깊다. 18~19세기에 걸쳐 70년도 안 되는 기간에 무려 네 차례의 큰 화재가 연이어서 사찰 존립의 근간을 뒤흔든 참화가 있었다. 영조 35년(1759년)의 화재에 이어, 영조 42년(1766년), 순조 19년(1819년), 순조 23년(1823년)의 대화재가 잇따랐던 것이다. 빼어난 자연주의 아름다움으로 가람을 조영한 배경에는 화재에 대응하려는 다양한 지혜가 녹아 있다. 가람 곳곳에 연못과 수조를 만들고, 무우전, 응진당, 해천당, 원통전 등의 독립권역에 돌담과 흙담이 유난히 발달한 것도 방화수와 방화벽의 기능성을 염두에 둔 것이다.[161] 그렇기 때문에 선암사의 연못은 건물 근처 여러 곳에 존재하는 것이 특징이라 할 수 있는데, 기가 머무르게 하기 위한 목적 외에도 소방시설이 없는 산 속에서 목조건물에 화재가 발생하였을 경우 물을 저장하여 두었다가 화재를 직접적으로 진압할 수 있는 방화수의 역할도 하였을 것으로 판단된다.

---

160 노승대, 위의 책, 2019, 196쪽.

161 현대불교신문(http://www.hyunbulnews.com), 순천 선암사, 2018년 5월 17일.

송광사의 경우는 신라 말 혜린선사(慧璘禪師)에 의하여 창건되었는데 사찰에 2개의 연못이 존재한다. 하나는 사찰 진입 공간인 일주문 옆에 개울을 막아 만든 계담(溪潭)이며, 또 다른 하나는 화장실 앞에 만들어진 연못이다. 송광사 연못의 특징은 연못 옆에 건물이 있는데 마치 연못 위에 건물이 위치하고 있는 것처럼 보인다.[162] 송광사는 정유재란 및 한국전쟁 등으로 수차례에 걸쳐 화재가 발생하여 건물이 소실되었으며 9차에 걸쳐 중건하였다. 송광사 연못 또한 선암사 연못과 유사하게 건물 근처에 위치하고 있어 기능도 유사하리라 판단된다. 지세를 위한 비보 연못 기능과 함께 빈번한 화재가 발생하지 않기를 염원하는 마음을 담은 방화수의 역할을 수행한다고 할 수 있다.

또한 음양오행론의 수극화 논리로 화재가 발생하지 않기를 염원하는 사람들에게 심리적 안정감을 주었을 것이라 여길 수 있다.

〈그림 1〉 창원 불모산 성주사 돼지상

출처: 불교닷컴(김규순 소장)

---

162 임석진, 「조계산 송광사지」, 송광사, 2001, 4쪽.

② 운판

운판은 구름 모양으로 된 동판인데 때론 해와 달이 새겨져 있는 경우도 있다. 구름은 수분의 집합체이다. 동시에 구름은 하늘에 있는 것이므로, 중생구제의 상징으로 조류를 담당한다. 본래 운판은 중국사찰에서는 주방에 걸어 놓고 공양 때를 알리는 신호 용구로 사용된 것이다. 주방은 불과 관련되어 있기 때문에 각별한 주의가 요구된다. 한국에서는 가내 신으로 가장 중요한 것이 부뚜막신인 조왕신이다.[163] 불의 관리가 그만큼 중요했음을 의미한다.

불이 두렵기 때문에 주방에서 쓰는 신호용구를 화기를 누를 수 있는 구름 모양으로 만들었다는 것이 타당하다. 그러나 전통적으로 구름은 빛을 가린다는 의미가 있기 때문에 곧장 부정적 이미지를 수반한다. 특히 한국의 사찰에는 반자라고 해서 금고와 유사한 형태의, 공양 때 대중을 운집하는 신호용구가 있다. 따라서 운판과 같은 경우는 불전사물에서만 사용된다. 그러므로 구름이라는 부정적 이미지를 바꿀 대체 요소가 필요했으며,[164] 그것이 해와 달이 운판 속으로 들어가게 된 이유가 된다고 할 수 있다.

〈표 7〉 운판비보에 관한 사례

		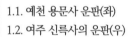1.1. 예천 용문사 운판(좌) 1.2. 여주 신륵사의 운판(우)
	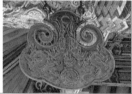	2.2. 강화도 전등사의 운판(해와 달, 두 마리의 용의 문양) - 좌 2.3. 부산 범어사 운판(해와 태극문양, 비천상, 용의 문양) - 우

---

163   자현 스님,『100개의 문답으로 풀어낸 사찰의 상징 세계』, 불광출판사, 2012, 104~105쪽.

164   자현 스님, 위의 책, 2012, 106쪽.

③ 소금항아리

경남 합천 해인사의 경우 1695년부터 1871년까지 176년간 7차례의 화재가 발생하여 여러 가지 화재 제압을 위한 비보를 하였다. 해인사의 남산은 남쪽에 위치하고 있어 오행의 방위 개념은 화(火)가 될 뿐만 아니라 풍수지리의 오성 중 형국이 화산에 해당되어 풍수지리의 관점에서 화(火)기가 매우 강하다고 볼 수 있다. 이러한 화기 때문에 화재가 발생한다고 하여 6차 화재 이후 재건할 때 대적광전을 피하여 약간 서쪽에 정초(定礎)하였다.[165] 또한 남산 제일봉에 매년 소금항아리를 묻는데 제일봉 중앙과 동서남북에 각 1개씩 총 5개를 묻었다. 소금항아리에는 소금을 넣은 뒤 묻기 전 항아리에 물을 부어 소금물이 되도록 하여 뚜껑을 덮고, 다시 소금을 담은 종이봉투와 함께 묻는다. 남산 제일봉뿐만 아니라 사찰 경내 10곳에도 소금과 물을 돌로 된 호박(臼)에 담거나 항아리에 담아 묻는 행사를 병행하고 있다.[166]

조계사 경우는 대웅전 내부가 화재로 큰 변을 당할 뻔한 일도 있었다. 1998년 조계종 분규 과정에서 조계사 대웅전 불단 일부가 화재로 훼손됐지만 크게 번지지 않아 불자들의 가슴을 쓸어내리게 했다. 6월 14일 월요일(음, 5월 5일) 일 년 중 가장 양기가 왕성하다는 단오를 맞아 단오제 화기애애(和氣愛愛)를 봉행했다. 도량을 청정히 하는 도량 결계를 시작으로 주지 스님이 부처님 전에 놓아두었던 네 개의 소금단지를 의식단으로 옮기고 한지에 '물 수(水)'자를 써서 소금단지를 봉인했다. 이어서 스님과 신도들이 함께 대웅전 앞마당 해태상 옆에 소금단지를 묻었다. 예로부터 사찰에서 화기를 누르기 위해 일 년 중에 양

---

165   이지관 편저, 「伽倻山 海印寺誌」, 가산문고, 1992, 66~67쪽.

166   대웅전 앞 2곳, 우화당 앞 2곳, 우화당 담 밖 2곳, 가야산 초입, 원당암 입구에 있는 호박에 소금과 물을 담아 두고 극락전 앞과 야간통제소 앞에는 소금항아리를 묻어 총 10곳에 소금과 물로 비보를 했다.

기가 가장 강한 단오날에 소금단지를 봉안하여 가람의 화재를 비롯한 액운을 방지하는 풍속이 전해오고 있다.[167]

소금의 짠맛은 음양오행상 물에 해당되며, 소금 그 자체는 바다를 상징하게 된다. 위 사례는 화기를 물로써 제압하기 위하여 물을 상징하는 소금항아리 및 소금단지를 묻는 화기제압 비보라 할 수 있다.

④ 문자

문자를 이용한 비보의 방법으로는 화기제압을 위해서 문자를 현판 외에 주련(柱聯)이나 상량문에 사용한 예들이 있다. 1817년 해인사는 팔만대장경(八萬大藏經)을 봉안한 장경각(藏經閣)을 제외한 거의 모든 전각이 불타는 대 화재를 당했다. 이듬해 중창 불사를 마무리하면서 법화경중(法華經中)의 화성유품(化城喩品)과 육방불명(六方佛名)으로 육위아랑(六偉兒郎)을 대신하여 상량문(上樑文)에 추사 김정희가 글씨를 완성하였다.[168] 7차례나 불이 났던 해인사는 이후 조그만 화재도 없었다고 하는데, 이는 화재를 예방하고 불 보살의 가호가 충만하기를 염원하는 문자 비보의 도움 때문으로 여기고 있다.

⑤ 이름

동해 방향으로 정동 쪽에 동명낙가사(=월정사)가 있다면 정서 쪽에는 강화 적석사(積石寺)가 있다. 적석사는 고구려 장수왕 때 창건되었다. 강화도의 고려산에 위치한 적석사는 인도 스님이 오색 연꽃을 던졌을 때 적색 연꽃이 떨어

---

167   조계사 뉴스, 단오재 화기애애(和氣愛愛) 봉행, 2021년 6월 14일.

168   이지관 편저, 앞의 책, 1992, 1,152쪽.

진 곳에다 절을 세웠으므로 본래는 적련사라고 하였다. 그러나 화재가 자주 일어나므로 불에 강한 돌로 쌓은 절이라는 뜻에서 불을 연상시키는 '붉을 적(赤)' 자를 지우고 '쌓을 적(積)' 자를 써서 적석사로 바꿔 부른 것이라고 한다. 적석사로 이름을 바꾸면서부터 화재를 모면하였다고 한다.[169]

4. 결론

불교와 풍수지리는 탄생 배경부터 기본원리 체계까지 많이 다르다. 풍수지리에서 음양의 대립은 상보적 논리체계이며, 오행의 상생과 상극은 조화와 균형으로서 어느 한쪽에 치우치지 않는다. 이러한 사상적 배경을 바탕으로 한국의 풍수지리 역사는 불교와 함께 해왔다고 할 수 있다. 본 글에서는 지세(地勢)에 대한 비보가 아닌, 사찰 건축물을 보호하기 위한 화기제압 비보에 대하여 한국 사찰을 중심으로 고찰하였다.

비보 대상을 땅과 건축물로 분류할 수 있으며, 화재를 방어하는 비보는 대상물이 건축물이라 할 수 있다. 사찰 건축물을 보호하는 비보 방식들은 조각이나 그림의 형태로 건축물에 부착하여 존재하거나, 성주사 해태상이나 돼지상과 같이 건물 주위에 위치하면서 건물을 보호한다는 특징을 갖는다. 지세를 보완하려는 비보에서의 연못은 기가 멈추어 머무르게 하기 위해 물을 가두거나 흐르는 물의 유속을 느리게 하여 풍수적 길지와 유사한 역할을 하기 위한 득수 목적이다. 다만 건축물 비보에서 연못은 득수적 의미뿐만 아니라 음양오행의 수극화(水克火) 논리의 상징적 의미를 내포하고 있다. 또한 방화수의 역할을 하면서 건축물을 화재

---

169 적석사 대웅전 밑에 관음굴이 있는데 원래 적석사는 적련사였다고 한다.

로부터 직접 보호한다고 할 수 있다. 연못이 화재 방어에 대한 상징적 의미와 함께 직접적인 방화수의 역할을 한다면, 용(龍)이나 거북, 해태상, 돼지상이나 소금항아리, 소금단지는 음양오행의 논리로, 문자나 이름은 심리적 안정감을 통해 건축물에 화재가 발생하지 않도록 염원하는 의미의 비보라 할 수 있다.

본 글에서 고찰한 사찰에 적용된 비보풍수의 상징물들은 대부분 수(水)와 관련되어 있는데, 이는 물이 음양오행에서뿐만 아니라 풍수지리에서도 중요한 요소이기 때문이다. 이를 통해 풍수 요소들이 사찰 건축에 영향을 미친다는 것을 확인할 수 있다. 사찰 상징물들이 가지는 역할은 연못과 같이 직접적인 방화수 역할도 있고 용이나 거북, 해태상, 돼지상, 소금단지와 같이 음양오행의 수극화 논리를 적용하여 화기 제압을 할 수 있는 간접적인 역할도 있다. 또한 이런 상징물들이 재해로부터 안전할 것이라는 심리적 안정감과 믿음을 준다는 의미도 부여할 수 있을 것이다. 심리적 안정감과 예방효과를 가져온 비보풍수는 선조들의 지혜가 담긴 소중한 문화유산이라 할 수 있다. 적용원리 및 적용과정 등에 대한 보다 많은 연구가 이루어진다면, 건축 등에 부동산 비보로 활용되어 심리적 안정감의 효과를 가져오는 부분을 더 확인할 수 있을 것이고, 또 소중한 문화유산을 계승하는 정신적 자산으로 활용할 수 있을 것이다.

본 연구는 한국사찰에 산재해 있는 화기제압 기능의 비보 중 일부에 제한되었다는 한계를 가지고 있는데, 사찰에 적용된 불상, 탱화나 벽화, 조각 등의 다양한 화기제압 비보에 대한 후속 연구가 이어지기를 기대한다.

참고문헌

○ 단행본

노승대 지음, 『사찰에는 도깨비도 살고 삼신할미도 산다』, 불광출판사, 2019년 10월.
이지관 편저, 『伽倻山 海印寺誌』, 가산문고, 1992.
임석진, 『조계산 송광사지』, 송광사, 2001, 4쪽.
자현 스님, 『100개의 문답으로 풀어낸 사찰의 상징 세계』, 불광출판사, 2012년 6월.

○ 학술논문 및 학위논문

권용무, 「한국사찰의 비보풍수에 관한 연구」, 동국대학교 석사논문, 2017.
권용무 · 홍광표 · 이혁재, 「한국사찰의 비보풍수에 관한 사례 연구」, 『한국정원디자인학회지』, 제3권
　　제2호, 2017.
김정문, 「조계산(曹溪山) 송광사(松廣寺)의 공간구성원리에 관한 연구」, 『한국전통조경학회지』, 제23권
　　제1호, 2005.
심우경 · 강훈, 「한국 고대 사찰에 있어서 영지(影池)의 상징적 의미와 수경적 가치」, 『한국정원학회지』,
　　제7호, 1989.
양상현, 「한국 전통사찰에 수용된 물의 의미 해석」, 『순천향산업기술 연구』, 제10권 제2호, 순천향대학
　　교교수학습개발센터, 2004.
윤홍기, 「한국 풍수지리설과 불교신앙과의 관계」, 『역사민속학』, 제13호, 2001.
이병돈, 「한국불교와 풍수의 비보에 관한 연구」, 동방대학원대학교 박사논문, 2009.
이영숙, 「문화원형의 현대적 변용에 관한 연구: 불국사극락전 '황금돼지'의 시각화를 중심으로」, 『한국
　　멀티미디어학회지』, 제19권 제2호, 2016.
최원석, 「나말여초의 비보 사탑 연구」, 『구산논집』, 제2권, 교보문고, 2000.
_____, 「비보의 개념과 원리」, 『민족문화연구』, 제34호, 고려대학교 민족문화연구원, 2001 (b).
_____, 「영남지방의 비보사탑에 관한 高麗 裨補寺社의 設定과 寺莊運營 고찰」, 『한국사상사학회』, 제17권,
　　2001 (a).
_____, 「한국의 비보풍수론」, 『대한지리학회지』, 제37권, 2002 (a).

_____,「한국의 비보풍수에 관한 시론」,『탐라문화』, 제22호, 제주대학교 탐라문화연구소, 2002(b).

_____,「한국에서 전개된 풍수와 불교의 교섭」,『대한지리학회지』, 제44권, 2009.

하재호,「한국전통사찰에 조성된 지(池)에 관한 연구」,『사찰조경연구』, 제10집, 동국대학교사찰조경 연구소, 2005.

한기문,「고려시대 비보사사의 성립과 운용」,『한국중세사연구』, 제21권, 한국중세사학회, 2006.

황인규,「高麗 神補寺社의 設定과 寺莊運營」,『동국역사교육』, 제6호, 동국대학교, 1998.

○ 웹사이트 및 기사

문화콘텐츠닷컴, 수미단이야기 청도 인문사, https://www.culturecontent.com/main.do

미라클코리아, 상상의 동물 – 재앙을 막는 벽사의 상징 "해태", 2012년 11월 19일, https://m.blog.naver. com/PostView.naver?isHttpsRedirect=true&blogId=miraclefish&logNo=30151902779

영남일보, [山寺미학.31], 불영사 대웅보전 기단 거북, 2020년 6월 4일, 제18면.

조계사뉴스, 단오재 화기애애(和氣愛愛) 봉행, 2021년 6월 14일. http://www.jbulgyo.com/news/articleView. html?idxno=206717

현대불교신문, 순천 선암사, 2018년 5월 17일, http://www.hyunbulnews.com

08

외국인학습자를 위한 풍수설화 다문화교육

구보미

    한국 사회에서 풍수는 전통문화로서 오랜 시간 사람들의 생활에 관여해 왔다. 풍수가 물과 땅, 자연의 형국을 중요하게 여기는 만큼 농경사회를 기반으로 살아 온 우리 조상들의 삶에 큰 영향을 미쳤기 때문이다. 집을 구하는 일부터 논을 부치고 조상의 묘를 쓰는 일, 절을 짓고 궁궐터를 잡는 일, 나라의 수도를 정하는 일 등등 풍수가 해 온 역할은 매우 다양하다. 물론 시대 흐름이나 사회의 관습이 변하면서 풍수가 나타나는 모습은 과거와 달라진 면이 있지만 그 근본원리는 여전해서, 배산임수 같은 풍수 요인은 여전히 한국 사람들이 주거공간을 택할 때 중요한 키워드로 작용하고 있다. 그러나 안타깝게도, 풍수가 과거와 현대를 관통하고 있는 것에 비해 풍수를 문화적으로 관찰하고 그것이 가신 문화적 특징과 역동성을 드러내는 시도는 부족했다. 풍수 이론의 체계나 기원적 특징, 현대적인 해석 영역의 연구 성과에 비하면 더욱 그러하다. 특히 교육 현장에서 풍수를 활용하여 한국의 전통문화로서의 가치를 고찰하는 시도는 더욱 부족하였다. 따라서 본 글은 풍수의 문화적 특징이 잘 담겨 있는 풍수 설화를 활용하여 실제 현장 교육 및 교실 수업에 어떻게 적용할 수 있는지 살펴보고자 하였고, 풍수 설화를 이용한 외국인 한국어 학습자용 교안 개발을 목적으로 하였다. 교안에서 제시한 풍수 설화는 손용택(2018)이 '한국구비문학대계(증편)'에서 발췌한 설화들 중에서 강원도에서 채록된 "단지 혈과 장구 혈"로 선정하였으며, 외국인 학습자의 숙달도는 3급으로 정하였다. 한국의 전통적 가치가 담겨 있는 풍수의 요소들과 관련 어휘, 문화적 차이를 이해하기 위해서는 중급(이상)이 가장 적절하다고 판단하였기 때문에 3급으로 학습자를 정하였다. 또한 한국어 교육에서는 언어 숙달도(1급-6급)를 연령에 따라 나누지 않으므로 만일 본 연구에서 제시한 교안을 참고자료로 할 경우, 교안에 제시된 교수 내용과 방식은 실제 현장 교과와 학습자 유형 및 연령에 따라 자유롭게 난이도를 조절하여 활용할 수 있다.

1. 서론

본 연구는 풍수가 한국 문화에 깊이 스며 있으며 풍수 설화가 교과의 재료가 될 수 있다는 점에 착안하여, 풍수 설화를 접목한 '외국인 한국어 학습자용 문화 수업 교안 개발'을 목적으로 한다. 풍수는 '사람이 살기에 좋은 자리'를 이야기하는 하나의 독립적인 문화다. 시대를 관통하여 과거부터 현재까지 한국 사회와 사람들의 생활에 영향을 미쳐 왔으며 현대에는 풍수의 현대적 해석을 통해 도시 건설이나 아파트 인테리어로도 많이 등장한다. 또 풍수의 특성상 미신으로 여겨지는 현상을 타파하고자 풍수의 과학성을 입증하기 위한 학계의 연구도 많이 시도되고 있다. 그러나 아직 풍수가 문화의 한 종류라는 것을 명시하고 특히 현장 교육에 그것을 적용해 보려는 노력은 다른 연구들에 비해 매우 부족하다.

따라서 본 연구에서는 풍수의 문화적인 측면을 부각하고 풍수 설화를 이용한 수업 교안을 개발하고자 하였다. 풍수 설화에는 한국인들에게 대대로 내려온 인간의 근본 도리와 삶의 모습, 문화와 관습 등이 고스란히 담겨 있는데 이는 정신문화로서 큰 영향력을 갖고 있으며 한국인들의 삶과 문화를 이해하는데 좋은 바탕이 될 수 있다. 연구 목적이 잘 실현될 수 있도록 수업 대상은 외국인 한국어 학습자로 선정하였다. 시작하기에 앞서, 학생 유형과 수업 내용의 난이도 및 내용은 교안을 활용할 교사들의 역량과 수업 환경에 따라 충분히 재구성될 수 있다는 점을 미리 밝힌다.

2. 이론적 배경

풍수를 현장 교육에 적용하고 학습 관련 지도안을 제시한 연구로는 선병욱(2006)이 있고, 교육용 풍수 설화를 정리하고 교과과목으로서의 가치를 제시한 연구로는 손용택(2018)이 있다. 그리고 설화를 이용한 문화 교육 연구는 한국어 교육 분야에서 많이 이루어졌는데 대표적으로 이성희(1999), 서희정(2005), 윤영(2019), 황티장 외(2021)가 있다. 우선 선병욱(2006)은 기존의 교과서를 분석하여 시대별 풍수의 내용을 교과 단원과 연계할 수 있는 학습지도안을 개발하였다. 연구자 본인이 총 6차시의 수업을 직접 진행하였다는 점과 수업 이후 학생들의 인식 조사를 통해 풍수 관련 교과가 나아가야 할 방향을 제시하였다는 점에서 의의가 있다. 손용택(2018)은 '한국구비문학대계(증편)'에서 풍수 형국, 명당, 인물, 지명, 비보풍수와 관련된 설화들을 발췌하여 각각의 설화가 가진 삶의 지혜와 의미를 분석하였다. 또한 풍수 설화에 나타난 가치와 덕목들은 사회과교육 관점에서도 매우 유의미하다고 하였다. 이성희(1999)는 "한국인의 꿈, 희망, 사상, 감정이 오랫동안 스며 있는 한국의 설화를 통해 한국어를 가르침으로써 학습 효과가 더욱 증진된다"라고 보았으며 서희정(2005)은 "설화는 민중 공동의 단순하고 보편적인 창작물로서 민중의 소망과 애환을 이야기 속에 투영하고 있기 때문에 생활 경험, 의식, 가치관 등을 살펴볼 수 있는 좋은 자료(곽정식, 2005: 15-20에서 재인용)"라며 설화가 외국인에게 한국인과 한국어, 한국 문화의 특징을 보여 줄 수 있는 좋은 교육 자료가 된다고 하였다. 윤영(2019)은 '삼국유사'에 실린 효 관련 설화 세 편을 중심으로 '상호문화교육모형'을 제안하고 각 단계별 수업의 구체적 활동과 내용을 제시하였을 뿐 아니라 개발한 모형으로 '한국문화교육론' 시간에 실제 수업을 진행하였다. 황티장외(2021)는 한국, 중국, 베트남에서 공통으로 발견되는 아기 장수 설화를 비교하여 이를 활용한 상호문화교육의 방향을 모색하였다. 그 방법으로 중국인 한국어 학습자와 베트남 한국어 학습자를 대상으로 각각 아기 장수 설화를 활용한 수업을 진행한 후 그들이 한국 문화를 얼마나 이해하였는지를 관찰하였다.

본 연구는 이상의 선행연구들을 분석하여 교안 개발에 있어 다음과 같은 기준을 정하였다. 첫째, 풍수 지식 수업이 아닌 문화 수업으로 교과를 정하고 학습자들이 흥미를 느끼도록 구성하는 것이다. 풍수 설화의 가치와 덕목은 풍수가 왜 이야기로 남아서 사람들에게 전해져 내려오는가 하는 데 있다. 설화에는 재미와 해학, 충효(忠孝), 인생의 성패(成敗), 희로애락(喜怒哀樂)이 모두 들어 있고 풍수 설화 또한 마찬가지다. 따라서 수업 이후에도 풍수 설화 수업에서 접한 내용이 한국의 문화적 특징으로 학습자들에게 존재하기 위해서는 문화와 직결된 인간 심리와 관습, 풍습으로 내용을 제한해서 구체적으로 제공할 필요가 있다. 둘째, 외국인 학습자라는 특성과 학습자 수준에 맞게 설화 내용을 각색하고 난이도를 조절하는 것이다. 선병욱(2006)에 따르면 풍수지리라는 주제에 대해 수업에 참여한 절반 이상의 학생들이 흥미와 관심을 느꼈다고 대답하였으나, 수업 이후 약 67%에 해당하는 학생들이 "풍수지리는 너무 어려운 사상이라 이해하기 어려워서 수업 이후에는 관심이 없어졌다"라는 답을 하였다. 수업 대상이 한국 고등학생들이고 지리 시간에 이루어진 수업이었음에도 불구하고 '어렵게' 느껴져서 관심이 사라졌다는 것은 교과 수업 구성에 있어 매우 주의해야 할 점이다.

3. 풍수설화와 문화교육

1) 문화로서의 풍수 설화

이성희(1999)는 "설화는 문자 생성 이전부터 오랜 세월 동안 많은 사람들을 통해서 입에서 입으로 전승되어 왔기 때문에 민중의 사상, 감정, 풍습, 세계관이 투영되어 있고 문학적으로 완결된 구조 속에 감동과 흥미를 주는 내용으로 구성되어 있다"라고 하였다. 여기서 중요한 것은 설화는 '이야기'로서 그 생명력을 유지해 왔으며 시대가 변해도 세대 간에 전승된다는 점에서 문학적인 힘과 영향력을 갖춘다는 것이다. 우리가 알고 있는 '옛날이야기'가 우리의 정서와 정신에 영향을 미친 이유가 바로 그것이다. 또한 설화는 이야기이기 때문에 지금 시대와는 맞지 않는 내용과 정보를 담고 있다 하더라도 그것을 '맞다, 틀리다'의 문제로 따지지 않는다. 예를 들어 '선녀와 나무꾼' 이야기를 현대 사회의 사회 통념과 법적 기준으로 본다면 나무꾼에게는 선녀의 옷을 훔친 죄로 절도죄와 벌금을 물어야 하지만, 그런 식으로 옛날이야기에 현대적 잣대로 들이대면 그 어떤 이야기도 논리적 결함과 사회적 기준에서 자유로울 수가 없다. 따라서 설화는 전승되는 옛날이야기 그 자체로 가치가 있으며 흥미와 재미를 유지할 수가 있다. 이 점은 풍수 설화에도 그대로 적용된다.

풍수 설화에는 신라 시대부터 고려 시대, 조선 시대, 현대에 이르기까지 다양한 시대별 이야기들이 있으며 그 소재 또한 다채롭다. 집터를 잡는 양택풍수부터 묘를 쓰는 음택풍수, 비보풍수도 모두 이야기 소재가 된다. 한국인이라면 모를 수 없는 '봉이 김선달' 이야기도 김선달이 대동강 지역의 지리적 특징을 풍수적으로 응용하여 남을 속인 풍수 설화에 해당한다. 특히 묘를 쓰는 음택풍수 이야기는 한국인들의 효 사상과도 밀접하게 연관되어 있기 때문에 한국의 '옛날이야기' 중 상당 부분이 음택풍수 및 효 사상과 관련된 이야기이기도 하다. 문화적으로나 정서적으로 한국 전통문화에 풍수가 연관되지 않았다면 그 많은 이야기들이 문학적 가치를 갖고 전승되지 못했을 것이다. 따라서 풍수 설화는 당시 사회 현상, 관습, 생활 양식을 반영하고 있으므로 문화적인 교육 가치가 충분하다고 볼 수 있다.

2) 수업 자료 선정

풍수 설화 선정을 위해 본 연구는 손용택(2018)이 '한국구비문학대계(증편)'에서 발췌한 설화들을 분석하였으며, 그중 '장구 혈과 단지 혈' 설화를 수업 자료로 선정하였다. 이 이야기는 강원도 홍천군 남면 유자2리 마을에서 채록된 것으로, 장구 혈과 단지 혈 못자리 형국에 꾀와 재치를 부려 형과 아우로부터 무상으로 땅을 받아 낸 세 형제 중 둘째에 관한 해학적인 설화다(손용택, 2018:4). 이 설화를 선정한 이유는 다음과 같다. 첫째, 풍수지리의 핵심인 '형국'이 이야기의 소재라는 점이다. 풍수 설화라는 특징을 드러내기 위해서는 뚜렷이 드러나는 풍수지리적 요인이 있어야 한다. 둘째, 음택풍수와 이장과 관련된 우리 조상들의 사고와 당시 생활 양식을 잘 드러내고 있다는 점이다. 조상의 묘를 잘 쓰는 것이 효도이자 발복의 중요한 요인이었고, 한 번 쓴 묘를 함부로 이장하지 않는 것 또한 당시 사람들이 돌아가신 분을 존중하는 방식이었다. 이런 내용을 짧은 이야기 안에 잘 담고 있다는 점이 자료 선정의 이유가 되었다. 마지막으로 흥미와 재미, 문화적 특징, 수업의 용이성을 위하여 다음과 같은 사항들을 반영하여 설화를 각색하고 교안을 구성하였다.

첫째, 외국인 학습자 대상이므로 채록된 설화를 그대로 제시해서는 안 된다. 문법과 맞춤법에 맞는 표준한국어로 각색해야 한다.

둘째, 풍수 전문용어는 짧고 간결하게 설명해 주어야 하며 풍수지리적 지식을 전수하는 수업이 아니라 풍수를 한국 문화의 하나로 소개하는 수업인 만큼 난이도에 거부감이 없어야 한다.

셋째, 외국인 학습자들의 경우 1급부터 6급까지 단계가 구분되기 때문에 본 연구의 교안은 학습자의 숙달도에 따라 설화 소재와 풍수 용어 그리고 수업 진행 방식을 재구성할 수 있는 여지를 두어야 한다.

4. 풍수 설화를 활용한 외국인 한국어 학습자용 문화 수업 교안

본 절에는 앞서 소개한 '장구 혈과 단지 혈' 설화를 활용한 외국인 한국어 학습자용 문화 수업 교안을 담았다. 한국의 전통적 가치가 담겨 있는 풍수의 요소들과 관련 어휘, 문화적 차이를 이해하기 위해서는 중급(이상)이 가장 적절하다. 또한 한국어 교육에서는 언어 숙달도(1급-6급)를 연령에 따라 나누지 않으므로 만일 본 연구에서 제시한 교안을 참고자료로 할 경우, 교안에 제시된 교수 내용과 방식은 실제 현장 교과와 학습자 유형 및 연령에 따라 자유롭게 난이도를 조절하여 활용할 수 있다. 국가에서 주관하는 한국어능력시험(TOPIK) 기준에 따르면 3급의 숙달도는 다음과 같다.

> "일상생활을 영위하는 데 별 어려움을 느끼지 않으며 다양한 공공시설의 이용과
> 사회적 관계 유지에 필요한 기초적 언어 기능을 수행할 수 있다. 친숙하고 구체
> 적인 소재는 물론, 자신에게 친숙한 사회적 소재를 문단 단위로 표현하거나 이
> 해할 수 있다."

또한 TOPIK이 제시하는 '한국어능력시험 중급 어휘 목록'에 의거하여 교사
의 발화와 학습자에게 제공하는 어휘를 3급에 맞게 수정하고 선별하였으며 문
화 수업임을 고려하여 교사-학생 상호작용, 학생-학생 상호작용을 최대한 끌
어낼 수 있도록 하였다. 교안은 다음과 같다.

〈외국인 한국어 학습자용 문화 수업 교안 : 풍수 설화를 중심으로〉

주제	한국의 풍수 설화		
숙달도	3급	영역	문화
수업 내용	교재의 한국 풍수 설화를 읽고 줄거리와 의미를 함께 살펴본다.		
수업 목표	1. 한국 문화에서 풍수는 어떤 의미입니까? 2. 교재의 풍수 설화의 줄거리와 의미는 무엇입니까? 3. 한국 사람들은 묘 이장에 대해 어떻게 생각합니까? 4. 여러분 나라에도 풍수 설화나 풍수 문화가 있습니까?		
준비물	PPT, 활동지	수업 시간	60분

〈활동지〉

단계 (시간)	교수 · 학습 활동
도입 (15분)	**1. 주제 도입** T: 안녕하세요, 여러분. S: 안녕하세요. T: 오늘 날씨 어때요? (학생들 반응을 유도한 뒤) 저는 이런 날씨를 보면 제가 좋아하는 곳으로 산책을 가고 싶어요. 여러분은 어때요? S: (대답) T: 저는 서울에 있는 궁궐을 좋아합니다. 찰스 씨, 혹시 경복궁에 가 봤어요? S: (대답) T: 그렇군요. 사나 씨는요? 서울에서 어디를 좋아합니까? S: (대답) T: 여러분들도 모두 좋아하는 장소가 있을 거예요. 저는 경복궁을 좋아해서 경복궁에 자주 가는데요. ➡PPT 1. 등장 T: (PPT 사진의 경복궁을 가리키며) 여러분, 여기가 어디죠? S: 경복궁이에요. T: 맞아요. 여기는 제가 자주 가는 경복궁이에요. 혹시 저 뒤에 산 보이세요? 저 산의 이름이 뭘까요? S: (대답) T: 백악산이에요. 경복궁 주변에 백악산이 있는데 경치가 아주 좋아요. 그런데 여러분, 한국에서 가까운 중국과 일본에도 경복궁처럼 경치가 좋은 곳들이 있어요. (차례로 일본의 오쿠노인과 중국의 자금성을 가리키며)

단계 (시간)	교수 · 학습 활동
도입 (15분)	T: 사나 씨, 여기 알아요?/혹시 일본 오쿠노인에 가 본 학생 있습니까? 오쿠노인은 일본 고야산에 있는 유명한 절인데 유명한 사람들이 많이 묻혀 있다고 해요. 그럼 자금성은 어떨까요? 여기도 아주 유명하지요? 저는 아직 자금성에 못 가 봤는데 가 본 학생 있어요? S: (대답) T: 자금성에 들어가면 특별한 기분이 느껴지나요? S: (대답) T: 그렇군요. **2. '명당'과 '풍수' 설명** T: 그런데 여러분이 방금 본 경복궁과 오쿠노인, 자금성은 한 가지 공통점이 있어요. 그게 무엇일까요? (학생들 반응을 살핀 후) ➡PPT 2. 등장 명당(明堂) 풍수(風水, Feng-shui) T: (PPT '명당' 글씨를 가리키며) 세 장소 모두 명당이에요. 그럼 명당이 뭘까요? (PPT의 명당 위치를 가리키며) 여기 그림을 한번 보세요. 작은 마을에 집이 있어요. 그런데 이 집의 앞뒤, 오른쪽과 왼쪽에 모두 산이 있고 마을 앞으로 물이 흘러요. 옛날부터 한국에서는 이런 위치를 '길하다'라고 하고 명당이라고 불렀어요. ➡판서 길하다(adj), 길한, 길하게 T: '길하다'라는 것은 좋은 일이 많이 생기고 복이 온다는 뜻이에요. 한국에서는 아주 옛날부터 어떤 자리에 집을 지어야 길할까, 부모님이 돌아가시면 어디에 무덤을 만들어야 자식들이 복을 받을까, 이런 것을 생각하는 문화가 있었어요. 그리고 길한 자리를 찾는 방법과 지식을 (PPT '풍수' 글씨를 가리키며) '풍수'라고 합니다. 어떤 자리가 좋은 자리인지 찾는 거죠.

단계 (시간)	교수 · 학습 활동

3. '배산임수' 설명

➡PPT 2. 계속

T: 그런데 여러분. 왜 저 자리가 명당일까요? 여러분은 저 자리가 어때 보여요?

S: 안전해 보여요./좁아요./바람이 안 불 것 같아요./비가 오면 홍수가 날 것 같아요./ 편안해 보여요./불편해 보여요.)

T: 옛날부터 한국에서는 저런 자리에 집을 지어야 살기 좋다고 했어요. (*PPT의 집, 산, 강 등을 가리키면서 설명하기) 이 위치에 집을 지으면 주변의 산이 바람을 막 아 주고, 앞으로 흐르는 물이 땅을 영양가 있는 땅으로 만들어 줘요. 또 옛날에는 강물이 먹는 물이었기 때문에 마을 입구에 물이 흐르는 건 큰 장점이었답니다. 그 래서 한국 사람들은 뒤에 산이 있고 앞에 강이 흐르는 곳을 명당이라고 했고 '배산 임수'라고 불렀어요.

➡판서

배산임수(背山臨水)

T: 배산임수는 산을 등지고 물을 내려다본다는 뜻이에요. 저는 배산임수가 익숙해 요. 왜냐하면 제가 어릴 때 저런 마을에서 살았거든요. 아침에 일어나면 앞으로 산 이 보이고 여름에는 마을 앞에 시냇물에서 매일 놀았던 기억이 나요. (*PPT의 주 산, 백호, 청룡, 안산, 조산, 명당수 설명하기) '주산'은 집터 뒤에 있는 산이에요. '백 호'는 집터 오른쪽에 있는 산, '청룡'은 집터 왼쪽에 있는 산입니다. 그리고 '안산'과 '조산'은 집터 앞에 있는 산이에요. '명당수'는 사람이 살기에 좋은 물을 말해요. 그 런데 여러분, 명당이 집 자리만 의미하지는 않아요.

도입
(15분)

단계 (시간)	교수 · 학습 활동
도입 (15분)	➡PPT 3. 등장  T: (PPT 가리키며) 여기 건물이 보이죠? 이 건물들은 현재 한국에 있는 유명한 건물이고 모두 풍수와 관련이 있어요. 건물 높이를 보세요. 어떤가요? S: 높아요. T: 그렇죠. 아주 높고 규모도 커요. 보통 대기업에서 이런 큰 건물을 짓는데, 이런 건물을 지을 때 뭘 중요하게 생각할까요? 만약 여러분이 롯데나 삼성, 구글의 회장이라면 큰 건물을 지을 때 뭘 먼저 생각할 것 같아요? (*학생들이 다양한 대답을 하도록 유도하기) S: (안전/편리성/예산/위치 등등) T: 그렇습니다. 건물을 지으려면 예산에 맞게 안전하고 효율적으로 지어야 해요. 또 관광 장소나 쇼핑몰 같은 건물은 손님들이 쉽게 찾아가야 하니까 위치가 아주 중요하죠. 그런데 그 자리에 건물을 지으면 길할까 길하지 않을까 미리 확인하는 것도 중요해요. 그래서 대기업에서 건물을 지을 때는 풍수를 고려해서 명당인지 살펴본다고 합니다. 여러분은 풍수 전문가가 여러분이 정한 건물 위치를 보고 어떤 이야기를 하면 좋겠어요? S: 돈을 잘 번다고 하면 좋겠어요.

단계 (시간)	교수 · 학습 활동
도입 (15분)	T: 그렇죠! 그런 말을 들으면 정말 기분 좋을 거예요. 돈도 잘 벌고 안전하고 다 잘된다고 하면 좋을 것 같아요. 그럼 사진 속 건물들은 풍수적으로 어땠는지 살펴볼게요. (PPT 롯데월드타워 사진 가리키며) 여러분, 이 건물 알아요? (학생들 반응 살핀 후) 맞아요. 이 건물은 롯데월드타워예요. 한국에서 가장 높은 건물이에요. 그런데 이렇게 높고 멋진 건물의 위치가 명당이 아니라고 해요. 풍수적으로 좋지 않아서 풍수 전문가들이 걱정한 자리라고 합니다. (PPT 현대사옥 사진 가리키며) 이 건물도 알아요? (학생들 반응 살핀 후) 유명한 현대자동차 건물입니다. 이 건물은 위치가 아주 좋아서 풍수 전문가들도 여기에 건물을 지으면 회사가 돈도 많이 벌고 좋은 일이 많이 생긴다고 했대요. (PPT 아크로서울포레스트 사진 가리키며) 여기는 쇼핑몰이나 회사가 아니라 아파트예요. 엄청 크죠? 이 아파트는 서울에서 아주 비싼 아파트인데요, 명당이라고 해서 연예인들과 부자들이 여기에 많이 살고 있어요. 여기에 살면 좋은 일이 많이 생기고 편하게 잘살 수 있다고 하기 때문이죠. 이렇게 관광 건물이나 쇼핑몰, 그리고 아파트도 풍수를 확인하고 짓는 경우가 많습니다. T: 이제 마지막 사진을 볼게요. (PPT의 무덤 사진을 가리키며) 이게 뭐죠? (학생들 반응 살핀 후) 네, 맞아요. 무덤이에요. 사람이 죽으면 시신을 땅에 묻고 무덤을 만들지요? 그 무덤을 다른 말로 '산소', '묘'라고 불러요. 보통 부모님이나 조상의 무덤을 '묘'라고 높여서 말하고 '묘'가 있는 자리를 '묘지'라고 합니다. ➡ 판서 (+'묘를 쓰다' 의미 설명하기) 산소, 묘, 묘지, 묘를 쓰다 T: 그런데 묘지도 명당이 따로 있어요. 묘지에 명당이 있는 이유는 두 가지인데요. 하나는 묘를 좋은 곳에 잘 써야 자손들이 길하기 때문이에요. 묘를 잘못 쓰면 안 좋은 일이 생긴다고 했습니다. 물론 묘를 잘 써도 평소 나쁜 짓을 한 사람은 복을 못 받는다고 했고요. 또 하나는 좋은 곳에 묘를 써야 돌아가신 분께서 편안하게 지낼 수 있다고 생각했기 때문인데요. 이런 이유들 때문에 옛날에는 묘지를 옮기는 일도 있었다고 해요. 묘지를 옮기는 것은 '이장'이라고 합니다. ➡ 판서 이장 T: '이장'은 쉬운 일이 아니에요. 그리고 거의 하지 않아요. 왜냐하면 시신을 다시 무덤에서 꺼내는 것은 좋은 일이 아니었거든요. 부모님이 돌아가셔도 영혼(soul)은 살아 있다고 생각했기 때문에 묘를 소중하게 생각했습니다. 그래서 한국에서는 옛날부터 묘를 쓸 때 풍수가 중요했어요. 여기까지 질문 있어요? S: (질문/교사의 대답)

단계 (시간)	교수 · 학습 활동
제시 단계 (25분)	**1. '설화'와 '풍수 설화' 제시** T: 지금까지 본 것처럼 좋은 집터를 찾는 것도 풍수고, 부모님이 돌아가셨을 때 묘를 어디에 쓸지 생각하는 것도 풍수예요. 한국에는 오랫동안 이런 풍수 문화가 있었기 때문에 풍수와 관련된 옛날이야기도 많답니다. 그런 이야기를 풍수 설화라고 해요. ➡PPT 4. 등장  # 설화(説話, folktale) 사실이 아니지만 동화나 소설처럼 사람들의 입에서 입으로 오랫동안 전해지는 이야기. 선녀와 나무꾼 설문대할망 ## 풍수와 관련된 설화 = 풍수 설화 T: (PPT '설화' 가리키며) 먼저, 설화는 동화나 소설처럼 옛날부터 전해지는 이야기인데요, 재미있고 신기한 얘기들이 많아요. 혹시 '선녀와 나무꾼' 이야기 알아요? (학생들 반응 보고) 이 그림을 보고 한번 상상해 보세요. 선녀들이 목욕을 하고 있고 나무꾼이 옷을 가져가려고 해요. 이거 무슨 이야기일까요? S: (대답/교사는 선녀와 나무꾼 이야기 줄거리 들려주기) T: '선녀와 나무꾼' 이야기는 한국 사람이라면 모르는 사람이 없을 거예요. 노래도 있답니다. (PPT '설문대할망' 그림 가리키며) 이 그림 좀 보세요. '설문대할망'이라고 적혀 있어요. '할망'은 제주도에서 쓰는 말이고 할머니라는 뜻이에요. 아주 큰 할머니가 바다에 서 있네요. 어떤 이야기일까요? S: (대답/교사는 설문대할망 줄거리 들려주기)

단계 (시간)	교수 · 학습 활동
제시 단계 (25분)	**2. "장구 허리와 단지 허리 이야기" 설화 제목 제시** T: 이제 옛날부터 전해지는 재미있는 풍수 설화를 같이 볼게요. 정말 재미있는지 살펴봅시다. ➡ PPT 5. 등장 **"장구 허리와 단지 허리 이야기"** 옛날에 강원도 한 마을에 삼 형제가 살았다. 맏이는 논 삼십 마지기를 부치고 막내도 논 삼십 마지기를 부쳤지만 둘째는 논도 없고 제일 가난했다. 그러던 어느 날, 둘째가 꾀를 냈다. 둘째는 형을 찾아가서 다음과 같이 말했다. "형님." "왜 그러느냐." "생각해 봤는데 아버지, 어머니 묘를 다른 데 옮기려고 합니다." "아니, 갑자기 이장을 왜 해?" "우리가 아버지, 어머니 묘를 장구 허리에 모시지 않았습니까? 그래서인지 형님과 동생은 다 잘 사는데 둘째인 나만 중간에서 가난하게 살고 있잖아요. 제가 장구 허리처럼 딱 중간에 끼어 있어서 그런 겁니다. 그래서 단지 허리처럼 가운데가 불룩한 곳에 아버지, 어머니 묘를 모시면 나도 잘 살 수 있지 않겠습니까?" 얘기를 들은 형이 깜짝 놀란 사이, 둘째는 동생을 찾아갔다. "동생." "무슨 일이십니까?" "드디어 내가 가난하게 사는 이유를 찾았다. 아버지, 어머니 묘를 마치 장구 허리처럼 홀쭉한 땅에 모셨잖아. 그래서 장구 앞과 뒤에 해당하는 형님과 너는 잘사는데 나는 장구의 허리처럼 배가 홀쭉하게 사는 거야. 그래서 단지 허리처럼 가운데가 불룩한 곳에 아버지, 어머니 묘를 모시면 나도 잘 살 수 있을 것 같구나." 이야기를 들은 동생도 고민에 빠졌다. 얼마 뒤 맏이가 고민 끝에 둘째에게 말했다. "동생, 그럴 거 없다. 내가 논 열 마지기를 줄 테니 절대로 이장할 생각은 하지 말아라." 둘째는 깜짝 놀라는 척하며 형님에게 물었다. "정말로 형님께서 열 마지기를 주실 겁니까?" "그래, 그렇다니까." "그럼 동생한테 다시 가서 물어봐야겠습니다. 형님이 열 마지기를 주시면 감사하게 받겠지만 동생은 이장에 찬성할 수도 있으니까요." 둘째는 동생에게 가서 형님이 논 열 마지기를 주기로 했다는 사실을 전하며 이렇게 말했다. "그런데 나는 논 열 마지기 받는 것보다 부모님 묘를 이장하는 게 좋을 것 같구나." 그러자 동생이 다급하게 둘째에게 말했다.

단계 (시간)	교수 · 학습 활동
	"형님, 지금까지 부모님 묘에 아무 일도 없었는데 괜히 벌집 만들지 맙시다. 큰형님도 열 마지기를 준다고 했지요? 그럼 저도 열 마지기를 형님께 드릴 테니까 이장하지 마세요. 큰형님이 열 마지기, 제가 열 마지기를 드리면 형님도 이제 이십 마지기가 되니까 우리 삼 형제가 공평하게 이십 마지기씩 가지는 겁니다." 그 말을 들은 둘째는 속으로 신이 났다. 하지만 내키지 않는 듯 잠시 고민하였다. 그 모습을 본 동생이 계속 설득하자 마지못해 알겠다고 하였다. 둘째의 꾀가 통한 것이었다.
제시 단계 (25분)	T: 제목을 같이 읽어 볼까요? (제목 같이 읽고) 제목이 좀 신기하죠? 이 글을 읽으려면 제목의 뜻을 알아야 하는데요. 우리가 허리는 다 알아요. 그런데 장구 허리는 뭐고 단지 허리는 뭘까요? 사나 씨, 장구가 뭔지 아세요? S: (대답) T: 단지는요? 혹시 단지가 뭔지 아는 학생 있어요? S: (대답) T: 장구 허리와 단지 허리가 뭔지 확인해 봅시다. **3. 장구 허리와 단지 허리 설명** ➡PPT 6. 등장 

단계 (시간)	교수 · 학습 활동
제시 단계 (25분)	T: 어때요? 사진을 보니까 알겠죠? (PPT의 장구 사진 가리키며) 이 악기가 장구예요. 한국의 전통 악기인데 모양을 잘 보세요. 앞뒤가 굵고 중간이 홀쭉하고 얇아요. 저 부분이 장구의 허리예요. (PPT의 단지 사진 가리키며) 이게 한국에서 옛날부터 쓰던 장독대, 단지라는 거예요. 곡식이나 음식을 담아 놓는데 단지의 모양도 잘 보세요. 가운데가 불룩하죠? 저 부분이 단지 허리입니다. 이제 이야기를 읽어 봅시다. **4. 풍수 설화 읽고 내용 이해하기** ➡PPT 5. "장구 허리와 단지 허리" 재등장 **"장구 허리와 단지 허리 이야기"** 옛날에 강원도 한 마을에 삼 형제가 살았다. 맏이는 논 삼십 마지기를 부치고 막내도 논 삼십 마지기를 부쳤지만 둘째는 논도 없고 제일 가난했다. 그러던 어느 날, 둘째가 꾀를 냈다. 둘째는 형을 찾아가서 다음과 같이 말했다. "형님." "왜 그러느냐." "생각해 봤는데 아버지, 어머니 묘를 다른 데 옮기려고 합니다." "아니, 갑자기 이장을 왜 해?" "우리가 아버지, 어머니 묘를 장구 허리에 모시지 않았습니까? 그래서인지 형님과 동생은 다 잘 사는데 둘째인 나만 중간에서 가난하게 살고 있잖아요. 제가 장구 허리처럼 딱 중간에 끼어 있어서 그런 겁니다. 그래서 단지 허리처럼 가운데가 불룩한 곳에 아버지, 어머니 묘를 모시면 나도 잘 살 수 있지 않겠습니까?" 얘기를 들은 형이 깜짝 놀란 사이, 둘째는 동생을 찾아갔다. "동생." "무슨 일이십니까?" "드디어 내가 가난하게 사는 이유를 찾았다. 아버지, 어머니 묘를 마치 장구 허리처럼 홀쭉한 땅에 모셨잖아. 그래서 장구 앞과 뒤에 해당하는 형님과 너는 잘사는데 나는 장구의 허리처럼 배가 홀쭉하게 사는 거야. 그래서 단지 허리처럼 가운데가 불룩한 곳에 아버지, 어머니 묘를 모시면 나도 잘 살 수 있을 것 같구나." 이야기를 들은 동생도 고민에 빠졌다. 얼마 뒤 맏이가 고민 끝에 둘째에게 말했다. "동생, 그럴 거 없다. 내가 논 열 마지기를 줄 테니 절대로 이장할 생각은 하지 말아라." 둘째는 깜짝 놀라는 척하며 형님에게 물었다. "정말로 형님께서 열 마지기를 주실 겁니까?" "그래, 그렇다니까."

단계 (시간)	교수 · 학습 활동

| | "그럼 동생한테 다시 가서 물어봐야겠습니다. 형님이 열 마지기를 주시면 감사하게 받겠지만 동생은 이장에 찬성할 수도 있으니까요."

둘째는 동생에게 가서 형님이 논 열 마지기를 주기로 했다는 사실을 전하며 이렇게 말했다.

"그런데 나는 논 열 마지기 받는 것보다 부모님 묘를 이장하는 게 좋을 것 같구나."

그러자 동생이 다급하게 둘째에게 말했다.

"형님, 지금까지 부모님 묘에 아무 일도 없었는데 괜히 벌집 만들지 맙시다. 큰형님도 열 마지기를 준다고 했지요? 그럼 저도 열 마지기를 형님께 드릴 테니까 이장하지 마세요. 큰형님이 열 마지기, 제가 열 마지기를 드리면 형님도 이제 이십 마지기가 되니까 우리 삼 형제가 공평하게 이십 마지기씩 가지는 겁니다."

그 말을 들은 둘째는 속으로 신이 났다. 하지만 내키지 않는 듯 잠시 고민하였다. 그 모습을 본 동생이 계속 설득하자 마지못해 알겠다고 하였다. 둘째의 꾀가 통한 것이었다. |

| 제시
단계
(25분) | T: 자, 사나 씨부터 한 명이 한 문장씩 읽어 볼게요. 사나 씨, 제목부터 읽어 주세요. 시작.
S: (학생들 읽기+파란색으로 표기된 표현이 등장할 때마다 교사가 표현의 뜻을 짚어 주고 다음으로 넘어가기)
T: 잘했어요. 어때요, 여러분? 재미있어요? (반응 살펴보고) 어려워요?
S: (대답)
T: 이 이야기에 누가 등장하죠?
S: 맏이/둘째/동생/삼 형제
T: 맞아요. 삼 형제가 나오는데 누가 주인공 같아요?
S: 둘째
T: 네. 삼 형제 중에서 중간에 있는 둘째가 가난한 거예요. 첫째와 셋째는 다 논이 삼십 마지기씩 있는데 자기만 논이 하나도 없으니까 속상하고 질투가 나는 거죠. 그러다가 꾀를 냈어요. 어떤 꾀를 냈지요?
S: 이장을 하려고 했어요.
T: 맞아요. |

단계 (시간)	교수 · 학습 활동
제시 단계 (25분)	➡PPT 6. 재등장 · 장구 허리  · 단지 허리 T: 부모님의 묘를 썼는데 (PPT의 장구 사진 가리키며) 그 자리가 꼭 장구의 중간, 장구의 허리처럼 홀쭉하고 볼품없다. 그래서 삼 형제의 중간인 나도 가난하게 사는 거라고 억지를 부리는 거예요. (PPT의 단지 사진 가리키며) 그러다가 이 단지를 보고 꾀를 낸 거예요. 아, 단지는 허리가 불룩하지! 사람으로 치면 배부르게 밥을 먹은 사람의 배 같으니까 이걸로 형과 동생을 한번 속여 보자. 이런 생각을 한 거예요. 그런데 형과 동생이 둘째가 이장한다고 할 때 어떤 반응을 보였어요? S: 반대했어요./안 좋아했어요. T: 네, 반대했어요. 그래서 형과 동생이 각각 논을 십 마지기씩 공짜로 줄 테니까 공평하게 셋이 이십 마지기씩 갖는 걸로 하자, 제안했어요. 그런데 자기 재산을 그냥 나눠 줄 만큼 이장을 반대한 이유가 뭘까요? (*학생들이 다양한 대답을 하도록 유도하기) S: 무서워서/힘들어서/쉬운 일이 아니어서 능능 T: 이장을 하려면 어떻게 해야 할까요? 부모님의 무덤을 파서 시신을 꺼내야겠죠? 그런데 돌아가신 부모님의 몸을 건드리는 건 사실 큰 불효였어요.

단계 (시간)	교수 · 학습 활동
제시 단계 (25분)	➡판서 (+'효'와 '불효' 의미 설명하기) 효(孝), 불효(不孝) T: 옛날 사람들은 부모님이 주신 몸도 소중하게 생각해서 머리카락도 계속 길렀어요. 그러니까 꼭 필요한 게 아니면 이장은 불효라고 생각했죠. 또, 첫째와 셋째는 장구 허리에서 단지 허리로 이장을 하면 안 좋은 일이 생길까 봐 걱정해서 이장을 반대했어요. 묘를 잘 써야 복이 오는데 장구 허리 묘를 괜히 단지 허리로 옮겼다가 안 좋은 일이 생기면 어떡하겠어요? 그래서 첫째와 셋째는 자기들 논을 나눠 주더라도 이장을 안 하고 싶어서 둘째를 설득한 거예요. 둘째가 꾀를 낸 이유입니다. 어때요, 꾀를 잘 낸 거 같나요? S: (대답) T: 여러분은 어떤가요? 만일 여러분이 첫째나 셋째라면 둘째에게 논을 공짜로 나눠 줄 수 있겠어요? 영매 씨, 영매 씨는 나눠 줄 수 있어요? (*여러 학생들에게 질문하고 다양한 대답이 나오도록 유도하기) S: (대답)
연습 및 활용 단계 (20분)	**1. 활동 설명 및 팀 만들기+활동지 배부** T: 지금까지 재미있는 풍수 설화를 살펴봤습니다. 이제 친구들과 함께 모여서 서로 이야기해 보는 시간을 가져 봅시다. (*뽑기나 교사 임의로 3명씩 4팀을 만들고 팀이 만들어지면 자리를 이동한다. 이동이 완료되면 활동지를 배부한다.) **2. 활동하기** T: 자, 활동지를 같이 볼까요? (*활동지를 보면서 질문을 소개하며 학생들이 활동을 준비하도록 한다.) T: 이제부터 친구들과 함께 질문에 대해 편하게 이야기를 나눠 보세요. 그리고 여러분의 생각도 잘 정리해서 써 보세요. (*학생들의 대화와 쓰기에 방해되지 않는 선에서 활동에 개입하여 쓰기 오류를 수정하거나 질문에 대답해 준다.) **3. 공유하기** T: 이제 우리 반 친구들의 생각과 이야기를 한번 들어 볼까요? 봉매 씨, 중국에도 풍수를 고려해서 집을 고르는 문화가 있어요? (*가능하면 국적별로 한 명씩 정해서 질문하도록 한다.)

단계 (시간)	교수 · 학습 활동
마무리 단계 (5분)	(*활동 진행 상황을 보고 마무리 단계는 융통성 있게 진행하도록 한다. 만일 학생들이 적극적으로 참여한다면 수업 마무리는 짧게 하고 활동을 더 할 수 있도록 한다.) T: 여러분의 이야기 잘 들었습니다. 재밌는 내용이 많이 있네요. 다음 한국 문화 시간에는 어떤 풍수 인테리어가 있는지 소개해 줄게요. 그럼 다음 시간에 봅시다.

● 오늘은 한국의 풍수 설화를 읽고 풍수 문화에 대해 알아봤어요. 여러분 나라에도 한국의 풍수처럼 찾아서 집을 짓는 문화가 있나요? 친구와 함께 이야기해 보세요.

● 다음 질문들을 읽고 나는 어떤 선택을 할지 정하고 그 이유도 함께 써 보세요. 그리고 친구들과 함께 서로의 생각을 이야기해 봅시다.

☞ 집을 고를 때 어떤 점을 가장 중요하게 생각합니까?

_____

_____

_____

☞ 한국에는 풍수 인테리어(remodeling)가 유행입니다. 학생은 공부에 더 집중할 수 있고 좋은 기운(energy)이 더 많이 들어와서 가정을 화목하고 편안하게 해 주는 인테리어라고 하는데요. 만약 기회가 있다면 풍수 인테리어를 할 생각이 있습니까?

_____

_____

_____

☞ 한국의 여러 유명한 건물과 절(temple), 아파트 등이 풍수를 따라서 지어진 경우가
우가 많습니다. 한국에서 풍수, 명당을 중요하게 생각하는 이유가 무엇일까요?

_____

_____

_____

_____

5. 결론

풍수의 특징을 살피고 이론을 정리한 연구, 또 교육적 방안을 설명한 연구는 여럿 있었으나 풍수를 문화적으로 접목하며 교과로 실현한 연구는 매우 부족하였다. 특히 수업에 바로 적용할 수 있도록 교사 발화와 자료가 모두 제시된 연구는 전무하였다. 따라서 이 연구는 현장 활용성과 적용이라는 측면에서 의미가 있다고 할 수 있겠다. 교안의 부족한 점들은 현장 교사의 역량과 교수 방식, 학습자 유형과 연령 및 수준에 따라 보완될 것으로 생각한다. 풍수지리는 지리학의 중요한 영역임에도 불구하고 그것이 가진 토속 신앙적 성격, 천문학적 성격, 비전문가가 이해하기 어려운 철학적이고 주역적인 성격으로 인해 그 가치를 온전히 인정받지 못하는 면이 컸다. 이를 보완하고 극복하기 위해 풍수를 문화와 접목하여 교육 현장에 많이 제공하는 것도 좋은 방법이라고 생각한다. 따라서 본 연구의 교안이 여러 선생님들에게 공유되고 다양한 형태로 재탄생하는 것이야말로 풍수가 문화로 연결되는 노력이 될 것이다. 이 교안을 시작으로 풍수가 현장에서 보다 재미있고 문화적인 시각에서 교육될 수 있기를 기대하는 바이다.

참고문헌

김두규 (2004), 조선 후기에는 왜 묘지풍수가 유행했나, 내일을 여는 역사, 17, 149-160.

김창현 (2021), 공주 지역설화에 나타난 죽음의 양상과 그 의미-'고마나루 설화'의 교육 가능성 탐구를 위하여, 교육논총, 58(3), 1-18.

곽정식 (2005), 한국 구비문학의 이해, 경주: 신지서원.

박성대, 김병우 (2017), 풍수 논리의 현대적 재해석, 한국학연구, 61, 149-185.

박정해 (2015a), 풍수 논리 속의 물(水), 민족문화논총, 97-117.

박정해 (2015b), 양택풍수와 음택풍수 논리 구성의 특징 비교 분석, 국토연구, 61, 149-185.

서희정 (2005), 도깨비 설화를 활용한 한국어 교육 방안, 한국어교육, 16(3), 185-206.

선병욱 (2006), 고등학교에서 풍수지리학습의 필요성과 교수-학습방법 연구, 전남대학교 교육대학원 석사학위 논문.

손용택 (2018), 한국의 풍수 설화와 사회과교육, 사회과교육, 57(2), 115-133.

손용택, 남상준 (2022), 입지론 시각의 풍수지리 전통입지와 현대입지의 비교관점에서, 사회과교육, 61(1), 190-210.

윤영 (2019), 한국어 교육에서 고전 설화를 활용한 '효'의 가치 교육 방안 연구:『삼국유사』「孝善編의 효행 설화를 중심으로, 교육문화연구, 25(1), 769-792.

윤홍기 (2001), 한국 풍수지리설과 불교 신앙과의 관계, 역사민속학, 13, 125-158.

윤홍기 (2011), 땅의 마음, 서울: 사이언스북스.

이성희 (1999), 설화를 통한 한국어 문화 교육 방안, 한국어교육, 10(2), 257-271.

조선주 (2009), 도깨비 설화의 교육적 활용 방안 연구, 어문학교육, 38, 253-288.

황티장 외 (2021), 동아시아 '아기 장수' 설화의 비교를 통한 상호문화교육적 활용 방안 고찰-한국 〈아기 장수〉, 베트남 〈타잉쩡(Thánh Gióng-扶董天王)〉, 중국 〈나타요해(哪吒鬧海)〉를 중심으로, 2021년도 국제한국어교육학회 학술대회논문집(pp. 555-581).

TOPIK, 한국어능력시험 중급 어휘 목록(공개용), https://www.topik.go.kr/TWSTDY/TWSTDY0101.do?bbsId=BBSMSTR00073&nttId=1498&nttClCode1=ALL&pageIndex=4&searchType=&searchWord=에서 2022년 6월 20일 인출.

생활 속의 풍수지리

초판인쇄 2023년 01월 05일
초판발행 2023년 01월 05일

지은이 손용택 외
펴낸이 채종준
펴낸곳 한국학술정보(주)
주 소 경기도 파주시 회동길 230(문발동)
전 화 031-908-3181(대표)
팩 스 031-908-3189
홈페이지 http://ebook.kstudy.com
E-mail 출판사업부 publish@kstudy.com
등 록 제일산-115호(2000. 6. 19)

ISBN 979-11-6983-031-7 93380